Manfred Belok · Ulrich Kropač (Hrsg.)

Volk Gottes im Aufbruch

T0145724

T V Z

Manfred Belok
Ulrich Kropač (Hrsg.)

Volk Gottes im Aufbruch

40 Jahre II. Vatikanisches Konzil

EDITION **N Z N**
BEI **T V Z**

Theologischer Verlag Zürich

Forum Pastoral 2

Die Deutsche Bibliothek – Bibliografische Einheitsaufnahme
Die Deutsche Bibliothek verzeichnet diese Publikation in der Deutschen Nationalbibliografie;
detaillierte bibliografische Daten sind im Internet über <http://dnb.ddb.de> abrufbar.

ISBN 3-290-20024-8

Umschlaggestaltung: www.gapa.ch gataric, ackermann und partner, Zürich
Satz und Layout: Claudia Wild, Stuttgart
Druck: ROSCH-BUCH GmbH, Scheßlitz

© 2005 Theologischer Verlag Zürich
www.tvz-verlag.ch

Inhaltsverzeichnis

5

Zur Einführung:
Erinnerung für die Kirche von morgen lebendig halten
– 40 Jahre Zweites Vatikanisches Konzil

Das Zweite Vatikanische Konzil rückt mehr und mehr als ein historisches Datum in die (Kirchen-)Geschichtsbücher ein. Wenn aufgeschlossene Christen diese Entwicklung mit Sorge sehen, mag das auf den ersten Blick unangebracht erscheinen. Entspricht es nicht der conditio humana, dass Menschen in der Zeit leben und dass daher zwangsläufig all ihr Handeln aus der Gegenwart heraustritt und zu einem vergangenen Geschehen wird? Es muss also etwas anderes sein, was jene umtreibt, die auf den zunehmenden zeitlichen Abstand zum Konzil und die klein gewordene Zahl der noch lebenden Konzilsteilnehmer aufmerksam machen. Was sie bewegt, ist die Sorge, dass das Konzil in den Geschichtsbüchern «abgelagert» wird, dass es – um einen Begriff aus der Lernpsychologie zu gebrauchen – zu «trägem Wissen» degeneriert: Wissen, das belang- und folgenlos für die Deutung und Gestaltung des Lebens bleibt.

Warum sollte es sich lohnen, der Verfestigung des Zweiten Vatikanums zu einem gewissermaßen musealen Gegenstand entgegenzutreten? Warum ist es – zugespitzt gefragt – buchstäblich not-wendig, die Erinnerung an das Konzil lebendig zu halten? Einige Antworten seien kurz skizziert:

– Die Kirche heute lebt zu einem ganz entscheidenden Teil aus jenen Quellen, die die Väter des Zweiten Vatikanischen Konzils (wieder-)entdeckt und gefasst haben, auch wenn das im Bewusstsein vieler Kirchenglieder nicht mehr in dem Maße präsent ist, wie dies in der nachkonziliaren Aufbruchsphase der Fall war (wobei das Empfinden von Selbstverständlichkeit eben auch zur «Erfolgsgeschichte» des Konzils gehört). Ohne ein tiefgreifendes Verständnis des Zweiten Vatikanums ist es unmöglich, die Situation der Kirche in der Gegenwart zu begreifen oder die Zukunft der Kirche zu denken. Wer unterwegs ist – wie das wandernde Gottesvolk –, muss nach vorne schauen, darf aber nicht vergessen, immer wieder einen Blick in den Rückspiegel zu werfen. Dies gilt umso mehr für diejenigen, die «überholen» wollen. Oder um es mit einem Wort von Reiner Kunze zu sagen: «Wer seine Vergangenheit nicht kennt, den kann es die Zukunft kosten.»
– Die Kirche des Alltags ist noch immer nicht die Kirche des Zweiten Vatikanischen Konzils. Nicht wenige Indizien sprechen dafür, dass sich dieser

Transformationsprozess in den letzten zwei Jahrzehnten verlangsamt hat. Manchmal wurde und wird sogar bewusst von diesem Weg abgewichen, um Kurs auf eine andere konziliare Kirche zu nehmen: die des Ersten Vatikanums. Am «theologischen Vorrat» des Zweiten Vatikanums liegt das gewiss nicht, er ist mitnichten aufgebraucht. Man spricht zu Recht von diesem Konzil als einem Jahrhundertereignis. Diese Formel würdigt seine faktische und potentielle Wirkkraft. Um Letztere zu entbinden, bedarf es einer *aktiven* Überlieferung der Konzilsdokumente, d. h. einer Interpretation und Aneignung im Horizont einer je neuen Gegenwart.

– Papst Johannes XXIII. forderte das Konzil auf, einen «Sprung vorwärts» zu wagen. Diesen Sprung hat das Zweite Vatikanum tatsächlich getan. Es war ein Sprung ins Heute, ein *Aggiornamento*. Seine wesentliche Qualität besteht darin, dass die Kirche nach einer grundlegenden Erneuerung strebt, um Mensch und Welt in der Gegenwart begegnen und im Hier und Jetzt die erlösende Liebe Gottes bezeugen zu können. Die dezidierte Hinwendung zur «Freude und Hoffnung, Trauer und Angst der Menschen von heute» (GS 1) ist Ausdruck einer fundamentalen pastoralen Option, die sich das Konzil zu Eigen gemacht hat. Ein weder schwarz- noch weißmalender Blick auf die Welt des beginnenden 21. Jahrhunderts zeigt, dass diese nicht weniger der Erlösung bedürftig ist als jene vor 40 Jahren. Will Kirche sich ernsthaft auf die Welt nach der Jahrtausendwende einlassen, hat der Auftrag Johannes' XXIII., einen «Sprung vorwärts» zu wagen, nichts von seiner Aktualität und Dringlichkeit verloren.

Dem Anliegen, das Zweite Vatikanische Konzil nicht zu «trägem Wissen» im historischen Gedächtnis der Kirche herabsinken, sondern es als gegenwarts- und zukunftsgestaltende Größe wirksam werden zu lassen, sind sämtliche Beiträge dieses Bandes verpflichtet. Er ist der zweite in der Reihe «Forum Pastoral», die seit 2005 unter neuer Herausgeberschaft steht und in einer veränderten äußeren Gestalt erscheint. Die einzelnen Artikel entstammen verschiedenen Entstehungskontexten, die aber darin übereinstimmen, dass sie an den Abschluss des Zweiten Vatikanums vor 40 Jahren erinnern. Zwei Artikel (*O. H. Pesch, H. Krätzl*) gehen auf eine gemeinsame Tagung der Paulus-Akademie Zürich und der Theologischen Hochschule Chur am 30. und 31. Januar 2005 zurück; drei weitere (*F. Annen, A. Gasser, E.-M. Faber*) auf die «Sommervorträge» der Theologischen Hochschule Chur im Mai 2005. Ein Buchbeitrag (*W. Müller*) verdankt sich einem Vortrag, der am 19. Mai 2005 an der Theologischen Fakultät der Universität Luzern im Rahmen einer Veranstaltung mit dem Titel «Abschluss des Zweiten Vatikanischen Konzils: Feierlichkeiten zum 40-Jahr-Jubiläum» gehalten wurde. Schließlich wurde eigens für den Band ein Aufsatz verfasst (*M. Belok*), der explizit den schon angesprochenen pastoralen Cantus firmus des Zweiten Vatikanums würdigt.

Diese Konstellation macht das Buch zu einem Sammelband – mit allen Vor- und Nachteilen, die dieses «literarische Genus» mit sich bringt. Weil eben nicht als systematisches Werk konzipiert oder aus einem Guss geformt, ergeben sich gelegentlich Überschneidungen zwischen den einzelnen Buchbeiträgen. Dafür ermöglichen die je unterschiedlichen Ansätze der einzelnen Autoren vielfältige Perspektiven auf das Zweite Vatikanum. Sie spiegeln so etwas vom Facettenreichtum dieses epochalen kirchlichen Ereignisses wider.

«In 10 Jahren wird man über das Konzil kaum noch aus lebendiger biographischer Erfahrung, sondern nur noch aufgrund von Aktenstudium und Quellenauswertung schreiben können» – so vermerkte Otto Hermann Pesch in der «Standortbestimmung» seines 1993 in erster Auflage erschienenen und längst zum Standardwerk avancierten Buches «Das Zweite Vatikanische Konzil». Natürlich hat Pesch recht. Umso erfreulicher ist es, dass der Ausnahmefall in Peschs Aussage im vorliegenden Band wenigstens teilweise Realität geworden ist: Manche Beiträge lassen autobiographisches Kolorit erkennen, das bei der Redaktion der Texte bewusst nicht um einer «wissenschaftlicheren» Darstellung willen getilgt wurde.

Die Beiträge des Buches thematisieren vier wesentliche Aspekte des Konzils, die in einer zeitlichen Ordnung stehen: die Phase der vorkonziliaren Theologie, die Zeitspanne zwischen der Ankündigung und der Eröffnung des Zweiten Vatikanums, den Prozess der Selbstfindung des Konzils und die unabgeschlossene Periode der Rezeption und der Verwirklichung der konziliaren Anliegen. Entsprechend sind die Buchbeiträge angeordnet:

1. Die Artikel von *Franz Annen* und *Eva-Maria Faber* heben hervor, wie sehr das Konzil eine Zeit der Ernte war. Vieles, was das Zweite Vatikanum bestätigte und institutionalisierte, war schon seit längerem in der Theologie gedacht und in der Praxis versucht worden – oft genug gegen den ausdrücklichen Widerstand der kirchlichen Autorität. Diese Vorgänge sind ein eindrucksvoller Beleg dafür, dass nicht jedes unzeitgemäße bzw. kritische theologische Denken schlechthin Obstruktion bedeutet, sondern oft mutig vorwegnimmt, was spätere Generationen – teilweise nach mühevollem Ringen – zum kirchlichen Gemeingut erheben.

«Das Konzil fiel nicht vom Himmel» – mit dieser plakativen Formel rahmt *Franz Annen* seinen Beitrag, der sich mit dem biblischen Aufbruch in der katholischen Kirche und auf dem Zweiten Vatikanischen Konzil befasst. *Annen* hebt zwei gewissermaßen gegenläufige Strömungen hervor, die für den Umgang mit der Bibel seit dem Beginn des 20. Jahrhunderts bestimmend waren: Auf der einen Seite entfaltete sich, von den Päpsten nachdrücklich gefördert, in vielen Ländern eine lebendige Bewegung, die der Bibel im Leben und Glauben der Kirche einen neuen Stellenwert gab. Auf der anderen Seite jedoch wurde die wissenschaftliche Erforschung der Bibel von den kirchlichen Autoritäten blockiert, diszipliniert und uniformiert. Die Freigabe der historisch-kritischen Methode durch Pius XII. konnte nicht verhindern, dass sowohl am Vorabend des Konzils als auch während der Sessionen selbst hart um die Bibel gerungen wurde. *Annen* macht deutlich, wie tiefgehend der «Kampf um die Bibel» die Entstehung der «Dogmatischen Konstitution über die göttliche Offenbarung» prägte. Was die Aussagen über die Bibel in der Offenbarungskonstitution angeht, zeigt sich, was auch für andere theologische Einsichten und ihren Niederschlag in den Konzilsdokumenten gilt: Sie «fielen nicht vom Himmel», sondern sind Früchte einer langen Reifungsphase, die das Konzil schließlich ernten konnte.

Dass nicht nur die Amtsträger, sondern alle Getauften miteinander Kirche bilden, ist eine Selbstverständlichkeit, die im Bewusstsein der allermeisten Gläubigen fest verankert ist und dogmatisch zu den Fundamenten jeder zeitgemäßen Ekklesiologie gehört. Indes: Diese Erkenntnis musste erst auf langen Wegen und gegen Widerstand wiedergewonnen werden. Der Artikel von *Eva-Maria Faber* zeichnet den Prozess der Wiederentdeckung der *ganzen* Kirche facettenreich nach. Sie konstatiert zunächst ein wachsendes Interesse von Seiten des Lehramts für die Laien in der Kirche vor dem Zweiten Vatikanum. In dieser Periode vollzieht sich eine doppelte theologische Reflexionsbewegung: Zum einen geht es um eine Verortung der Laien in der Kirche, zum anderen um eine Verortung der Kirche in der Lebenswelt der Laien. Beide Grundgedanken werden, theologisch entfaltet, in den Konzilsdokumenten einen prägnanten Niederschlag finden. Implikat des theologischen Nachdenkens über die ekklesiale Bedeutung des Laien ist eine Neubestimmung des Verhältnisses der Kirche zur Welt: Kirche ruht nicht als Selbstzweck in sich, Kirche steht vielmehr in einer Sendung für die Welt. Von da aus ergeben sich in einem abschließenden Schritt Orientierungshilfen für eine (Neu-)Vermessung der Stellung des Laien in Kirche und Welt in der gegenwärtigen Situation.

2. *Albert Gasser* legt als Kirchengeschichtler den Fokus seines Interesses auf die turbulente Zeitspanne zwischen der Ankündigung des Zweiten Vatikanischen Konzils durch Johannes XXIII. (1959) und dessen Beginn (1962). In seinem autobiographisch gefärbten Beitrag beschreibt er die breite Palette von Stimmungen, die der «Paukenschlag» des Papstes auslöste: Bestürzung und Begeisterung, Ernüchterung und Hoffnung, Reserviertheit in der Kurie und Entstehen eines Wir-Gefühls im Kirchenvolk. Dabei schenkt *Gasser* den Verhältnissen in der Deutschschweiz besondere Beachtung. Er macht deutlich, wie wichtige Weichenstellungen für das Konzil in der Vorbereitungsphase vollzogen wurden, so der Entschluss, nicht das Erste Vatikanum fortzusetzen, sondern einen Neubeginn, ein Zweites Vatikanum, zu wagen, und die Entscheidung, diesem Konzil durchgängig einen pastoralen Stempel aufzuprägen. *Gasser* lässt ferner einige interessante Schlaglichter auf die erste Tagungsperiode fallen. In ihr entwickelte das Konzil im Spannungsfeld ganz unterschiedlicher, ja gegensätzlicher Strömungen und Positionen eine eigene Dynamik, die es immer mehr zum Autor seiner Texte werden ließ.

3. So sehr das Konzil aus reichen theologischen Vorarbeiten schöpfen konnte, so wenig war es lediglich Notar bzw. Exekutor vorbereiteter Schemata oder bestimmter theologischer Positionen. Zu den erstaunlichsten Phänomenen des Zweiten Vatikanums gehört, dass das Konzil zu einer eigenen Identität fand. Mehr und mehr wuchs das Konzil in jenen Freiheitsraum hinein, den ihm Papst Johannes XXIII. eröffnet hatte und den vor allem kuriale Kräfte mit aller Macht einzuschränken suchten. Die Beiträge von *Wolfgang Müller* und *Manfred Belok* belegen diese These. Sie zeigen beispielhaft, wie sich das Konzil zu Dokumenten durchgerungen hat, die zutiefst seine eigenen Schöpfungen sind.

Wie ist mit dem Spannungsverhältnis zwischen einer sich als Wissenschaft verstehenden Theologie, die die persönliche Freiheit des Theologen voraussetzt, und dem Lehramt, das um des Glaubensbekenntnisses willen eine normierende Funktion – auch und gerade gegenüber der Theologie – ausübt, umzugehen? Diesem brisanten Problem widmet sich der Artikel von *Wolfgang Müller* – exemplifiziert und personalisiert an den beiden großen Konzilstheologen Yves Congar und Karl Rahner. Beide hatten zunächst den Widerstand der kirchlichen Autoritäten gegen ihre Theologie schmerzlich erfahren müssen. Es nimmt sich wie eine späte Wiedergutmachung aus, dass gerade ihre theologischen Denkansätze zahlreichen lehramtlichen Dokumenten prägende Züge einzeichneten. *Müller* macht deutlich, dass die glanzvollen Höhepunkte des Zweiten Vatikanums von einem Verhältnis zwischen Lehramt und Theologie lebten, das als *Interaktion* zu bezeichnen ist. Die Rückschau auf das Konzil aus einer zeitlichen Distanz von 40 Jahren lädt zu einer kritischen Sichtung ein, wie viel von diesem Modell eines Zusammenspiels von Magisterium und wissenschaftlicher Theologie übrig geblieben ist.

Manfred Belok erhellt in seinem Beitrag die Grundlinien und Impulse der Pastoralkonstitution «Die Kirche in der Welt von heute». *Belok* lässt die mentale und innerkirchliche Ausgangslage des Konzils Revue passieren und erläutert die Leitidee Johannes' XXIII.: dass die Kirche durch das Konzil ihre selbstgewollte Isolation verlasse und in einen fruchtbaren Dialog mit der *Welt* eintrete. Welt – das ist die Welt «ihrer jeweiligen Zeit», der die Kirche nicht nur etwas zu geben, sondern von der sie auch viel zu empfangen hat: Wissenschaft und Kultur, vor allem die Wahrnehmung der Wirklichkeit menschlicher Lebenszusammenhänge in den verschiedenen soziokulturellen und politischen Kontexten, in die hinein das Evangelium inkulturiert werden soll. Dass dieser Paradigmenwechsel im ekklesiologischen Selbstverständnis einer großen Überzeugungsarbeit bedurfte, verdeutlicht *Belok* am mühsamen Entstehungsprozess von «Gaudium et spes». Er erinnert dabei an die in der Pastoralkonstitution geradezu prophetisch anmutende Aufzählung von Themen und Problemkreisen, die der Kirche bleibend aufgegeben sind. Aus diesem Grund steht diese vor der grundlegenden Herausforderung, die Pastoralkonstitution fortzuschreiben und mit dem von Johannes XXIII. in seiner Enzyklika «Mater et magistra» aufgenommenen Dreischritt «Sehen – Urteilen – Handeln» eine «Pastoral der Präsenz» zu entwickeln.

4. Die Bedeutung eines historischen Ereignisses erschließt sich aus seiner Wirkungsgeschichte. Insofern ist zu fragen, inwieweit Anspruch des Konzils und Wirklichkeit der Kirche heute kongruieren bzw. divergieren.

Otto Hermann Pesch befasst sich in seinem Artikel mit dem neuen Kirchenbild des Zweiten Vatikanums, dessen Genese damals und dessen Rezeption heute unterschiedliche Stimmen auf den Plan gerufen haben und noch immer rufen. In einem ersten Teil blickt *Pesch* zurück auf die beklemmende Starre in den theologischen Vorgaben der vorkonziliaren Kirche, die nur eine uniforme Theologie und ein uniformes kirchliches Leben duldete – in der aber andererseits manche Aufbruchsstimmung spürbar war. In einem zweiten Teil legt er das neue Bild von der Kirche dar, wie es das Zweite Vatikanum entworfen hat. Es fokussiert in den drei Kernbegriffen «Sakrament», «Volk Gottes» und «Communio». *Pesch* erläutert diese drei Begriffe und macht auf ihre je unterschiedliche Rezeption aufmerksam. Die Konsequenzen dieser «gespaltenen»

Rezeption entfaltet er detaillierter im Hinblick auf die Themenfelder Liturgie, Lehramt und Theologie, Weltreligionen, Religionsfreiheit sowie auf die Pastoralkonstitution «Die Kirche in der Welt von heute». Ein eigener Abschnitt ist der Bedeutung und Stellung der Laien gewidmet. *Pesch* beschließt seinen Artikel mit einem dritten Teil, einer Zwischenbilanz, in der besonders die Grundlinien anstehender Rezeptionsaufgaben bestimmt werden.

Helmut Krätzl, ehemals Sekretär des Wiener Kardinals Franz König und beim Konzil als Stenograph tätig, kontrastiert als einer der noch wenigen Zeitzeugen, die das Konzil unmittelbar miterlebt haben, die Hoffnungen, die das Zweite Vatikanum weckte, mit der Wirklichkeit der heutigen Kirche. Er stellt in seinem Beitrag u. a. den Wandel von einem bislang vorwiegend christozentrischen zu einem mehr trinitarischen Verständnis der Kirche als Communio vor Augen und benennt die Konsequenzen für die Kirche in Bezug auf die Mitverantwortung der Laien und das Zueinander von Papst und Bischofskollegium. *Krätzl* erinnert ferner an die tiefgreifende Erneuerung der Liturgie auf dem Konzil sowie an eine neue Sicht von Sexualität und Ehe. Im zweiten Teil seines Beitrages reflektiert *Krätzl* pointiert und zugleich in engagierter Gelassenheit die Wirklichkeit der Kirche heute, 40 Jahre nach Abschluss des Zweiten Vatikanischen Konzils. Er beschreibt diese Kirche erstens als eine «nachkonziliare» Kirche, die vom Konzil weitaus mehr geprägt und beeinflusst ist, als viele wahrhaben wollen; zweitens als eine Kirche, die im Umbau begriffen ist; und drittens als eine Kirche, in der die Saat des Konzils trotzdem reift.

Am Schluss gilt es Dank zu sagen: dem Theologischen Verlag Zürich (TVZ) in der Person von Herrn Diederen für die gute, unkomplizierte Zusammenarbeit und der Römisch-katholischen Zentralkommission des Kantons Zürich für namhafte Zuschüsse, die das Erscheinen dieses Buches überhaupt erst ermöglicht haben. Ein besonderer Dank gilt schließlich der Autorin und den Autoren. Sie haben – ohne Honorar – ihre Manuskripte zur Verfügung gestellt und zum Teil für die Drucklegung nochmals überarbeitet. Eines ist bei der Lektüre dieser Texte unübersehbar: wie spannend Kirchengeschichte sein, wie engagiert die Kirche um ihren Glauben ringen, wie sehr eine Welle des Aufbruchs das ganze Kirchenvolk erfassen kann. Mögen diese Erfahrungen den Leserinnen und Lesern Mut machen, die Impulse des Zweiten Vatikanischen Konzils in die Kirche von heute und morgen hineinzutragen.

Chur, im September 2005   Manfred Belok
                                                          Ulrich Kropač

Der biblische Aufbruch in der katholischen Kirche und das Konzil

Franz Annen

1 Zur Einleitung: Das Konzil fiel nicht vom Himmel

Der Weihnachtsabend 1961 war ziemlich trüb und regnerisch, als Erzbischof Pericle Felici, der Generalsekretär des Konzils, die offizielle päpstliche Bulle zur Einberufung des Zweiten Vatikanischen Konzils auf den 11. Oktober 1962 verlas. Er stand bei diesem feierlichen Akt auf einer improvisierten Holzkanzel in der Vorhalle des Petersdoms. Leicht fröstelnd stand ich als junger Theologiestudent zusammen mit ein paar Kollegen und einem eher kleinen Grüppchen Unentwegter dabei. Nicht gerade ein spektakulärer Auftakt für ein historisches Ereignis, wohl das bedeutendste kirchliche Ereignis im 20. Jh.! Unsere Erwartungen an das Konzil entsprachen etwa dieser Szenerie. «Was wird schon passieren, wenn sich mehr als 2500 alte Männer treffen?», spöttelten wir in jugendlicher Überheblichkeit.

Ein Jahr später war unsere Stimmung ganz anders. Schon in den ersten Tagen des Konzils, als die Kommissionen zu wählen waren, zeigte es sich, dass da ein ganz unerwartet lebendiger Geist zu wehen begann. Dieser Geist – es muss wohl der Heilige Geist gewesen sein – brachte es fertig, dass die 2500 alten Männer eine Dynamik entfalteten, die uns Junge mitriss. Jeden Abend drängelten wir uns vor dem Anschlagbrett des Collegium Germanicum, wo das neueste Bulletin der vormittäglichen Konzils-Sitzung aushing. Immer mehr wurden wir von einer hoffnungsfrohen Aufbruchsstimmung erfasst, an die ich heute mit einer gewissen Wehmut zurückdenke.

Ich gehöre also gewiss nicht zu den Menschen, die das Zweite Vatikanische Konzil klein schreiben. Im Gegenteil! Das Konzil bedeutet nach meiner Überzeugung den Anfang einer neuen Epoche im Leben der katholischen Kirche. Wer von uns noch die «vorkonziliare» Zeit bewusst miterlebt hat, weiß aus eigener Erfahrung, wie sehr es die Kirche verändert hat, auch wenn sich nicht alle Hoffnungen erfüllten, die – zu Recht oder nicht – mit dem Konzil verbunden wurden. Aber trotz dieses neuen und in vielem unerwarteten Aufbruchs: *Das Konzil fiel nicht vom Himmel.* Es war die Frucht jahrzehntelanger theologischer Bemühungen und Auseinandersetzungen. Es mag ein Wunder gewesen sein, aber ein Wunder, an dem unzählige Menschen mitwirkten: Theologen, Seelsorger, engagierte Frauen und Männer, die über lange Zeit im Alltag der Kirche dieses Wunder vorbereiteten – mit großem Einsatz, z. T. auch in ziemlich unheiligen Kämpfen. Es ist Weihbischof Peter Henrici daher zuzustimmen, wenn er schreibt,

> «dass die Konzilsväter sich in ihrer Arbeit auf das abstützen mussten, was der Kirche und der Theologie in den Jahrzehnten vor dem Konzil zugewachsen war. Meiner Wahrnehmung nach bestand die Leistung des Konzils vor allem darin, dass es diesen Entwicklungen einen offiziellen, lehramtlichen Status gab – und zwar auch und gerade jenen Entwicklungen, die noch kurz zuvor unter dem Verdacht gestanden hatten, vom rechten Glauben abzuweichen. Darin bestand die Neuheit des Konzils und das für manche Überraschende.»[1]

Der vorliegende Beitrag möchte *am Beispiel der Bibelwissenschaft* zeigen, wie sehr das Konzil auf dem Boden der Theologie des 20. Jh. gewachsen ist. Ohne den biblischen Aufbruch in der katholischen Kirche und die z. T. heftigen Auseinandersetzung um die historisch-kritische Bibelwissenschaft seit Beginn des 20. Jh. ist eine korrekte Einschätzung der Aussagen des Konzils über die Hl. Schrift nicht möglich. Dabei ist eine eigentümliche Diskrepanz festzustellen zwischen der stetig wachsenden Rolle der Bibel im Leben der Kirche einerseits, die sich in der blühenden, von höchster Stelle geförderten «Bibelbewegung» äußerte, und dem wechselvollen Schicksal der historisch-kritischen Bibelwissenschaft andererseits, die bis zum Vorabend des Konzil und noch während des Konzils selbst hart umkämpft war.

2   Die katholische Bibelbewegung[2]

Den Hintergrund für den Kampf um die katholische Exegese im 20. Jh. bildet die immer wichtigere Rolle der Bibel im Leben und Glauben der Kirche, die sich an der Entwicklung der «Bibelbewegung» wie an einem Barometer ablesen lässt. Daher sollen der Schilderung des wechselvollen Schicksals der Bi-

---

1   *Henrici,* Heranreifen 55.
2   Vgl. dazu besonders *Knoch,* Katholiken; *Lesch,* Bibel; *Müller,* Bibelbewegung.

belwissenschaft bis zum Konzil ein paar Bemerkungen zu dieser wichtigen Bewegung in der Kirche vorausgeschickt werden.

2.1   Einschränkungen nach der Reformation

Um es vorwegzunehmen: Es ist nicht wahr, auch wenn man es immer wieder hören kann, dass die katholische Kirche bis zum Konzil der Schriftlesung der Laien misstrauisch gegenüber gestanden wäre oder sie gar verboten hätte. Wahr ist hingegen, dass es nach der Reformation im 16. Jh. diesbezüglich Probleme gab.[3] Dass die Reformatoren sich ganz auf die Bibel abstützten und sich im Kampf gegen die etablierte Kirche auf sie beriefen, führte dazu, dass einschränkende Bestimmungen zum Gebrauch der Bibel durch Laien erlassen wurden. Man fürchtete, die Bibel könnte von theologisch nicht geschulten Lesern missverstanden werden und sie zur Häresie führen.

So machte 1559 Papst Paul IV. (1555–1559) den Druck und den Gebrauch von Bibeln in der Landessprache von der Erlaubnis der römischen Inquisition abhängig. Doch ca. 100 Jahre später machte Papst Alexander VII. (1655–1667) diese Bestimmung wieder rückgängig und erlaubte jedermann den Gebrauch kirchlich approbierter Bibelausgaben in den Landessprachen. 1758 verfügte Benedikt XIV. (1740–1758) außerdem, dass die für Laien zugelassenen Bibelausgaben mit Anmerkungen von Kirchenvätern und katholischen Theologen versehen sein müssten. Diese Bestimmungen wirkten sich im deutschsprachigen Raum allerdings kaum einschränkend aus. Denn dort setzten sich die katholischen Bischöfe und Fürsten «bewusst für die Übersetzung, den Druck und die Verbreitung deutschsprachiger Bibeln unter den katholischen Christen ein, um dem Werben protestantischer Kreise mit Hilfe der Bibel entgegenzuwirken»[4].

2.2   Erste Regungen einer Bibelbewegung[5]

Bereits zu Beginn des 19. Jh. sind in der deutschsprachigen katholischen Kirche Anfänge einer Bibelbewegung festzustellen. Zu den besonderen Förderern

---

3   Über die früheren Entwicklungen vgl. *Knoch*, Katholiken; *Lesch*, Bibel.
4   Ebd. *Knoch*, Katholiken 245.
5   Vgl. dazu *Scheuchenpflug*, Bibelbewegung.

des Bibellesens gehörte der bekannte Pastoraltheologe Johann Michael Sailer (1751–1832). In Regensburg gründete 1805 Regens Georg Michael Wittmann (1760–1833) die erste katholische «Bibelanstalt». 1815 folgte auf Initiative des Bibelübersetzers Leander van Ess in Heiligenstadt (Eichsfeld) eine katholische «Bibelgesellschaft», die auch evangelischen Christen offen stand und eng mit der «British and Foreign Bible Society» zusammenarbeitete. Doch dieser Bibelfrühling währte nicht lange. Die Zusammenarbeit mit Nicht-Katholiken und nicht-katholischen Bibelgesellschaften führte zu Denunziationen durch konservative Kreise in Rom und bewirkte, dass Pius VII. (1800–1823) 1816 die Zusammenarbeit mit nicht-katholischen Bibelgesellschaften verbot. Sein diesbezüglicher Brief an den Erzbischof von Mogilew ließ an Deutlichkeit nichts zu wünschen übrig: Die Häretiker seien es «gewohnt, ihre verkehrten und ganz abscheulichen Machenschaften darauf zu richten, durch die Herausgabe von Bibeln in der Landessprache … ihre jeweiligen Irrtümer mit der heiligen Pracht des göttlichen Wortes umhüllt hinterlistig aufzudrängen»[6]. Ein Jahr später hob er auch die Regensburger «Bibelanstalt» auf.

2.3 Aufbruch am Anfang des 20. Jahrhunderts

Die Wende kam erst am Ende des 19. Jh. mit Papst Leo XIII. (1878–1903). Einerseits legte er 1897 jene Bedingungen für den Gebrauch von Bibelübersetzungen fest, die später in den CIC von 1917 (can. 1385, 1391, 1399, 1400) eingingen: Bibelübersetzungen bedürfen der kirchlichen Approbation und müssen mit Anmerkungen, die der katholischen Glaubenslehre entsprechen, versehen sein; nicht-katholische Bibelausgaben dürfen nicht benützt werden.[7] Andererseits begann mit Leo XIII. die tatkräftige päpstliche Förderung des Bibellesens durch Laien. Leo XIII. selber gründete 1902 die «Fromme Gesellschaft des hl. Hieronymus zur Verbreitung des Hl. Evangeliums» und wünschte, dass alle Kinder der Kirche durch die Bibel gesättigt werden mögen. Die Hieronymus-Gesellschaft, deren erster Leiter übrigens Gia-

---

6 DH 2711.
7 Der neue CIC von 1983 bestätigt diese Anordnungen bzgl. der Herausgabe von Bibelübersetzungen in can. 825, enthält aber kein Verbot, nicht-katholische Bibelübersetzungen zu benützen. Hingegen verweist er ausdrücklich auf die Möglichkeit, ökumenische Bibelübersetzungen zu erarbeiten und herauszugeben.

como della Chiesa, der spätere Papst Benedikt XV., war, verteilte in einem einzigen Jahr 180 000 Neue Testamente in italienischer Sprache.

Pius X. (1903–1914) trat diesbezüglich in die Fußstapfen seines Vorgängers. Wie er es schon als Patriarch von Venedig getan hatte, empfahl er später auch als Papst den Besitz und das regelmäßige Lesen der Bibel, besonders des NT, in den Familien und ließ auf eigene Kosten Bibeln drucken und verteilen. Sein Nachfolger Benedikt XV. (1914–1922) legte den Katholiken in seiner Hieronymus-Enzyklika «Spiritus Paraclitus» von 1920 erneut das Bibellesen nahe und verglich den Tisch des Wortes Gottes mit dem Brot, das vom Himmel herabgekommen ist.[8] Mit den beiden Tischen, dem Tisch des Wortes und dem Tisch des Brotes, gebrauchte Benedikt XV. ein Bild, das im Zweiten Vatikanischen Konzil zu einem Programm werden sollte.

Damit waren die Weichen für ein kraftvolles Wachstum der Bibelbewegung in verschiedenen Ländern gestellt – in engem Zusammenhang übrigens mit der liturgischen und der ökumenischen Bewegung und nicht zuletzt auch mit der Jugendbewegung. Was die deutschsprachigen Länder betrifft, erfolgte 1933 in *Stuttgart* die Gründung des Katholischen Bibelwerks, das vier Jahre nach der Gründung bereits 10 000 Mitglieder zählte. Schon 1935 folgte die *Schweiz*, wo Pfarrer Ernst Benz in Einsiedeln unter dem Protektorat des Bischofs von Basel die «Schweizerische Katholische Bibelbewegung» ins Leben rief. In *Österreich* wurde der biblische Aufbruch vom «Volksliturgischen Apostolat» in Klosterneuburg getragen. Dort rief Pius Parsch schon 1926 die Zeitschrift «Bibel und Liturgie» ins Leben. Aus dem 1950 gegründeten «Klosterneuburger Bibelapostolat» wurde 1966, also erst nach dem Konzil, das «Österreichische Katholische Bibelwerk», das sich mit dem «Katholischen Bibelwerk Stuttgart» und dem «Schweizerischen Katholischen Bibelwerk» zu enger Zusammenarbeit verband. Die drei Bibelwerke entfalten bis heute eine sehr wertvolle bibelpastorale Tätigkeit. In den meisten europäischen und in mehreren amerikanischen Ländern entstanden ähnliche Bewegungen und Initiativen. Die Bibel wurde in der katholischen Seelsorge und Spiritualität, im liturgischen Aufbruch und in der Jugendbewegung immer wichtiger.

---

8   Vgl. Pontificia Commissio de Re Biblica, Enchiridion Biblicum 476.

2.3 Neuer Impuls durch «Divino afflante Spiritu» und Krönung im Konzil

Die epochemachende Bibelenzyklika Pius' XII. (1939–1958) «Divino afflante Spiritu» von 1943 bedeutete eine neue Ermutigung zu einer bewussten Hinwendung zur Bibel in theologischem Studium, Unterricht, Seelsorge und Frömmigkeit. Sie half mit, dass die Bibelbewegung nach dem Ende des Zweiten Weltkriegs eine neue Blüte erlebte. Der plakative Spruch «Die Bibel für die Protestanten, der Katechismus für die Katholiken» stimmte immer weniger, jedenfalls was die von der Erneuerungsbewegung erfassten Kreise der Kirche betrifft.

Es war also nicht erst das Zweite Vatikanische Konzil, das die Bibel für Katholiken entdeckte und ihr den gebührenden, wichtigen Platz in der Kirche eröffnete. Im Konzil fand vielmehr ein Prozess, der an der Jahrhundertwende begonnen und sich in engagierten Kreisen zur Bibelbewegung entwickelt hatte, seine Krönung und wurde zur gesamtkirchlichen Kraft. In den Dokumenten des Zweiten Vatikanischen Konzils, besonders im abschließenden 6. Kapitel der «Dogmatischen Konstitution über die göttliche Offenbarung» wird die zentrale Bedeutung der «Heiligen Schrift im Leben der Kirche», nicht nur in der Seelsorge und in der Spiritualität, sondern auch in Katechese, Predigt, Liturgie und Theologie, nicht zuletzt in der Ausbildung der Seelsorger festgeschrieben. Denn: «Die Schrift nicht kennen, heißt Christus nicht kennen», zitiert das Konzil (DV 25) den hl. Hieronymus.[9]

3 Die Situation der katholischen Bibelwissenschaft zu Beginn des 20. Jahrhunderts

Während also die *Bibelbewegung* seit Anfang des 20. Jh. ohne nennenswerte Anfechtungen und mit tatkräftiger Förderung durch die Päpste auf das Konzil und seine Aussagen über die Bedeutung der Bibel im Leben der Kirche hinführte, hatte es die *wissenschaftliche Erforschung der Bibel* sehr viel schwerer. Sie war bis zum Konzil, ja noch während des Konzils selbst, hart umkämpft. Gerade *weil* die Bibel im Leben der Kirche immer wichtiger wurde, kam ihre wissenschaftliche Erklärung umso mehr unter die aufmerksame Beobachtung des Lehramtes.

---

9 Comm. In Is., Prol.: PL 24,17.

3.1 Die Anfänge der Bibelwissenschaft in der Neuzeit

In der Zeit der Gegenreformation begann der Prozess der Ausdifferenzierung der theologischen Fächer. Dabei übernahmen die Jesuiten eine Vorreiterrolle. Ihre «Ratio studiorum» von 1599 sah erstmals in der Geschichte der Theologie ein selbständiges Fach Exegese vor. Dabei blieb die *theologische* Deutung der Heiligen Schrift allerdings fortan den Dogmatikern vorbehalten, so dass sich die Exegeten auf den Literalsinn, also auf die historische und literaturwissenschaftliche Erklärung der Texte, beschränken mussten.[10] Die Allegorese wurde schon seit dem Mittelalter als unwissenschaftlich angesehen und in die Predigt verbannt, wo sie der Erbauung diente.[11] Als sich im 17. Jh. die historisch-kritische Exegese zu entfalten begann, war die Wahrheit der biblischen Erzählungen daher längst auf ihre Faktentreue eingeschränkt. Im damaligen kirchlichen Verständnis las man «die biblischen Erzählungen, soweit sie nicht im Text selbst als Gleichnisse gekennzeichnet waren, als historische Berichte»[12].

Daran änderte sich im katholischen Raum im 18. und 19. Jh. kaum etwas. Die stürmische Entwicklung der historisch-kritischen Bibelforschung erfolgte fast ohne katholische Beteiligung. Die neue Betrachtungsweise der Bibel als literarisches Werk und die kritische Analyse ihrer historischen Zuverlässigkeit wurden als Angriff auf den Glauben und die Theologie der Kirche angesehen – übrigens nicht nur von der katholischen, sondern weitgehend auch von den evangelischen Kirchen. Das Aufkommen des sog. «Modernismus» gegen Ende des 19. Jh. verschärfte im katholischen Bereich diese Abwehr noch zusätzlich.

3.2 Die päpstliche Doppelstrategie am Anfang des 20. Jahrhunderts

Es war wiederum Papst Leo XIII., der erkannte, dass Abwehr allein nicht genügte. Er begann mit einer Doppelstrategie, die von seinem Nachfolger Pius X. weitergeführt wurde: «Einerseits wird vor den Gefahren protestantischer und modernistischer Bibelauslegung gewarnt, andererseits ist man bestrebt, die Heranbildung von katholischen Bibelwissenschaftlern zu fördern und die biblische Ausbildung der Seelsorger und Katecheten zu verbessern.»[13]

---

10 Vgl. *Reiser,* Wahrheit 50.
11 Vgl. ebd. 50.
12 Ebd. 51.
13 *Knoch,* Katholiken 247.

Die beiden Aspekte dieser Strategie – die Abwehr der historisch-kritischen Exegese und die Heranbildung kirchlicher Exegeten – fanden ihren Ausdruck in der Einrichtung zweier wichtiger Institutionen, die bis heute existieren, allerdings mit veränderter Zielsetzung: der Päpstlichen Bibelkommission und des Päpstlichen Bibelinstituts.

3.3 Die Päpstliche Bibelkommission[14]

Am Anfang stand die peinliche Fehlentscheidung des hl. Offiziums von 1897 in der damals heiß umstrittenen Frage des sog. «Komma johanneum» (1 Joh 5,7). Zur großen Konsternation auch unter katholischen Theologen entschied das hl. Offizium, dass die Stelle textkritisch authentisch sei, obwohl die wissenschaftliche Kritik ziemlich einhellig der entgegengesetzten Ansicht war. Den Fehler sah man ziemlich bald ein. Man widerrief zwar die falsche Entscheidung nicht,[15] zog aus der Affäre aber die Lehre, dass solche Entscheidungen fachkundiger vorbereitet werden müssten. So gründete Leo XIII. 1902 die «Päpstliche Bibelkommission» («Pontificia Commissio de Re Biblica») als Organ des kirchlichen Lehramtes mit Sitz in Rom. Sie wurde ähnlich wie die römischen Kongregationen strukturiert: Ihre Mitglieder, die zu entscheiden hatten, waren Kardinäle, während Theologen und Exegeten aus verschiedenen Nationen ihnen als «Konsultoren» (Berater) zur Seite standen. Zwei Aufgaben wurden der Bibelkommission bei ihrer Gründung mitgegeben: die Förderung der biblischen Wissenschaft in der katholischen Kirche und die Verteidigung der Wahrheit der Hl. Schrift bzw. die Abwehr irriger Meinungen, damit von der Bibel «nicht nur jeder Hauch des Irrtums, sondern auch jegliche allzu freie Ansicht ferngehalten werde»[16].

Diese Formulierung macht deutlich, worum es vor allem ging. Die ihr aufgetragene Abwehr von Irrtümern besorgte die Bibelkommission durch ihre berühmt-berüchtigten «Responsa» (Antworten), die sie über kontroverse Fragen abgab. Pius X. verfügte 1907, dass ihnen dieselbe Autorität wie den Dekreten päpstlicher Kongregationen zukomme, d. h. sie verlangen innere Zustimmung

---

14 Vgl. *Vanhoye*, Passé.
15 Erst 1927, also 30 Jahre später, interpretierte man die Entscheidung in einer öffentlichen Erklärung so, dass es einer Rücknahme gleichkam. Vgl. Pontificia Commissio de Re Biblica, Enchiridion Biblicum 136.
16 Litterae Apostolicae «Vigilantiae»: Pontificia Commissio de Re Biblica, Enchiridion Biblicum 139; deutsch bei *de Fraine*, Bibelkommission 225.

und äußere Unterwerfung.[17] Die «Responsa» antworteten auf vorgelegte Fragen («Dubia»), manchmal in «imperialer Kürze»[18] mit «Affirmative» oder «Negative», meist mit wenigen Argumenten. Bis 1915 (also bis zum Ende des Antimodernisten-Kampfes) ergingen insgesamt 14 solcher «Responsa». «Dabei war so ziemlich alles verurteilt worden, was heute auch katholischen Theologiestudentinnen und Theologiestudenten im alttestamentlichen und neutestamentlichen Proseminar an Ergebnissen der Bibelwissenschaft beigebracht wird.»[19] So wurde z. B. entschieden, dass der Pentateuch von Mose stamme, dass der Apostel Johannes das vierte Evangelium verfasst habe, dass das ganze Buch Jesaja vom Propheten selber geschrieben worden sei, dass die drei ersten Kapitel der Genesis wirklich so Geschehenes beschrieben und dass die Pastoralbriefe vom Apostel Paulus selbst verfasst seien.[20]

Nach 1915 wurden die Äußerungen der Bibelkommission viel seltener und änderten ihren Charakter sowohl in der Form wie im Inhalt. Bis zum Zweiten Weltkrieg aber kontrollierte die Bibelkommission die katholische Exegese weiterhin sehr wirkungsvoll und verhinderte jede offene wissenschaftliche Debatte.

3.4   Das päpstliche Bibelinstitut

Schon 1904 gab Pius X. der Bibelkommission die Vollmacht, die akademischen Grade des Lizentiats (Licentia in re biblica) und des Doktorats in Bibelwissenschaft (Laurea in re biblica) zu verleihen. 1908 richtete die Päpstliche Universität Gregoriana einen höheren Bibelkurs ein, um die Kandidaten auf die Prüfungen vor der Bibelkommission vorzubereiten. 1909 schließlich erfolgte die Gründung des «Päpstlichen Bibelinstituts» («Pontificium Institutum Biblicum»). Die Prüfungen nahm aber zunächst weiterhin die Bibelkommission ab; sie verlieh auch die akademischen Grade. Damit war sicher gestellt, dass das Bibelinstitut demselben Zweck wie diese diente: der Förderung der biblischen Wissenschaft im katholischen Sinne und der Verteidigung der Bibel gegen abweichende Auslegungen. Im Klartext: Es sollte ein wissenschaftliches Bollwerk gegen die historisch-kritische Exegese sein. Unter seinem ersten

---

17 Motu Proprio «Praestantia Scripturae», DH 3503.
18 «D'une brièveté impériale», wie *Vanhoye,* selbst viele Jahre Konsultor der Bibelkommission, formuliert (Passé 265).
19 *Pesch,* Konzil 275.
20 Vgl. DH 3372–3630.

Rektor, P. Leopold Fonck SJ, der es bis 1915 leitete, erfüllte es diese Aufgabe auch sehr eifrig und getreu.

1916 erhielt das Bibelinstitut eine neue Studienordnung und das Recht, selbst das Lizentiat in Bibelwissenschaften zu verleihen. Das Doktoratsrecht kam erst 1924 unter Papst Pius XI. (1922–1939) dazu, der das Institut mit der Jesuiten-Universität Gregoriana vereinigte, jedoch unter Wahrung der Selbstständigkeit. Außerdem legte Pius XI. fest, dass Dozenten an den kirchlichen Seminaren einen akademischen Grad (mindestens Bakkalaureat oder Lizentiat) des Bibelinstituts absolvieren mussten. Das Doktorat des Bibelinstituts, welches das Doktorat in Theologie voraussetzte, wurde praktisch die Habilitation für katholische Exegeten. Auf diese Weise wurde das Bibelinstitut ein hervorragendes Instrument, die Ausbildung der Exegese-Dozenten und damit die biblische Ausbildung der Theologen überhaupt zu kontrollieren, sowohl hinsichtlich der wissenschaftlichen Qualität wie auch ihrer Linientreue.

3.5   Der Fall des Jesuiten Franz von Hummelauer[21]

Die beschriebenen institutionellen Maßnahmen führten für katholische Exegeten, die für die neuen Wege der Bibelwissenschaft offen waren, zu einer äußerst schwierigen Situation. Unter welchen Bedingungen sie in der Zeit des Antimodernistenkampfes, in etwas entschärfter Form aber bis zum Zweiten Weltkrieg, zu arbeiten hatten, soll an einem Beispiel gezeigt werden, das den deutschen Sprachraum betrifft.

Franz von Hummelauer SJ war ein kompetenter Bibelwissenschaftler und vor allem als Mitbegründer des im katholischen Raum renommierten Kommentarwerkes «Cursus Scripturae Sacrae» bekannt, für das er sieben Bände selbst verfasste. Dass er 1903 zum Konsultor der neu gegründeten Päpstlichen Bibelkommission ernannt wurde, zeigt, dass sein Ruf auch kirchlich unbescholten war. 1904 veröffentlichte er mit dem Imprimatur des Freiburger Erzbischofs eine Studie mit dem Titel «Exegetisches zur Inspirationsfrage»[22]. Darin nahm er die damals aufkommende Diskussion um die verschiedenen literarischen Arten (besonders im AT) auf und vertrat mit großer Vorsicht die – heute selbstverständliche – Ansicht, dass nicht alle literarischen Gattungen

---

21 Vgl. dazu *Reiser*, Wahrheit.
22 *von Hummelauer*, Exegetisches.

streng historisch zu verstehen seien, sondern sich in der Bibel auch mehr oder weniger freie Erzählungen finden. Die Studie bedeutete das Ende seiner exegetischen Laufbahn.

Im Jahr danach veröffentlichte nämlich sein Mitbruder P. Leopold Fonck SJ, damals Professor für NT in Innsbruck und später erster Rektor des Bibelinstituts, ein Büchlein mit dem Titel: «Der Kampf um die Wahrheit der Schrift seit 25 Jahren»[23]. Darin griff er Hummelauer scharf an und stellte in dessen Werk eine falsche Beschränkung der Irrtumslosigkeit der Heiligen Schrift und eine Relativierung der Wahrheit der «inspirierten Geschichtserzählung»[24] fest. Mit Hummelauers neuer Auffassung sei «der Boden der Tradition vollständig verlassen und eine Umwälzung aller exegetischen Anschauungen in Vorschlag gebracht, wie sie bisher in der kirchlichen Schriftforschung noch nicht da gewesen ist»[25]. Es blieb nicht bei der wissenschaftlichen Diskussion. Obwohl der Jesuiten-Provinzial wie auch alle Zensoren einhellig der Ansicht waren, die Ansichten Hummelauers seien wissenschaftlich moderat und mit dem katholischen Glauben vereinbar, kam es zum Beschluss, Hummelauer aus der Päpstlichen Bibelkommission auszuschließen und ihn aus der Exegese überhaupt zu entfernen. Der Gemaßregelte beugte sich dem Entscheid im Gehorsam und ging als Seelsorger nach Berlin. Die Weise, wie er das Ganze «geistlich bewältigte, ist nicht anders denn als heiligmäßig zu bezeichnen»[26], urteilt Klaus Schatz.

Der Vorgang ist für das damalige Klima kennzeichnend. Die Beendigung des Antimodernistenkampfes 1914 durch Papst Benedikt XV. nahm zwar etwas Druck von den katholischen Exegeten. Aber auch nachher konnten sie nur mit äußerster Vorsicht die Resultate der historisch-kritischen Forschung aufnehmen und durften höchstens zwischen den Zeilen darüber schreiben. Wenn man die Werke eines so großartigen katholischen Exegeten wie P. Marie-Joseph Lagrange OP (1855–1939) liest, spürt man das Problem fast auf jeder Seite. Er kann als zwar vorsichtiger, aber sehr kompetenter Pionier der modernen katholischen Exegese gelten. Damals wurde er dafür gemaßregelt, heute ist er Kandidat für eine baldige Seligsprechung.[27]

---

23 *Fonck*, Kampf.
24 Ebd. 141; zit. bei *Reiser*, Wahrheit 40.
25 Ebd. 169–170; zit. bei *Reiser*, Wahrheit 40.
26 *Schatz*, «Liberale» 148; zit. bei *Reiser*, Wahrheit 40.
27 Vgl. *Henrici*, Heranreifen 59.

4   Die Enzyklika «Divino afflante Spiritu» und ihre Folgen

Die Wende kam 1943 mit der Bibelenzyklika Pius' XII. Mit ihr begann für die katholische Exegese eine neue Ära. Pius XII. ist in dieser Hinsicht der große Wegbereiter des Konzils.[28] Es ist kein Geheimnis, dass der hauptsächliche Autor von «Divino afflante Spiritu» P. Augustin Bea SJ (1881–1968) war, seit 1930 Rektor des Bibelinstitutes und Beichtvater des Papstes, später beim Konzil und nachher der große Kardinal der Ökumene. In der Enzyklika gab Pius XII. die moderne Bibelwissenschaft für die katholischen Exegeten frei und ermutigte sie dazu, ja beauftragte sie sogar, alle wissenschaftlichen Hilfsmittel anzuwenden, um «die Absicht der alten Schriftsteller und ihre Weise, Form und Kunst zu denken, zu erzählen und zu schreiben besser kennen zu lernen»[29]. Dabei wies er ausdrücklich auch auf die bisher so verpönte Erforschung der literarischen Gattungen hin: «Den Heiligen Büchern ist nämlich keine jener Redeweisen fremd, die die menschliche Sprache bei den alten Völkern, zumal bei den Orientalen, zu gebrauchen pflegte, um einen Gedanken auszudrücken».[30]

Und als ob Pius XII. die noch kommenden Kämpfe um die Bibel vorausgesehen hätte, fordert er einerseits von den katholischen Exegeten Mut: Sie dürften «sich keinesfalls davon abhalten lassen, schwierige Fragen, die bisher noch nicht gelöst sind, wieder und wieder in Angriff zu nehmen»[31]. Andererseits wollte er sie aber auch vor ungerechtfertigten Angriffen schützen und schrieb:

> «Dass aber die Bemühungen dieser tüchtigen Arbeiter im Weinberg des Herrn nicht nur mit Billigkeit und Gerechtigkeit, sondern auch mit höchster Liebe zu beurteilen sind, sollen sich alle übrigen Söhne der Kirche bewusst sein; sie sollen nämlich jenem nicht sehr klugen Eifer abhold sein, dass man meint, alles, was neu ist, müsse eben deswegen angegriffen oder in Verdacht gezogen werden.»[32]

Wie oft ist diese päpstliche Mahnung von jenen, die päpstlicher waren als der Papst, in den späteren Auseinandersetzungen missachtet worden!

---

28 *Henrici,* Heranreifen 56–57, weist darauf hin, dass das nicht nur für die Bibelwissenschaft zutrifft, sondern z. B. auch für das Thema Kirche (Enzyklika «Mystici Corporis») und für die Liturgiereform (Enzyklika «Mediator Dei»).
29 DH 3831.
30 DH 3830.
31 DH 3831.
32 Ebd.

Der päpstliche Kurswechsel veränderte die Arbeitsbedingungen der katholischen Exegeten von Grund auf. Auch die Päpstliche Bibelkommission folgte dem neuen Trend. Schon 1941 hatte sie sich in einem vom Papst bestätigten Brief[33] an die italienischen Bischöfe sehr deutlich gegen die Verunglimpfung der historisch-kritischen Methode durch ein anonymes Pamphlet[34] gewendet. Im berühmt gewordenen Brief an Kardinal Emmanuel-Célestin Suhard, den Erzbischof von Paris,[35] nahm sie 1948 in einer sehr offenen Weise Stellung zur Quellenfrage des Pentateuch und zum literarischen Charakter von Gen 1–11. Und es kam schon fast einer offiziellen Rücknahme ihrer früheren Stellungnahmen gleich, wenn die Kommission nun die katholischen Exegeten aufrief, ihr gehorsames Schweigen zu diesem Thema aufzugeben. Die diesbezüglichen früheren Responsa von 1906 und 1909[36] seien kein Hindernis, die Fragen weiter zu studieren und mit den neuen Methoden nach Lösungen zu suchen.

Dass auch das Päpstliche Bibelinstitut unter Rektor Bea einen gründlichen Wandel in der Ausrichtung erfuhr, versteht sich. Als Kardinal Bea am 16. November 1968 starb, war ich selbst Student am Bibelinstitut. Am Morgen nach seinem Tod hielt P. Maximilian Zerwick SJ, bei dem wir Bibelgriechisch lernten, eine kurze Würdigung des langjährigen Rektors (1930–1949). Die Quintessenz seiner Würdigung lautete sinngemäß – den genauen Wortlaut habe ich nicht mehr im Gedächtnis:

«Das große Verdienst von P. Bea als Rektor des Bibelinstituts ist es, dass unter ihm das Bibelinstitut das Gegenteil von dem wurde, wozu es gegründet worden war. Es wurde gegründet, um die historisch-kritische Exegese zu bekämpfen. Bea sorgte dafür, dass es sich zu einer der profiliertesten Stätten historisch-kritischer Forschung im Raum der katholischen Bibelwissenschaft entwickelte.»

Und da das Bibelinstitut Bildungsstätte für einen großen Teil der Professoren an katholischen Theologen-Ausbildungsstätten blieb, kann man den Einfluss dieser Neuausrichtung des Bibelinstituts für die katholische Exegese gar nicht hoch genug einschätzen.

---

33 DH 3792–3796.
34 *Ruotolo, Dolindo,* Un gravissimo pericolo per la Chiesa e per le anime. Il sistema critico-scientifico nello studio e nell' interpretazione della Sacra Scrittura, le sue deviazioni funeste e le sue aberrazioni.
35 DH 3862–3864.
36 DH 3394 bzw. 3397.

Die Weichenstellung in Rom hatte zur Folge, dass nach der Beendigung des Zweiten Weltkriegs, als sich das wissenschaftliche Leben in Europa langsam wieder erholte und sich neu entfalten konnte, die katholische Exegese gegenüber der evangelischen sehr schnell aufholte. Fand bisher die wissenschaftliche Diskussion um die moderne Bibelwissenschaft praktisch unter Ausschluss katholischer Exegeten statt, beteiligten sich diese nun intensiv und in vielen Fällen auch sehr kompetent. In den 1950er Jahren begannen im deutschsprachigen Raum große katholische Exegeten wie Rudolf Schnackenburg, Heinz Schürmann, Anton Vögtle und andere die exegetische Diskussion maßgeblich mitzubestimmen, so dass zu Beginn des Konzils die katholische Exegese der evangelischen an Qualität insgesamt kaum noch nachstand – wenigstens was ihre Spitzenvertreter betrifft.

5 Der «Kampf um die Bibel» am Vorabend des Konzils[37]

Dass sich die durch die Enzyklika Pius' XII. von 1943 bewirkte Neuausrichtung allgemein in der Kirche ebenso schnell wie unter den Exegeten durchgesetzt hätte, war allerdings nicht der Fall. «Zu groß war der innerkirchliche Widerstand, zu groß vielleicht auch die Furcht vor allzu schneller biblischer Neuerung.»[38] Ich selbst habe als junger Exeget gehört, wie Schnackenburg, Schürmann u. a. von den heftigen und z. T. gehässigen Auseinandersetzungen in den Fünfzigerjahren vor allem um historische Fragen erzählten. Dass die Gegner der modernen Bibelwissenschaft bis ganz weit oben in der Hierarchie die Bedeutung der historisch-kritischen Fragestellung für die Theologie nicht so schnell akzeptieren konnten und bis zum Konzil den Widerstand nicht aufgaben, zeigt der «Kampf um die Bibel» am Vorabend des Konzils, der sich bis in die Konzilszeit hinein weiterzog. Er spielte sich als Stellvertreter-Krieg zwischen zwei päpstlichen Bildungsstätten ab: der Lateran-Universität als Hort der traditionellen römischen Theologie und dem Bibelinstitut, das sich um die moderne Bibelwissenschaft bemühte.

---

37 Vgl. dazu besonders *Komonchak*, Kampf 314–318.
38 *Kirchschläger*, Bibel 66.

5.1 Das Pamphlet von Msgr. Romeo

Der Sturm begann im Dezember 1960 mit einem Artikel von Msgr. Antonio Romeo, Professor an der Lateran-Universität und Mitarbeiter der Studienkongregation. Sein Elaborat trug den Titel: «L'Enciclica ‹Divino afflante Spiritu› e le ‹opiniones novae›» (deutsch: «Die Enzyklika ‹Divino afflante› Spiritu› und die ‹neuen Meinungen›»). Es erschien an erster Stelle in einer Nummer der «Divinitas», der Zeitschrift der Lateran-Universität, die bezeichnenderweise dem Erzbischof von Palermo, Kardinal Ernesto Ruffini, zum Goldenen Priesterjubiläum gewidmet war.[39] In äußerst gehässigem Ton griff Romeo – ausgerechnet unter Berufung auf «Divino afflante Spiritu» – den Einbruch der historisch-kritischen Exegese in die katholische Theologie an. Anknüpfungspunkte waren ein in der «Civiltà Cattolica»[40] erschienener Aufsatz von P. Luis Alonso Schoekel SJ und ein vervielfältigtes Skript[41] von P. Maximilian Zerwick SJ, beide Professoren am Bibelinstitut. Romeo weitete seine Angriffe aber aus zu einem Rundumschlag gegen andere Professoren des Bibelinstituts und weitere – vor allem deutsche und französische – Exegeten. Für sie prägte er die Bezeichnung «brume nordiche» (nördliche Nebel). Der Ausdruck wurde in meiner Studienzeit zu einem geflügelten Wort. Wir Studenten von nördlich der Alpen fühlten uns sehr solidarisch mit diesen «brume nordiche». In polemischer Schärfe, die kaum zu überbieten ist, warf Romeo ihnen – und damit der ganzen modernen Exegese – vor, die päpstlichen Enzykliken zu verdrehen, Verächter der Tradition und des Lehramtes zu sein, Feinde des katholischen Glaubens, Leugner von Glaubenswahrheiten und Verderber des jungen Klerus. Er bezeichnete diese Exegeten als Pharisäer, die sich hinter einer frommen Maske verbärgen und viele Rosenkränze beteten. Ja, Romeo sieht sie sogar als Teil einer weltweiten Verschwörung, die das Christentum aushöhlen und zerstören wolle.[42] Karl Rahner beurteilt dieses Elaborat von Romeo

---

39 Vgl. Divinitas 4 (1960) 387–456.
40 Vgl. *Alonso Schoekel*, Esegesi.
41 Critica letteraria del NT nell'esegesi cattolica dei Vangeli, S. Giorgio Canavese 1959. Es handelt sich dabei um 18 vervielfältigte Seiten in ca. 100 Exemplaren für einen Kreis von norditalienischen Fachexegeten.
42 Die Herkorr 15 (1961/62) 345 f. zitiert aus dem Aufsatz von Romeo in deutscher Übersetzung: «Eine unaufhörliche Wühlarbeit von Termiten, die im Schatten wirken, in Rom und in allen Teilen der Welt, zwingt dazu, der aktiven Existenz eines vollständigen Plans zur Aushöhlung und Zersetzung der Lehren, aus denen sich der katholische Glaube aufbaut und nährt, ins Auge zu sehen. Immer zahlreichere Indizien von verschiedenen Seiten bezeugen die schrittweise Entwicklung eines umfangreichen fort-

als einen «beschämenden und für die Würde der katholischen Wissenschaft
... abträglichen Artikel» und «eine hässliche Verunglimpfung» der katholischen, insbesondere der deutschen Exegese.[43]

5.2 Die Erwiderung des Bibelinstituts

Dieser Generalangriff Romeos, der nicht nur einzelne Exegeten, sondern die
Arbeit des Bibelinstituts und die historisch-kritische Bibelwissenschaft insgesamt im Visier hatte, durfte am Vorabend eines ökumenischen Konzils
nicht auf die leichte Schulter genommen werden,[44] umso weniger, als er bei
maßgeblichen Kreisen der Hierarchie unverhohlene Unterstützung fand. So
veröffentlichte etwa Kardinal Ruffini, der Mitglied der Päpstlichen Bibelkommission war, am 24. August 1961 auf der ersten Seite des «L'Osservatore Romano» einen Artikel,[45] der in die gleiche Kerbe schlug und offene Unterstützung für die Romeo-Richtung zum Ausdruck brachte. Kardinal G. Pizzardo,
der Präfekt der Studienkongregation, schickte Kopien des Artikels von Ruffini
an alle Direktoren der Diözesan-Seminare Italiens mit der Anweisung, die
Aufmerksamkeit der Professoren darauf zu lenken.[46]

Das Bibelinstitut kam daher nicht um eine Richtigstellung herum. Im Januar 1961 brachte die Zeitschrift «Verbum Domini» des Bibelinstituts eine
ausführliche Erwiderung auf das Pamphlet Romeos.[47] Darin wurde ein ganzer

---

schreitenden Manövers, das von sehr geschickten und scheinbar sehr frommen Köpfen
geleitet wird und dahin zielt, das Christentum, das bisher gelehrt und durch neunzehn
Jahrhunderte gelebt wurde, zu beseitigen und durch das Christentum der Neuzeit zu
ersetzen.»

43 *Rahner,* Exegese 83.

44 Vgl. dazu Herkorr 15 (1961/62) 346: «Es ist eine Mentalität der Angst, um nicht zu sagen des Verfolgungswahns, die in der Kirchengeschichte nicht unbekannt ist und,
wenn sie gewähren darf, integralistische und totalitäre soziale Formen begünstigt. Deswegen kann das Phänomen einer solchen Mentalität und einflussreichen Gruppe in
der Hauptstadt der Kirche am Vorabend eines ökumenischen Konzils nicht bagatellisiert werden. Romeo ist von einer einzigen Idee geradezu besessen, von der Idee, dass
alles Neue zuletzt vom Unglauben und vom Teufel herkommt. Wäre das wahr, dann
brauchte man eigentlich über ein ‹aggiornamento› nicht mehr zu sprechen.»

45 Vgl. *Ruffini,* Generi letterari. *Komonchak,* Kampf 317, Anm. 424, berichtet von einem
zweiten Artikel des Kardinals in einer amerikanischen Zeitschrift: vgl. hierzu *Ruffini,*
Bible.

46 Vgl. *Komonchak,* Kampf 317.

47 Vgl. Pontificium Institutum Biblicum, Recens libellus.

Katalog von Verdrehungen, Unterstellungen und Verleumdungen aufgelistet und im Einzelnen widerlegt. Von Romeos Argumenten blieb eigentlich nichts übrig.

Der Rektor der Lateran-Universität und Herausgeber der «Divinitas» hatte die Aufnahme dieser Erwiderung des Bibelinstituts abgelehnt. Dafür schickte er den Aufsatz von Romeo an alle italienischen Bischöfe. Erst zu diesem Zeitpunkt erfuhr Papst Johannes XXIII. (1958–1963) durch einen italienischen Bischof, der ihn daraufhin ansprach, von der Angelegenheit. Als er den Aufsatz Romeos las, kam es – so wird berichtet[48] – zu einem der wenigen Zornesausbrüche während seines Pontifikats. P. Sebastian Tromp SJ, der Sekretär der Theologischen Vorbereitungskommission, notiert in seinem Tagebuch, «der Papst habe den Direktor der Civiltà Cattolica angerufen, um ihn und den Direktor des PIB (d. i. Pontificium Institutum Biblicum) zu informieren, dass er Romeos Artikel ‹con dispiacere e disgusto› (mit Missfallen und Abscheu) gelesen habe»[49]. Zum Zeichen des Vertrauens in die Rechtgläubigkeit des Bibelinstituts wurde dessen Rektor, P. Ernst Vogt SJ, kurz nachher in die Theologische Vorbereitungskommission des Konzils berufen.

5.3   Die Folgen der Affäre

Merkwürdigerweise hatten die ungerechtfertigten Angriffe für die Betroffenen trotzdem gravierende Folgen: Nach einigem Hin und Her setzte es das hl. Offizium, dessen Präfekt Kardinal Alfredo Ottaviani war, durch, dass zwei hoch geachtete Professoren des Bibelinstituts, P. Maximilian Zerwick und P. Stanislas Lyonnet, mit einem Lehrverbot belegt wurden, das erst Papst Paul VI. (1963–1978) nach seinem Amtsantritt wieder aufhob. Ich habe die beiden nicht nur als kompetente Professoren, sondern auch als eindrückliche geistliche Persönlichkeiten kennen lernen dürfen, als ich nach dem Konzil Student am Bibelinstitut war. Das Lehrverbot hatte immerhin den einen Vorteil, dass P. Lyonnet nun mehr Zeit für die Beratung der Konzilsbischöfe und für die Vorbereitung der «Dogmatischen Konstitution über die göttliche Offenbarung» hatte,[50] die er maßgeblich mitprägte.

---

48 *Rynne,* Zweite Reformation 71.
49 Vgl. *Komonchak,* Kampf 316.
50 Vgl. *Henrici,* Heranreifen 61.

Eine weitere Konsequenz der Angriffe von Romeo gegen die neuere Bibel-wissenschaft war ein «Monitum» (eine Ermahnung) des hl. Offiziums, das am 20. Juni 1961 veröffentlicht wurde. Es richtete sich an alle Exegeten und hatte folgenden Wortlaut:

> «Während das Studium der biblischen Wissenschaften in lobenswerter Weise mit Eifer gepflegt wird, werden in verschiedenen Gegenden Urteile und Meinungen verbreitet, welche die reine geschichtliche und objektive Wahrheit der Heiligen Schrift … gefährden, selbst in bezug auf die Worte und Taten Jesu Christi. Da derartige Urteile und Meinungen sowohl Hirten wie auch Gläubige besorgt machen, haben die Kardinäle, die mit der Reinerhaltung der Glaubens- und Sittenlehre beauftragt sind, beschlossen, alle, die über die Heilige Schrift schreiben oder sprechen, zu ermahnen, dass sie diesen erhabenen Gegenstand immer mit der gebotenen Klugheit und Ehrfurcht behandeln und stets die Lehre der heiligen Väter und den Sinn und das Lehramt der Kirche vor Augen haben, damit nicht die Gewissen der Gläubigen verwirrt noch die Glaubenswahrheiten angetastet werden. Dieses Monitum ergeht unter Zustimmung der Kardinäle der Bibelkommission.»[51]

Von einer Zustimmung des Papstes ist im Monitum nicht die Rede.

6   Die Auseinandersetzungen während des Konzils[52]

Der «Kampf um die Bibel» war also fast 20 Jahre nach «Divino afflante Spiri-tu» keineswegs entschieden. Die erwähnten Auseinandersetzungen fanden während der laufenden Konzilsvorbereitungen statt und wurden wohl noch verschärft durch das Bestreben der Parteien, sich für die erwartete «Entschei-dungsschlacht» am Konzil – man möge den kriegerischen Ausdruck entschul-digen – eine günstige Ausgangslage zu verschaffen. Tatsächlich ging die Auseinandersetzung am Vorabend des Konzils nahtlos in die Auseinanderset-zungen um die «Dogmatische Konstitution über die göttliche Offenbarung» am Konzil selbst über. Die «Schlachtreihen» waren klar: auf der einen Seite die harten Gegner der historisch-kritischen Methode, auf der andern die Be-fürworter der modernen Bibelwissenschaft. Beide Seiten beriefen sich dabei auf Pius XII. und seine Bibel-Enzyklika.

---

51 Lat. in: Biblica 42 (1961) 489; dt. in: Herkorr 15 (1960/61) 486.
52 Vgl. dazu besonders *Ratzinger,* Einleitung; *Ruggeri,* Konflikt.

6.1 Das Scheitern des vorbereiteten Schemas

Die Vorbereitung eines Schemas über die Thematik der Offenbarung und Hl. Schrift lag in den Händen der Theologischen Vorbereitungskommission, die Kardinal Alfredo Ottaviani präsidierte und deren Sekretär P. Sebastian Tromp SJ war, beide profilierte Vertreter der traditionellen römischen Theologie. Die Kommission bereitete eine Vorlage mit dem Titel «De fontibus revelationis» (Über die Quellen der Offenbarung) vor, die auf «eine Kanonisierung der römischen Schultheologie»[53] hinauslief. Sie «versuchte nämlich eine Festschreibung bestimmter neuscholastischer Positionen, unter völliger und bewusster Ignorierung all dessen, was die katholische Theologie inzwischen dazugelernt hatte»[54]. Für die Inspiration, die Irrtumslosigkeit und die historische Wahrheit der Hl. Schrift gebrauchte man so enge Formulierungen, dass für die moderne Bibelwissenschaft kein Raum blieb. Alle anstehenden Fragen waren im rein defensiven Sinn entschieden. Josef Ratzinger, damals noch Theologieprofessor, beurteilte diese Vorlage 1967, also kurz nach dem Konzil, folgendermaßen:

> «In dem Ringen, das die katholische Theologie in allen diesen Fragen bewegte, wären damit die Versuche zu einem Neuverständnis des Traditionsbegriffs wie auch ein Großteil des Bemühens der modernen Exegese verurteilt worden; die Belastung, die daraus der katholischen Theologie für ihren Weg in die Zukunft erwachsen musste, war nicht abzusehen – sie wäre vermutlich noch gravierender gewesen als die Schwierigkeiten, die sich aus der Einseitigkeit der antimodernistischen Verurteilungen ergaben.»[55]

Und es kam, wie es kommen musste: Als das Schema «Über die Quellen der Offenbarung» am 14. November 1962 in der Generalkongregation, d.h. im Plenum des Konzils, zur Diskussion gestellt wurde, kam es zum unvermeidlichen Sturm. Kardinal Ottaviani versuchte es zu verhindern, indem er in Abweichung von der Geschäftsordnung im Voraus eine Erklärung abgab, in der er u.a. einschärfte, dass «die Verkündigung der Wahrheit, die immer und überall die gleiche bleibe, erste Pflicht eines jeden Seelenhirten sei»[56]. Der Berichterstatter der Kommission, Msgr. Salvatore Garofalo, Rektor der Universität der Propaganda Fide, pflichtete bei und argumentierte, dass eine dog-

---

53 *Ratzinger*, Einleitung 500.
54 *Pesch*, Konzil 282.
55 *Ratzinger*, Einleitung 500.
56 Herkorr 17 (1962/63) 196.

matische Konzilskonstitution nicht eine Homilie sei, sondern einen unveränderlichen Lehrtext zu bieten habe.[57] Beide Interventionen konnten nicht verhindern, dass das Echo auf die Vorlage deutlich und überwiegend negativ war. Bedeutende Konzilsväter wie die Kardinäle Josef Frings, Franz König, Bernhard Alfrink, Léon Suenens und Augustin Bea äußerten sich scharf ablehnend, andere wie Ernesto Ruffini und Giuseppe Siri befürwortend. Man spürte, dass bei der Debatte das Schicksal der katholischen Bibelwissenschaft auf dem Spiel stand. Von Seiten des Sekretariats für die Einheit der Christen, dessen Mitarbeit von der Theologischen Vorbereitungskommission abgelehnt worden war, wurden ebenfalls schwere Bedenken angemeldet und die Befürchtung geäußert, dass aus einem solchen Konzilstext schwere Rückschläge für die Ökumene zu befürchten seien.[58] Die Zeitschrift «Réformé» schrieb als Reaktion darauf, dass im Falle einer Annahme dieser Vorlage durch das Konzil den Konzils-Beobachtern aus den evangelischen Kirchen nichts anderes übrig geblieben wäre, als abzureisen.[59]

Die Debatte spiegelte die unversöhnlichen Gegensätze im Plenum wider und biss sich fest. Am 20. November wurde sie schließlich abgeschlossen, obgleich keine Einigung in Sicht war. Eigentlich hätte man nun darüber abstimmen müssen, ob das von der Kommission vorbereitete Schema als Diskussionsgrundlage grundsätzliche Zustimmung finde oder nicht. Dafür hätte es eine Zweidrittel-Mehrheit gebraucht, die niemals zustande gekommen wäre. Um diese Niederlage zu vermeiden, wurde die Abstimmungsfrage umgekehrt gestellt: nämlich, ob die Diskussion über das Schema zu unterbrechen sei. Auf diese Weise brauchten die Gegner des Schemas eine Zweidrittel-Mehrheit. 1368 Väter stimmten für, 822 gegen eine Unterbrechung, 19 Stimmen waren ungültig. Die Zweidrittel-Mehrheit von 2209 abgegebenen Stimmen wären 1473 Stimmen gewesen. Diese Zahl wurde also um 105 Stimmen verfehlt.[60]

---

57 Vgl. ebd. 196.
58 Herkorr 17 (1961/62) 197 zitiert Bischof de Smedt von Brügge, der im Auftrag des Sekretariats für die Einheit der Christen redete: «Der Papst hat unserm Sekretariat den Auftrag erteilt, die andern Kommissionen in Hinsicht auf die ökumenische Fassung ihrer Entwürfe zu beraten. Die Theologische Kommission hat aber unsere Mitarbeit abgelehnt. Das Ergebnis ihrer Arbeit leistet dem ökumenischen Dialog keinen Dienst. Das Schema bedeutet einen Rückschritt, ein Hindernis, einen Schaden. Die Veröffentlichung der theologischen Schemata in der Form der vorliegenden Entwürfe würde die Hoffnung vernichten, dass das Konzil zur Wiederannäherung unter den getrennten Brüdern führen könnte.»
59 Hinweis in Herkorr 17 (1962/63) 205.
60 Die Zahlen bei *Komonchak,* Kampf 309.

Das Resultat führte zu einer unmöglichen Situation: Das Konzil hätte über eine Vorlage debattieren und nach Bereinigung des Textes abstimmen müssen, obwohl diese Vorlage von fast zwei Dritteln als Diskussionsgrundlage abgelehnt wurde. «Die Erregung bei der geschlagenen Mehrheit war ungeheuer. Viele sprachen von sofortiger Abreise»[61], beschreibt Mario von Galli die Stimmung zu diesem Zeitpunkt. Es gab ernsthafte Befürchtungen um den Fortgang des Konzils, das sich in einer so wichtigen Sache scheinbar rettungslos verrannt hatte. Viele sahen schon die Möglichkeit eines Scheiterns des Konzils überhaupt.

In dieser verfahrenen Situation griff Papst Johannes XXIII. rettend ein. Er setzte den umstrittenen Text von der Tagesordnung ab und berief für die Erarbeitung eines neuen Schemas eine gemischte Kommission ein, die paritätisch aus Mitgliedern der Theologischen Kommission und des Sekretariats für die Einheit der Christen zusammengesetzt war. Die Kardinäle Alfredo Ottaviani und Augustin Bea führten als Ko-Präsidenten den Vorsitz. Die Sekretäre der Theologischen Kommission und des Einheitssekretariats, P. Sebastian Tromp SJ und Msgr. Jan Willebrands, wurden gleichberechtigte Sekretäre.

6.2   Versuchte Einflussnahmen von außen

Diese einigermaßen dramatischen Vorgänge am Konzil selber wurden außerhalb der Konzils-Aula von Propaganda-Aktionen beider Seiten begleitet, die auf je ihre Weise das Ohr der Konzilsväter suchten. Einerseits gingen die Angriffe aus der Lateran-Universität gegen das Päpstliche Bibelinstitut und seine Professoren weiter. Francesco Spadafora, Professor an der Lateran-Universität, ließ allen Konzilsvätern als «vertrauliches Dokument» eine Schrift mit dem Titel «Razionalismo, Esegesi cattolica e Magistero» (Rationalismus, katholische Exegese und Lehramt) zustellen. Darin wiederholte er die Angriffe gegen die moderne Exegese im Allgemeinen und gegen das Bibelinstitut im Besonderen. Er apostrophierte das Bibelinstitut als «Zentrum des Rationalismus» und betonte die Notwendigkeit, die historisch-kritische Exegese zu verurteilen. Eine Replik des Bibelinstituts ließ nicht lange auf sich warten. Das «Ping-Pong-Spiel» ging weiter.

Eine Propaganda-Aktion ganz anderer Art veranstaltete das Päpstliche Bibelinstitut seinerseits. Es machte aus der Doktorats-Verteidigung eines Alttes-

---

61   *von Galli/Moosbrugger,* Konzil 93.

tamentlers aus dem Jesuitenorden, P. Norbert Lohfink, eine große Demonstration für die moderne Bibelwissenschaft und lud die Konzilsväter dazu ein. Es kamen nicht weniger als 16 Kardinäle und mehrere hundert Bischöfe. Eine machtvolle Kundgebung für das angegriffene Bibelinstitut und die historisch-kritische Exegese! Die Veranstaltung fand am 22. November statt, zwei Tage nach der ominösen Abstimmung über das Offenbarungs-Schema, in der die Mehrheit der Konzilsväter, die für eine theologische Öffnung und für die moderne Bibelwissenschaft eintrat, am Konzil unterlegen war.

6.3 Der weitere Weg der Vorlage

Was das weitere Schicksal des Schemas über die Fragen der Offenbarung und der Hl. Schrift betraf, schuf die Zusammensetzung der gemischten Kommission ganz neue Voraussetzungen. Nun waren auch Kenner der Bibelwissenschaft mit von der Partie. Kardinal Bea, der ehemalige Rektor des Bibelinstituts und Türöffner der modernen katholischen Exegese unter Pius XII., war Garant dafür, dass der Bibelwissenschaft die Wege nicht verbaut wurden. Wie nicht anders zu erwarten war, fiel es der Kommission aber schwer, einen Konsens zu finden. Die hauptsächlichsten die Bibel betreffenden Streitpunkte waren – und blieben – das Problem der Inspiration, die Irrtumslosigkeit der Hl. Schrift, ihre historische Zuverlässigkeit (besonders was die Evangelien betrifft), die kirchliche Auslegung der Bibel und die Funktion des Lehramtes dabei sowie die Frage des Verhältnisses der Hl. Schrift zur Tradition. Es gelang zwar, noch vor Abschluss der Ersten Konzils-Session eine generelle Einigung über die Struktur eines neuen Schemas zu finden, das nun den offeneren Titel «De Divina Revelatione» (Über die göttliche Offenbarung) tragen sollte. Viele strittige Fragen aber ließ man offen. In der weiteren Arbeit am Text kam man immer mehr zur Einsicht, dass sich das Konzil nicht so dürftig und unprofiliert zu einer der zentralen Fragen des Glaubens äußern dürfe. Wäre es nicht besser, das Vorhaben überhaupt einschlafen zu lassen und auf ein eigenes Dokument über Offenbarung und Bibel zu verzichten?

Aber der Papst, inzwischen Paul VI. (1963–1978), teilte diese Ansicht nicht. Am Schluss der Zweiten Konzils-Session 1963 nannte er das Schema über die Offenbarung unter den Aufgaben für die Dritte Session. So bildete man nochmals eine neue Kommission, diesmal als Subkommission der Theologischen Kommission. Zu ihr zählten neben Bischöfen beider Richtungen auch eine Anzahl der besten Theologen und renommierte Exegeten als Konsultoren, so u. a. einerseits Sebastian Tromp und Salvatore Garofalo, andererseits aber auch Josef Ratzinger, Karl Rahner, Yves Congar, Béda Rigaux und Lucien Cerfaux. Das Präsidium hatte Bischof A.-M. Charue von Namur inne, Sekretär war der Franziskaner Ugo Betti, ein bekannter Exeget. Diese ausgewogen zusammengesetzte Subkommission erarbeitete einen Text, der in der übergeordneten Theologischen Kommission eine geteilte Reaktion fand. Nach langer Diskussion stimmten 17 ihrer Mitglieder dafür, 7 dagegen. So entschloss man sich, für die Vorlage des Schemas vor dem Konzils-Plenum zwei Berichterstatter zu bestimmen, für die Kommissionsmehrheit Erzbischof Ermenegildo Florit von Florenz, für die Minderheit Bischof Franjo Franic von Split, einen Freund von Kardinal Ottaviani. Entscheidend für den Fortgang der Verhandlungen war die kluge Vermittlung von Erzbischof Florit. Als ehemaliger beliebter Neutestamentler an der Lateran-Universität hatte er das Vertrauen der traditionellen Gruppe, nahm aber eine ausgleichende Position ein. Er trug die Relation für die fortschrittliche Kommissionsmehrheit auf eine Weise und in einer Sprache vor, die sie auch für die Minderheit akzeptabel machte. Ratzinger meint zum Beitrag von Florit:

> «Seine am 30. 9. 1964 dem Plenum vorgetragene Relation wird man zu den wichtigsten Ereignissen des Konzils rechnen dürfen. Ihr fundierter theologischer Gehalt, ihre durchsichtige und klare Gedankenführung, das Aufgreifen aller umgehenden Bedenken verfehlten nicht, den gebührenden Eindruck bei den Vätern hervorzurufen ... Die Präsentation des Textes durch einen Vertreter römischer theologischer Traditionen [wurde] zu einer entscheidenden Hilfe, die vor allem die Zögernden und Unsicheren unter den Konzilsvätern wesentlich zu beruhigen vermochte.»[62]

Und da selbst der Vertreter der Kommissions-Minderheit, Bischof Franic, zugeben musste, dass die Vorlage keinen Irrtum enthalte, sondern nur einen «defectum notabilem», wurde die Situation entspannt. Eine ruhige Diskussion war nun möglich.

In der Substanz stand der Text damit fest. Einzelne Fragen gaben aber weiterhin zu reden. Es waren hauptsächlich die alten Streitpunkte: die Bestimmung des Verhältnisses von Schrift und Überlieferung hinsichtlich ihres materiellen Umfangs sowie die Frage nach der näheren Bestimmung der Irrtumslosigkeit der Hl. Schrift und nach der Historizität der Evangelien. Die Suche nach allseits akzeptablen Formulierungen und entsprechenden Kompromissen gab noch bis in die letzte Session des Konzils viel zu tun. Die Min-

---

62 *Ratzinger*, Einleitung 502.

derheit übte in den drei genannten Fragen viel Druck aus, unterlag aber in den Abstimmungen regelmäßig. Als alle anderen Mittel versagten, gelangte sie schließlich an den Papst selbst, der am 18. Oktober 1965 tatsächlich intervenierte und zu den Fragen der Tradition, der Irrtumslosigkeit und der Historizität verdeutlichende Einfügungen in den Text der Vorlage verlangte, um die Konservativen zu versöhnen. Er ließ aber für die Formulierung so viel Spielraum, dass die Kommission Lösungen fand, «die dem Anliegen des Papstes Rechnung trugen, ohne Türen zu verschließen, um deren Offenbleiben man vier Jahre lang gekämpft hatte»[63]. Obwohl ein harter Kern der Gegner bis zum letzten Atemzug mit Flugblättern und auf andere Weise Widerstand leistete, fand die «Dogmatische Konstitution über die göttliche Offenbarung» bei der Schlussabstimmung am 18. November 1965 bei fast allen Konzilsvätern Zustimmung: 2344 «Placet» (Ja) standen nur 6 «Non placet» (Nein) gegenüber.

6.4 Die «Dogmatische Konstitution über die göttliche Offenbarung»

Dieser Text, der das Konzil von der ersten bis zur letzten Session beschäftigte und hart umkämpft war, hatte insgesamt acht verschiedene, mehr oder weniger grundlegende Neubearbeitungen erfahren. Das Resultat befriedigte nicht alle und nicht in allem. Zu deutlich zeigt es die Spuren der schwierigen Auseinandersetzungen. An den neuralgischen Punkten finden sich «dehnbare Formulierungen, die beide Seiten je zu ihren eigenen Gunsten auslegen können – und in der Folge auch auslegten»[64]. So beurteilen nicht alle Kommentatoren das Kompromissdokument positiv. Otto Hermann Pesch etwa findet es hinsichtlich der theologischen und ekklesiologischen Problematik (d. h. in den Fragen des Verhältnisses von Schrift und Tradition sowie von Schrift und Lehramt) «unbefriedigend»[65]. Das größte Verdienst der Offenbarungskonstitution diesbezüglich sei es, diese Fragen offen gehalten zu haben. Aber auch er findet das Resultat in den Themen, welche die historisch-kritische Exegese betreffen, positiv.[66]

---

63 Ebd.
64 *Pesch,* Konzil 283.
65 Ebd. 286.
66 «In Formulierungen, die die Gefühle der Minorität schonen, wird … die historisch-kritische Methode in der Bibelwissenschaft nicht nur erlaubt, sondern geboten. Die

Die meisten Kommentare aber, auch jene fortschrittlicher Konzilstheologen, zeigen sich zufrieden mit dem Erreichten. Als Beispiel sei die Wertung durch Karl Rahner und Herbert Vorgrimler zitiert:

«Noch nie hat ein Konzil oder überhaupt das Lehramt der katholischen Kirche so intensiv und so ausführlich über das Wort Gottes und über die Heilige Schrift gesprochen. Die Konstitution lässt die Forschungsfreiheit der Exegeten bestehen und erkennt die Legitimität ihrer wissenschaftlichen Methoden an. Sie greift nicht verurteilend in die innerkatholischen Kontroversen ein. Sie unterbindet den ökumenischen Dialog über Schrift und Tradition nicht. Und das ist weitaus mehr, als im November 1962 zu erhoffen war. Darüber hinaus entwirft sie ein Programm für das christliche Leben und für die Theologie, das auszuführen nicht wenig Mühe und Arbeit kosten wird.»[67]

7   Zum Schluss nochmals: Das Konzil fiel nicht vom Himmel

Obwohl wir überzeugt sind, dass der Himmel bzw. der Hl. Geist beim Zweiten Vatikanischen Konzil kräftig mitgewirkt hat, ist es doch auf sehr irdischen Voraussetzungen gewachsen und von Menschen vorbereitet und durchgeführt worden. Dabei ging es sehr menschlich, manchmal sogar allzu menschlich zu, wie wir feststellten. Aber das Resultat ist beeindruckend. Damit meine ich nicht nur und nicht einmal in erster Linie den Inhalt der Texte, die selber in manchem beeindruckend sind. Vor allem aber fand im Bewusstsein der Kirchenglieder ein Bewusstseinswandel statt. Auch wenn davon manches wieder eingeschlafen oder gar erstarrt sein mag, ist dieser Wandel in manchem irreversibel: z. B. die «actuosa participatio» der Gläubigen in der Liturgie, das neue Selbstbewusstsein der Laien, die Ökumene als Aufgabe der Kirche, die

---

Beachtung der literarischen Eigenart der biblischen Bücher wird nicht mehr, wie noch in der Bibel-Enzyklika Pius' XII., defensiv verstanden, sondern vollauf positiv: weil Gottes Wort nur in Menschenwort und durch menschliche Verfasser zugänglich wird, die dabei reden und schreiben wie Menschen ihrer Zeit und ihrer Kultur.» (Ebd.)

67 *Rahner/Vorgrimler*, Konzils-Kompendium 366; vgl. auch *Ratzinger*, Einleitung 502 f.: «Der Text ... trägt natürlich die Spuren seiner mühsamen Geschichte, er ist ein Ausdruck vielfältiger Kompromisse. Aber der grundlegende Kompromiss, der ihn trägt, ist doch mehr als ein Kompromiss, er ist eine Synthese von großer Bedeutung: der Text verbindet die Treue zur kirchlichen Überlieferung mit dem Ja zur kritischen Wissenschaft und eröffnet damit neu dem Glauben den Weg ins Heute.»

neue Sicht der nicht-christlichen Religionen, um nur ein paar Beispiele zu nennen.

Große – und hoffentlich ebenfalls irreversible – Veränderungen hat das Konzil auch im Blick auf die Hl. Schrift gebracht. Was die Bedeutung der *Bibel im Leben und Glauben der Kirche* betrifft, konnte das Konzil ernten, was in den engagierten Kreisen der Bibelbewegung seit dem Anfang des 20. Jh. gewachsen war. Das wurde nun durch das Konzil gemeinsames Gut der Kirche. Die Bibel bekam in ihrem Leben und Glauben einen neuen Stellenwert. In der Liturgie wurde der Tisch des Wortes neben den Tisch des Brotes gestellt und reicher gedeckt. In der Katechese und in der theologischen Ausbildung bekam die Hl. Schrift einen zentralen Platz. Die Theologie kann es sich nach dem Konzil nicht mehr leisten, die Hl. Schrift als Steinbruch für «dicta probantia» (Beweisstücke) zu missbrauchen.

Was die *wissenschaftliche Auslegung der Bibel* betrifft, war die Situation für das Konzil weniger einfach. Zwar konnte es auch hier an eine Entwicklung anknüpfen, die von der Bibel-Enzyklika Pius XII. «Divino afflante Spiritu» ausging und schon vor dem Konzil von einer Mehrheit der Theologen und auch der Bischöfe getragen wurde. Aber diese Entwicklung war bis zum Konzil und noch während des Konzils hart umkämpft. Wir haben uns ein paar der Kampfhandlungen in diesem Beitrag näher angesehen. Das Ergebnis war, dass das Konzil die von Pius XII. geöffneten Tore für die historisch-kritische Bibelwissenschaft weit offen hielt, und zwar nachhaltig, trotz einiger ängstlicher Formulierungen in der «Dogmatischen Konstitution über die göttliche Offenbarung», die von den Gegnern erkämpft wurden. Seit dem Konzil werden die historisch-kritische Exegese und auch andere, seither entwickelte neuere Methoden nicht mehr ernsthaft in Frage gestellt, auch wenn ihre Grenzen unterschiedlich gesehen werden.[68] Eine Ausnahme machen gewisse fundamentalistische Kreise. Aber es war ausgerechnet die Päpstliche Bibelkommission, die so lange die katholische Bibelwissenschaft geknebelt hatte und nach dem Konzil 1971 neu strukturiert worden war,[69] die in einem Dokument von 1993

---

68 Vgl. dazu kritisch *Ratzinger,* Schriftauslegung.

69 Die «alte» Bibelkommission gab 1964 ihre letzte Instruktion über die «Historische Wahrheit der Evangelien» heraus (kommentierte deutschsprachige Ausgabe: *Fitzmyer, Joseph A.:* Die Wahrheit der Evangelien. Die «Instructio de historica Evangeliorum veritate» der Päpstlichen Bibelkommission vom 21. April 1964: Einführung, Kommentar, Text, Übersetzung und Bibliographie, Stuttgart ³1966). Sie war in einem sehr offenen Geist gehalten und trug den Resultaten der Bibelwissenschaft Rechnung. Im Zuge

über «Die Interpretation der Bibel in der Kirche»[70] der fundamentalistischen Bibelinterpretation eine Absage erteilte.

Literatur

Alonso Schoekel, Luis: Dove va l'esegesi cattolica? In: CivCatt 111 (1960), Bd. 3, 449–460.

Fonck, Leopold: Der Kampf um die Wahrheit der heiligen Schrift seit 25 Jahren. Beiträge zur Geschichte und Kritik der modernen Exegese, Innsbruck 1905.

de Fraine, Josef: Bibelkommission. In: *Haag, Herbert* (Hrsg.): Bibel-Lexikon, Einsiedeln/Zürich/Köln ²1968, 225–227.

von Galli, Mario/Moosbrugger, Bernhard: Das Konzil. Chronik der ersten Sessio, Olten ²1963.

Henrici, Peter: Das Heranreifen des Konzils in der Vorkonzilstheologie. In: *Wassilowsky, Günther* (Hrsg.): Zweites Vatikanum – vergessene Anstöße, gegenwärtige Fortschreibungen (QD 207), Freiburg/Basel/Wien 2004, 55–70.

von Hummelauer, Franz: Exegetisches zur Inspirationsfrage. Mit besonderer Rücksicht auf das Alte Testament (Biblische Studien 9/4), Freiburg i. Br. 1904.

Kirchschläger, Walter: Bibel und Konzil. Das Zweite Vatikanum aus der Sicht des Exegeten. In: ThPQ 136 (1988) 65–74.

Knoch, Otto: Die Katholiken und die Bibel. Ein Gang durch die Geschichte. In: ThPQ 136 (1988) 239–251.

Komonchak, Joseph A.: Der Kampf für das Konzil während der Vorbereitung (1960–1962). In: *Alberigo, Giuseppe* (Hrsg.): Geschichte des Zweiten Vatikanischen Konzils (1959–1965), Bd. 1, Mainz/Leuven 1997, 189–394.

Lesch, Karl Josef: Die Bibel – «ein unerschöpflicher Schatz der heilsamsten Wahrheiten». Bernard Overbergs Bedeutung für die katholische Bibelbewegung. In: RpB 53/2004, 97–108.

---

der Reformen nach dem Konzil wurde die Bibelkommission 1971 neu organisiert. Sie ist nun nicht mehr eine lehramtliche Instanz, sondern eine Expertenkommission der Glaubenskongregation, vergleichbar mit der Internationalen Theologenkommission. Vgl. *Vanhoye,* Passé 261–275.

70 Kommentierte deutschsprachige Ausgabe: Die Interpretation der Bibel in der Kirche. Das Dokument der Päpstlichen Bibelkommission vom 23. 4. 1993 mit einer kommentierenden Einführung von *Lothar Ruppert* und einer Würdigung durch *Hans-Josef Klauck* (SBS 161), Stuttgart 1995.

Müller, Paul-Gerd: Die römisch-katholische Bibelbewegung und ihre Vorgeschichte. In: *Berger, Teresa/Geldbach, Erich* (Hrsg.): Bis an die Enden der Erde. Ökumenische Erfahrungen mit der Bibel, Zürich/Neukirchen-Vluyn 1992, 38–69.

Pesch, Otto Hermann: Das Zweite Vatikanische Konzil (1962–1965). Vorgeschichte – Verlauf – Ergebnisse – Nachgeschichte, Würzburg 1993.

Pontificia Commissio de Re Biblica: Enchiridion Biblicum. Documenta ecclesiastica Sacram Scripturam Spectantia, Neapel/Rom [4]1965.

Pontificium Institutum Biblicum: Pontificium Institutum Biblicum et recens libellus R.mi A. Romeo. In: VD 39 (1961) 3–17.

Rahner, Karl: Exegese und Dogmatik. In: *Ders.:* Schriften zur Theologie, Bd. 5, Einsiedeln/Zürich/Köln 1962, 82–111.

Ders./Vorgrimler, Herbert: Kleines Konzils-Kompendium. Sämtliche Texte des Zweiten Vatikanums mit Einführungen und ausführlichem Sachregister (Herderbücherei 270), Freiburg/Basel/Wien [20]1987.

Ratzinger, Josef: Einleitung. Dogmatische Konstitution über die göttliche Offenbarung. In: Das Zweite Vatikanische Konzil. Teil II (= LThK.E 2), 498–503.

Ders.: Schriftauslegung im Widerstreit. Zur Frage nach Grundlagen und Weg der Exegese heute. In: *Ders.* (Hrsg.): Schriftauslegung im Widerstreit (QD 117), Freiburg/ Basel/Wien 1989, 15–44.

Reiser, Marius: Wahrheit und literarische Arten der biblischen Erzählung. In: *Frühauf, Martin/Löser, Werner* (Hrsg.): Biblische Aufklärung – die Entdeckung einer Tradition, Frankfurt a. M. 2005, 39–52.

Romeo, Antonio: L'Enciclica «Divino afflante Spiritu» e le «opiniones novae». In: Divinitas 4 (1960) 387–456.

Ruffini, Ernesto: Generi letterari e ipotesi di lavoro nei recenti studi bibliche. In: L'Osservatore Romano, 24. 8. 1961.

Ders.: The Bible and its Genuine Historical and Objective Truth. In: American Ecclesiastical Review 146 (1962) 361–368.

Ruggeri, Giuseppe: Der erste Konflikt in Fragen der Lehre. In: *Alberigo, Giuseppe* (Hrsg.): Geschichte des Zweiten Vatikanischen Konzils (1959–1965), Bd. 2, Mainz/Leuven 2000, 273–314.

Rynne, Xavier: Die zweite Reformation. Die erste Sitzungsperiode des Zweiten Vatikanischen Konzils. Entstehen und Verlauf, Köln 1964.

Schatz, Klaus: «Liberale» und Integralisten unter den deutschen Jesuiten an der Jahrhundertwende. In: Rottenburger Jahrbuch für Kirchengeschichte 21 (2002) 141–162.

Scheuchenpflug, Peter: Die Katholische Bibelbewegung im frühen 19. Jahrhundert, Würzburg 1997.

Vanhoye, Albert: Passé et présent de la Commission Biblique. In: Gr 74 (1993) 261–275.

Als wichtige Quelle dienten auch die (ungezeichneten) aktuellen Berichte in der Zeitschrift «Herder Korrespondenz» der Jahre 1960/61–1965/66.

Tätige Teilnahme in Liturgie und Kirche. Die Wiederentdeckung der ganzen Kirche in der vorkonziliaren Theologie und auf dem II. Vatikanischen Konzil

Eva-Maria Faber

1   Hinführung

Es scheint «katholische» Eigenart zu sein, der Kirche im Gesamt des christlichen Glaubenslebens und der Glaubenslehre hohe Bedeutung zu geben. Und doch fehlt in den katholischen dogmatischen Handbüchern bis ins 20. Jahrhundert hinein ein eigener Abschnitt zur Kirche. Bemerkenswerte und sogar sympathische Zurückhaltung? Ist es nicht begrüßenswert, wenn die Kirche, eingeschlossen ihre Theologie, nicht zu viel von sich selbst spricht?

Das II. Vatikanum hat sich geradezu als Hauptthema gegeben, über die Kirche zu sprechen – und dies war heilsam. Denn Folge des Fehlens einer gesamthaften Darstellung der Kirche waren verengte Perspektiven. Die Kirche wurde einseitig unter kirchenrechtlicher Hinsicht betrachtet. Die apologetische Rechtfertigung ihrer Strukturen hatte bedeutend mehr Gewicht als eine geistliche Sichtweise. Der durch politische Umstände bedingte Abbruch des I. Vatikanischen Konzils führte zu einer papstzentrierten Ekklesiologie, welche andere Seiten der Kirche vernachlässigte.

Die Art, in der das II. Vatikanische Konzil nun die Kirche thematisierte, stellte eine heilsame Wiederentdeckung der *ganzen* Kirche dar. Eine solche geschah unter ganz verschiedenen Hinsichten:

– Wiederentdeckt wurde die geistliche Wirklichkeit der Kirche, die sich nicht darin erschöpft, eine juridische Institution zu sein.
– Wiederentdeckt wurde die ganze Kirche, insofern die Bedeutung der Ortskirchen neu entdeckt wurde. Kirche ist nicht nur die Gesamtkirche, sondern Gemeinschaft von Ortskirchen, die selbst im Vollsinn Kirche sind. Ihre Vielfalt bringt den Reichtum der ganzen Wirklichkeit in die auch in diesem Sinn *katholische* (die Fülle umfassende) Kirche.

- Wiederentdeckt wurde die ganze Kirche in der neuen Anerkennung der kirchlichen Wirklichkeit anderer Kirchen, die nicht in voller Gemeinschaft mit der römisch-katholischen Kirche stehen.
- Wiederentdeckt wurde die Realität der armen und verfolgten Kirche, die es zwar immer gegeben hat, die aber über dem Bestreben, eine möglichst mächtige und ansehnliche Kirche darzustellen, eher vergessen und an den Rand gedrängt wurde.
- Wiederentdeckt wurde die ganze Kirche in dem Eingeständnis auch ihrer dunklen Seiten. Die Haltung der «Kirchlichkeit» erweist sich nicht, indem solche Seiten verdrängt, sondern indem sie der Barmherzigkeit Gottes anheim gegeben und mit Umkehr und Buße beantwortet werden.

In diesem Beitrag soll es um die Wiederentdeckung der ganzen Kirche in einem personalen Sinn gehen: Gemeint ist das erneuerte Bewusstsein, dass nicht nur die Amtsträger, sondern alle Getauften miteinander Kirche bilden und gemeinsam in tätiger Teilnahme das kirchliche Leben tragen sollen.

Bei dieser Wiederentdeckung des ganzen Volkes Gottes in all seinen Gliedern ist jedoch nicht nur eine zahlenmäßige Erweiterung derer im Blick, die gemeinsam Kirche bilden. Die neue Aufmerksamkeit für die *ganze Kirche in all ihren Gliedern* geht einher mit einer Rückbesinnung auf den *ganzen Auftrag der Kirche*. Es ist die Wiederentdeckung der Kirche in ihrer Verwobenheit mit der Welt und in ihrer Sendung für die Welt.

Zwei Zitate zu Beginn mögen diese beiden zusammenhängenden Aspekte noch etwas illustrieren. Yves Congar schreibt in seiner Studie über die Theologie des Laien:

> «Es ist sehr zu bedauern, dass ... dem Priester vorgeschrieben wurde, selbst leise alle Teile zu beten, die im Hochamt die verschiedenen Altardiener oder das gläubige Volk singen. Das ist eine liturgische Anomalie und ist zugleich eine Art Symbol für die Tatsache, dass das hierarchische Priestertum gleichsam alles an sich gezogen hat. Es scheint, dass in der Kirche etwas nicht als getan gilt, wenn es nicht der Priester getan hat, und dass die Kirche ... hier oder dort nicht zur Stelle wäre, wenn sich da nicht eine Soutane fände.»[1]

Wer ist die Kirche? Wer handelt als Kirche? Nur die Amtsträger? Ist die tätige Teilnahme der Gläubigen – hier an der Liturgie – nur Beiwerk, das aber ver-

---

1 *Congar,* Laie 748.

zichtbar wäre und das als solches noch nicht zählt, noch nicht selbst kirchliches Tun darstellt?

Ein zweites Zitat von Hans Urs von Balthasar wirft Licht auf die Situation der Laien in der Welt – eine Welt, die lange als gefährlich galt. Leben sie nicht, weil sie *in der Welt* leben, *außerhalb der Kirche*, in der Fremde?

> «Priester und Menschen im Ordensstand machen sich diesbezüglich oft überflüssige Sorge um die Christen in der Welt. Wo ein Christ ist, da ist Kirche; er trägt das Licht mit sich und gerät deshalb ... niemals in ein Außerhalb der Kirche.»[2]

Wo ist die Kirche? Nur dort, wo der Amtsträger ist? Nur dort, wo «definierter» Raum der Kirche ist? Nicht auch dort, wo Glieder der Kirche ihre Berufung leben? Muss Kirche nicht gerade auch dort sein, wo die Welt ist?

Die beiden Zitate stammen aus Publikationen der Jahre 1952/1953. Zehn Jahre vor dem Konzil – und schon früher – waren entscheidende Schieflagen der zeitgenössischen Ekklesiologie bereits benannt. Der erste Teil der folgenden Ausführungen geht auf die geschichtliche Entwicklung im Umfeld des Konzils ein, bevor der zweite Teil sich in systematischer Perspektive den Inhalten zuwendet, die sich in der vorkonziliaren Theologie vorbereitet hatten.

2 Die Wiederentdeckung der Laien in der Kirche vor dem II. Vatikanischen Konzil

2.1 Tätige Teilnahme an Liturgie und Kirche

Die Wiederentdeckung der Laien als vollwertige Glieder der Kirche hat verschiedene Wurzeln. Schaut man in die Kirche des 19. und 20. Jahrhunderts, so entdeckt man eine Kirche, die sich in hohem Maße in Vereinen organisiert. Damit ist tätige Teilnahme am kirchlichen Leben eine Selbstverständlichkeit. Die Vereine gewährleisten eine starke Aktivierung ihrer Mitglieder und sorgen dabei – gerade in der Schweiz – für ein hohes Maß an Verantwortlichkeit und Gestaltung kirchlichen Lebens «von unten» her. Die schweizerischen Katholikentage z. B. werden zwischen 1903 bis in die zwanziger Jahre durch den Katholischen Volksverein und angegliederte Vereine organisiert; erst in den 20er

---

2 *Balthasar,* Schleifung 70.

Jahren kommt es zur Integration des Katholikentags in das Programm der Katholischen Aktion, von der gleich noch die Rede sein wird.[3]

In diesem Kontext wachsen Bewegungen wie vor allem die Liturgische Bewegung, in der auch der Begriff von der «tätigen Teilnahme» seine Wurzel hat. Er findet sich zuerst in einem Schreiben von Papst Pius X. über die Kirchenmusik «Tra le sollecitudini» aus dem Jahr 1903. Breitenwirkung erlangt er mit der Aufnahme durch den Benediktiner Lambert Beauduin. Sein Vortrag anlässlich eines Kongresses in Mecheln («Mechelner Ereignis») am 23. September 1909 gilt mit Recht als Aufbruch der Liturgischen Bewegung.[4] Dieser geht es darum, das Auseinanderfallen der Liturgie in einen priesterlichen Kult und in die parallele private Andacht der Gläubigen zu überwinden. Die Kirche ist als ganze feiernde Gemeinschaft; alle Glaubenden und Feiernden sind zur tätigen Teilnahme an der Liturgie berufen.

Die Liturgische Bewegung ist Teil einer umfassenderen kirchlichen Bewegung, in der die Kirche neu als Lebensraum und als Gemeinschaft entdeckt wird. Sie ist nicht nur ein institutionelles Gegenüber und eine anzuerkennende äußere Autorität, sondern «erwacht in den Seelen»[5], wie es das bekannte Wort von Romano Guardini eindrücklich zur Sprache bringt.

Was hier geschieht, bringt Bewegung in die Kirche. Setzt man bei der Liturgischen Bewegung an, so scheint es sich um eine Erweiterung von einem Kern von Kirche aus zu handeln. Es ist nicht mehr ein kleiner Kreis von amtlichen Liturgen, welche die Liturgie in Anwesenheit von Laien feiern, ohne dass deren Anwesenheit zur Sache etwas beitrüge. Alle Feiernden sollen innerlich und verstehend am Gefeierten Anteil nehmen können. Ähnliches lässt sich in anderen Hinsichten formulieren, wie z. B. für die Bibelbewegung. Alle sollen tätig an dem teilnehmen, was christliches Leben ausmacht.

Und doch geht es nicht nur darum, einen inneren Kreis durch weitere sich konzentrisch anschließende Kreise zu erweitern. Die Laien leben ja ihre kirchliche Sendung nicht nur, indem sie ihren eigenen Standort wechseln und *auch noch* an der Liturgie und an bestimmten Stellen des kirchlichen Lebens teilnehmen. Sie entdecken sich als Kirche an dem Ort und in der Aufgabe, die ihr alltägliches Leben ausmachen. Damit beginnt sich die Kirche zu bewegen. Kirchliches Leben vollzieht sich unter Teilnahme aller – auch der «Laien» –,

---

3 Vgl. *Altermatt*, Katholizismus 161.
4 Siehe dazu *Kaczynski*, Einleitung 23–25.
5 *Guardini*, Sinn 19.

und es hat seinen genuinen Ort nicht nur an «amtlich definierten» Stellen, sondern auch am Lebensort der Laien.

2.2 Die Neuentdeckung der Kompetenz der Laien und die Katholische Aktion

Durch beide Neuverortungen – der Laien in der Kirche und der Kirche am Lebensort der Laien – fällt neues Licht auch auf die spezifische und in den Bewegungen geförderte Kompetenz der Laien. Ihre ureigene Kompetenz liegt in jenen Qualifikationen, die sie aufgrund ihrer beruflichen Tätigkeit in den weltlichen Bereichen aufweisen. Hinzu kommt aber gerade in den Jahrzehnten der verschiedenen Aufbrüche in der katholischen Kirche eine ausgeprägte theologische Kompetenz. Liturgische Bildung ist eines der ersten Anliegen der Liturgischen Bewegung. Zahlreiche «Laiendogmatiken» richten sich an gebildete Katholiken.[6] Die Vereine und Kongregationen sorgen tatkräftig und effektiv für die Bildung ihrer Mitglieder; sie bauen in Eigeninitiative Bildungshäuser auf. Von großer Breitenwirkung sind die Theologiekurse für Laien, die 1954 in der Schweiz ins Leben gerufen werden.[7]

Damit entdecken sich die Laien als solche, die ihren ureigenen Sachverstand in den weltlichen Bereichen mit kirchlichem und theologischem Wissen verbinden und die wegen dieser doppelten Kompetenz im Zwischenbereich der Begegnung von Kirche und Welt eine wichtige kirchliche Aufgabe haben.

Eben wegen dieser Kompetenz erwacht bereits lange vor dem Konzil ein neues kirchenamtliches Interesse an den Laien. Hintergrund ist die veränderte Situation der Kirche in der Welt. Am Ende des 19. und zu Beginn des 20. Jahrhunderts hatte sich die amtliche Kirche in Opposition zu den geistesgeschichtlichen Entwicklungen begeben und den Dialog mit dem zeitgenössischen Denken abgebrochen. Auf diese Weise aber war ihr dieser Bereich gleichsam entglitten. Die Welt, die Gesellschaften funktionierten in einem Zeittakt, der nicht mehr der der Kirche war.

Im Verlauf des 20. Jahrhunderts wird allmählich bewusst, dass diese Verselbständigung der Welt nicht nur ein Intermezzo sein würde, das die Kirche zurückgezogen in sichere Gefilde nur abzuwarten hätte. So scheint es notwen-

---

6 Vgl. die Aufzählung von *Rahner,* Zeitfragen 517, der 1943 exemplarisch auf neun Titel hinweist, die in den 30er Jahren erschienen waren.
7 In Österreich entstehen bereits 1940 Theologische Kurse für Laien.

dig, aus der Defensive wieder herauszukommen und offensiv zu werden, und zwar mittels der Laien, welche nach Vorstellung vor allem der Pius-Päpste in einer «Katholischen Aktion» zu sammeln wären. Sie intendiert die Heranbildung von «Elite-Laien» und deren möglichst straffe Organisation durch enge Rückbindung an die Hierarchie.

Der Versuch, die Katholische Aktion zu fördern, sowie das Ringen um deren rechtes Verständnis setzt das Thema Laienapostolat in der Mitte des 20. Jahrhunderts ganz oben auf die Themenliste der reflexionsbedürftigen Fragen. Eine 1957 erschienene Bibliographie zum Thema Laienapostolat verzeichnet ungefähr 2000 Bände.[8] Dabei wird in der theologischen Diskussion, gegenläufig zum Konzept der Katholischen Aktion, vielfach betont, dass das Apostolat der Laien nicht erst in einer Delegation durch die Hierarchie, sondern in Taufe, Firmung und Kirchengliedschaft gründet (siehe unten Abschnitt 3.3). Genau dies wird das Konzil in Relativierung der Katholischen Aktion bestätigen. Bei genauem Hinsehen birgt im Übrigen das Konzept der «Katholischen Aktion» selbst sozusagen den Keim zur Selbstauflösung. Eine forcierte Schulung von Laien, die eine Schulung zur Eigenverantwortlichkeit einschließen muss, kann nicht in eine Katholische Aktion münden, die durch die starke Betonung der Abhängigkeit von der Hierarchie eben diese Eigenverantwortlichkeit nicht hinreichend zugesteht.

Doch auch abgesehen von der unmittelbaren Diskussion um die Katholische Aktion widmet sich das theologische Nachdenken der ekklesialen Bedeutung der Laien. Zu nennen sind hier unter anderen Studien von Yves Congar, Gérard Philips, Edward Schillebeeckx, Karl Rahner und Hans Urs von Balthasar.

2.3 Widerstand

Alles schon da? Ja, aber angefochten. In einem scharfen «Memorandum» aus dem Jahr 1943 prangert Erzbischof Conrad Gröber von Freiburg i. Br. verschiedene Entwicklungen in der Theologie und im kirchlichen Leben an. Neben liturgischen Fragen wird auch die Überbetonung des allgemeinen Priestertums auf Kosten des Weihepriestertums beanstandet.[9] Nur am Rande sei

---

8   L'Apostolato dei laici. Bibliografia sistematica. Mailand 1957; vgl. *Schillebeeckx*, Definition 154.
9   Siehe den Text des Memorandums in: *Maas-Ewerd*, Krise 540–569; speziell zum genannten Thema ebd. 554–557.

im Blick auf den zeitgeschichtlichen Kontext die eher distanzierte römische Antwort erwähnt, in der Papst Pius XII. seiner Befremdung darüber Ausdruck gibt, dass mitten in Kriegswirren Fragen der Gottesdienstordnung diskutiert würden:

> «Die Immunisierung der deutschen Katholiken gegen alle die falschen, oft unmenschlichen und gottlosen Auffassungen und Praktiken, die in den letzten Jahren an sie herangetreten sind, sowie die alles Maß übersteigende äußere und moralische Kriegsnot bereiten Uns ungleich mehr Sorge. Es mutet Uns etwas zeit- und weltfremd an, wenn die liturgische Frage als die Frage der Gegenwart gestellt wird.»[10]

An den Vorgängen um dieses Memorandum wird zweierlei erkennbar. Zum einen zeigen die Reaktionen der meisten Amtskollegen Gröbers, wie sehr dieser mit seinen Auffassungen isoliert da steht. In den Gegengutachten erscheinen gerade auch die Reflexionen über die Laien in der Kirche als fast schon etabliertes Anliegen.[11]

Dennoch macht Gröbers Memorandum deutlich, wie sehr die beschriebenen Aufbrüche mit hartnäckigem Widerstand zu rechnen haben. Mehr noch: Es gibt eine Angefochtenheit der neuen Einsichten sogar innerhalb der Positionen, die für eine neue Wertschätzung der Laien eintreten. Auch diejenigen, die sich für die neue Bedeutung der Laien stark machen, betonen immer wieder, eine einseitige, überspitzte, falsche Betonung des Laientums liege ihnen fern. Es soll nicht eine «klassenkämpferische Haltung in der Kirche»[12] aufkommen. Mit dieser Vorsicht wird durchaus nicht nur Anfeindungen von außen vorgebeugt. Selbstkritisch hält Congar rückblickend fest, er sei in seinem Denken «noch deutlich klerikal bestimmt»[13] gewesen.

Durchgängig ist spürbar, wie sehr die Theologie noch auf der Suche ist nach einer angemessenen Ortsbestimmung der Laien in der Kirche. Die Würde der Laien ist in der Tat neu zu entdecken. Man muss sich erst an den Gedanken gewöhnen, dass die Laien in tätiger Teilnahme einen eigenen Beitrag zum kirchlichen Leben zu erbringen haben und dass sie durch Taufe und Firmung dazu befähigt sind. Diese Entdeckung ruft Ängste wach, die neue Wertschätzung der Laien könnte in Konkurrenz zur Bedeutung der Ordinierten geraten. Das Vertrauen, dass der Beitrag der Laien zum kirchlichen Leben

---

10 *Schneider*, Briefe 253 f.
11 Vgl. *Wolf*, Einleitung 33; 41; 48; 52 f.
12 *Semmelroth*, Kirche 4.
13 *Congar*, Elemente 82.

ein genuin christlicher, geisterfüllter Beitrag ist und nicht erst durch die Absegnung der Amtsträger zu einem solchen wird, muss erst erlernt werden. Diese Einschätzung lässt sich auch am Konzil selbst ablesen.

2.4   Ambivalente Signale im Umkreis des Konzils

Vor dem II. Vatikanischen Konzil ist im kirchlichen Leben auch hinsichtlich der Laien schon manches aufgebrochen. Es liegt einiges an theologischer Reflexion auf dem Tisch, was in das Konzil von vornherein einfließen kann. Vor dem Hintergrund der Bedeutung der Katholischen Aktion kann nicht überraschen, dass das Thema Laienapostolat von Anfang an selbstverständlich auf dem Programm des Konzils steht. Das Entscheidende ist nicht die Frage, *ob*, sondern *wie* über die Laien und ihre Aufgabe in der Kirche gesprochen werden würde.

Auch das Wie ist durch die Berufung einiger der vorhin bereits genannten Theologen als Experten vorbereitet, wenngleich hier ambivalente Signale gesetzt werden. In der Kommission für das Laienapostolat fehlen die Theologen, die im Vorfeld eine Theologie der Laien vorangetrieben hatten (Congar, Philips, Rahner, Schillebeeckx, von Balthasar, Chenu).[14] Allerdings wird Ferdinand Klostermann am 1. 9. 1960 als Mitglied der Kommission für das Laienapostolat ernannt.[15] Philips und Congar werden am 18./19. 7. 1960 als Mitglied bzw. Konsultor der Theologischen Kommission ernannt. Ersterer wird in der Unterkommission De Ecclesia bei der Ausarbeitung des Schemas der Kirchenkonstitution beteiligt sein und ist weitgehend Verfasser des Kapitels über die Laien in der Kirchenkonstitution.[16]

Instruktiv ist die Frage nach der Beteiligung der Laien am Konzil. 1961 schreibt der evangelische Theologe Ulrich Valeske:

> «Wie verlautet, wird die Frage nach dem Laien vermutlich zu den Themen des 2. Vatikanischen Konzils gehören. Das wird von der katholischen Öffentlichkeit außerordentlich begrüßt, wenn auch das Murren über die mangelnde Beteiligung der Laien, die in ihre Schranken als ‹hörende› gegenüber der ‹lehrenden›

---

14 Vgl. *Komonchak*, Kampf 221–225.
15 Vgl. die Meldung in HerKorr 15 (1960/1961) 57; sowie: *Klostermann*, Textgeschichte 593; *Melloni*, Beginn 27, Anm. 89 sowie 136, Anm. 440. Siehe auch *Zinnhobler*, Österreich 116–119.
16 Vgl. die Meldung in HerKorr 14 (1959/1960) 542; sowie: *Komonchak*, Kampf 222; 257; 324; *Grootaers*, Sitzungsperioden 484 f.

Kirche› gewiesen wurden, an den Vorbereitungen des Konzils immer stärker an-schwillt.»[17]

In der Tat beginnen bereits Ende Frühjahr 1961 viele (auch Kardinäle), über den Ausschluss von Laien an der Konzilsvorbereitung zu klagen.[18] Trotz der Wiederentdeckung der Kompetenz von Laien ist deren Einbeziehung in die Konzilsvorbereitung zunächst nicht in Sicht, nicht einmal in der Kommission für das Laienapostolat.[19] Die entsprechenden Klagen beantwortet Papst Johannes XXIII. mit dem Hinweis, die Wünsche der Laien seien in den Voten der Bischöfe aus der Phase der Konzilsvorbereitung hinreichend aufgezeigt worden.[20] Erst allmählich öffnen sich die Kommissionen für als Experten geladene Laien.[21]

Ähnliches lässt sich anlässlich der im November 1962 angestoßenen Überlegungen beobachten, Laien an den Konzilssitzungen teilnehmen zu lassen.[22] Der positiven Entscheidung wird sogleich die Präzisierung beigefügt, dass die katholischen Laien nur aufgrund eines Zugeständnisses der Kirche am Konzil teilnehmen würden. Vergessen ist, dass an früheren Konzilien, bis zum Konzil von Trient, wie selbstverständlich Laien teilgenommen hatten. In der Studie Congars über die Laien von 1953 wäre es nachzulesen gewesen.[23] Ab dem 21. November 1963 nimmt der Franzose Jean Guitton an den Konzilssitzungen teil. Er hat seinen Platz unter den nichtkatholischen Beobachtern: «eine etwas anomale Situation für einen katholischen Christen, wenn sie auch dazu dienen konnte, die ekklesiologische Qualität jener nicht vollberechtigten Mitglieder des II. Vatikanums deutlich sichtbar zu machen»[24]. In der zweiten Sitzungsperiode sind auf die Entscheidung von Papst Paul VI. hin 13 Laienaudi-

17 *Valeske*, Votum 156 f.; siehe auch HerKorr 15 (1960/1961) 443 f., 444.
18 Vgl. *Komonchak*, Kampf 397.
19 Vgl. ebd. 222.
20 Vgl. ebd. 398.
21 Vgl. *Grootaers*, Sitzungsperioden 526–529. Von der ersten Konsultation von Laienberatern in der Kommission für das Laienapostolat am 26. und 27. Februar 1963 schreibt *Grootaers* ebd. 496, Anm. 118: «Die gesamte Angelegenheit wird in größter Heimlichkeit abgewickelt, und das trotz der offiziellen Ermunterungen und der formellen Anweisungen durch die Koordinierungskommission». Vgl. ebd. 525, Anm. 191; 527. Es ist Kardinal Léon-Joseph Suenens, der auf der Hinzuziehung von Laien bei der Vorbereitung des Schemas XVII besteht: vgl. ebd. 499, Anm. 129.
22 Vgl. *Ruggieri*, Abschied 399 f. mit Anm. 112.
23 Vgl. *Congar*, Laie 393–400.
24 *Melloni*, Beginn 33; vgl. *Ruggieri*, Abschied 400, Anm. 112.

toren anwesend, die nun auf einem von den nicht-katholischen Beobachtern deutlich unterschiedenen Platz sitzen.[25]

Was die Texte selbst angeht, so wird inhaltlich von Konzilstheologen wie Rahner und anderen beanstandet, das Kirchenschema «minimalisiere die Funktion der Laienschaft in der Kirche und überhöhe ungebührlich die Funktion der Autorität»[26]. Bischof Alexander Carter kritisiert noch im Oktober 1964 den Klerikalismus, der sich immer noch wie der Zunder nach Tilgung der Erbsünde durch den Text gewisser Schemata ziehe.[27]

Ein erstes Fazit: Verschiedene Faktoren hatten im 20. Jahrhundert die ekklesiologische Würde und Bedeutung der Laien neu aufscheinen lassen. Abgesehen davon, dass diese Wiederentdeckung einer «Stabilisierung» bedurfte, war ein Prozess notwendig, in dem die neuen Akzente und Entdeckungen gleichsam ins Lot gebracht und in eine gute, ekklesial fundierte Gesamtschau integriert werden mussten. Insbesondere die Zuspitzung des Laienapostolats auf die Katholische Aktion hatte die Suche nach einer angemessenen Ortsbestimmung der Laien gleichsam bei einem Spezialfall ansetzen lassen, der für die spezifische ekklesiale Verortung der Laien sogar eher den Blick verstellte. So war eine theologische Reflexion, die grundsätzlicher beim Verständnis von Kirche und Christsein ansetzte, dringend vonnöten. Im Folgenden wird es darum gehen, in systematischer Perspektive zu prüfen, wie die vorkonziliare Theologie den Ort der Laien im größeren Ganzen der Kirche und ihrer Sendung ansiedelt.

3   Theologische Wegbereitung vor dem Konzil

3.1   Das Wesen der Kirche ist betroffen

«Im Grunde genommen gibt es nur eine vollgültige Theologie des Laientums: nämlich eine Gesamtlehre von der Kirche», diese Diagnose stellt Congar seiner voluminösen Studie über den Laien voran. «Es handelt sich nicht nur darum, einen Paragraphen oder gar nur ein Kapitel einer ekklesiologischen Darstellung hinzuzufügen, die nicht von Anfang an und von einem Ende zum

---

25 Vgl. *Soetens*, Engagement 368 f. und *Melloni*, Beginn 33.
26 *Ruggieri*, Abschied 366.
27 Vgl. ASCOV III/4, 138.

anderen die Grundzüge enthielte, von denen eine ‹Laikologie› wirklich abhängt.»[28] Anders gesagt: Eine Ekklesiologie, die eine Theologie vom Laientum umfasst, sieht als Ganzes anders aus als eine Ekklesiologie, welche ohne eine Reflexion auf die Laien auskäme. Kritisch bemerkt Congar, ekklesiologische Entwürfe ohne Berücksichtigung der Laien zeichneten eine «klerikale Kirche, die in ihrer vollen Wahrheit nicht das Volk Gottes wäre»[29]. Und noch deutlicher: «Jeder Geringschätzung des Laienstandes, so glauben wir feststellen zu können, liegt eine unzureichende Ekklesiologie sowie eine unzureichende Anthropologie zugrunde.»[30]

Die Entschiedenheit, mit der Congar und andere sich Rechenschaft darüber ablegen, wie sehr eine gesunde Ekklesiologie von der angemessenen Berücksichtigung der Laien abhängt, wird unterlaufen durch gegenläufige Äußerungen. Sie zeigen etwas von der Vorsicht an, mit der die Autoren agieren. Die eingestandene Einseitigkeit der traditionellen Sicht der Kirche wird in ihrem Ausmaß doch begrenzt. Alois Sustar spricht zwar von der «Grundwahrheit, dass die Laien zum Wesen der Kirche gehören, dass sie die Kirche sind»[31], und beklagt, die Ekklesiologie sei zur «Hierarchiologie» geworden, meint aber gleichwohl, «die Lehre über das Wesen der Kirche wurde dadurch nicht angetastet»[32].

Ganz ähnlich unterscheidet Congar die «Ordnung der Kirche als Heilsanstalt oder Gnadenmittel» von der «Ordnung der Kirche als Leben und Gemeinschaft»[33]. In der Ordnung der Kirche als Heilsanstalt spielen die Ämter und Strukturen eine Rolle, in der Ordnung der Kirche als Gemeinschaft geht es um die Realisierung christlichen Lebens. Nur diese letztere Seite – so Congar – leide unter der Vernachlässigung der Laien; und damit sei das Wesen der Kirche nicht betroffen.

---

28 *Congar*, Laie 14. In Umkehrung formuliert: «Eine vollständige Theologie vom Laientum wäre, so möchten wir sagen, eine Gesamtlehre von der Kirche, sie wäre dazu eine Anthropologie, ja sogar eine Theologie von der Schöpfung in ihrer Beziehung zur Christologie»: *Congar*, Laie 15. Folgerichtig notiert Congar in seinem Konzilstagebuch: «Für mich hingegen werden die Themen Einheit der Kirche, Schrift und Tradition, Laientum etc. auf andere Weise aufgefasst, je nach der Ordnung des Ganzen, innerhalb dessen man sie behandelt» (*Congar*, Journal [16. November 1960], 41).
29 *Congar*, Laie 14.
30 *Congar*, Priester und Laien 251.
31 *Sustar*, Laie 527.
32 Ebd. 525.
33 *Congar*, Laie 444.

Die Frage, ob das Wesen der Kirche von einer mangelnden Sicht der ekkle-sialen Bedeutung der Laien berührt wird (und also die Wahrheit des Kirche-seins im Vollsinn gewahrt wird), ist im Rahmen der katholischen Ekklesiolo-gie ein heikles Thema. Nicht umsonst vergleicht Congar die Verkürzung der katholischen Ekklesiologie mit derjenigen, die nach katholischer Auffassung in der reformatorischen Ekklesiologie vorliegt:

«Die Einseitigkeit im gallikanischen oder protestantischen Sinne greift an *die Struktur* der Kirche. Das, was sie verkennt, geht die Kirche in ihrem *Sein* selbst an. Ein Verkennen in dieser Beziehung zieht eine Verneinung im Bereiche des Wesentlichen nach sich. Die Einseitigkeit zugunsten der Institution, die, wie wir gesehen haben, nichts anderes war als eine Akzentverschiebung, berührt *das Le-ben* in der Kirche. Wenn diese Einseitigkeit etwas beeinträchtigt, dann nicht das Wesen der Kirche selbst, sondern ihre Lebensfülle.»[34]

Doch ist durch eine unzureichende Sicht der Laien das Wesen der Kirche wirklich nicht betroffen? Wie grundsätzlich eine Neuorientierung über das Wesen der Kirche herausgefordert ist, wird sich in der Entwicklung der Kir-chenkonstitution des II. Vatikanischen Konzils zeigen. Kardinal Léon-Joseph Suenens nennt die – von ihm selbst und zuvor bereits von Kardinal Julius Döpfner[35] angeregte – Vorordnung des zweiten Kapitels über das Volk Gottes die «kopernikanische Revolution» des Konzils.[36]

3.2   Die gleiche Würde aller Getauften

Die Sicht der Kirche, wie sie sich im Laufe der Jahrhunderte entwickelt und in verschiedenen Auseinandersetzungen politischer und konfessioneller Art verschärft hat, teilt die Glieder der Kirche in verschiedene Kategorien auf. Die Kirche ist nicht mehr grundlegend die Gemeinschaft der Getauften, die mit Christus verbunden und mit dem Geist begabt in die Gemeinschaft mit Gott berufen sind. Sie besteht vielmehr aus zwei Arten von Christen, deren Situa-tion vor Gott sehr unterschiedlich beurteilt wird.

In einem Buch von 1934 schreibt der Theologe Carl Feckes: «Da das Volk gegenüber der Heiligkeit Gottes einen völligen Mangel an übernatürlicher Heiligkeit, daher an Würdigkeit und Annehmlichkeit vor Gott aufweist, hat

---

34 Ebd. 85.
35 Vgl. ASCOV I/4, 183–189 (3. 12. 1962).
36 *Suenens,* Souvenirs 114.

Gott in Güte Personen ausgewählt, denen er eine ganz eigene Anteilnahme an dieser Heiligkeit verleiht. Der priesterliche Charakter drückt seinem Träger eine konstante Anteilnahme an Gottes substantieller Heiligkeit ein, die bleibt und unverlierbar ist»[37]. Aus einer Befähigung zu einem spezifischen Dienst war die Ordination in der Theologiegeschichte zu einem Weg größerer Heiligkeit geworden, der die Ordinierten in einen höheren Heilsstand versetzt, demgegenüber die Nicht-Ordinierten zurückbleiben. Mit Glaube und Taufe allein ist von Gott her nicht mehr alles, ist nicht mehr die ganze Aufnahme in die Christusgemeinschaft und die Gabe des Geistes geschenkt. Selbst Congar vertritt die Auffassung, dass es eine größere Christusnähe der Ordinierten gegenüber den Laien gibt, die auch eschatologisch noch bestehen bleibt: «Wir meinen also, das hierarchische Priestertum bleibe im Himmel als Würde, als höhere Christusverähnlichung»[38].

Laien und Kleriker unterscheiden sich auf der Ebene der Heilsvollkommenheit. So gesehen ist die Kirche nicht mehr das Eigentumsvolk Gottes, das Volk der Erlösten und Erwählten, sondern eine «Gesellschaft von Ungleichen»[39], in der nur die Amtsträger (und Ordensleute) Nachfolge leben und im Vollsinn christusähnlich und «Geistliche» sind.

Ist damit nicht das Wesen der Kirche betroffen? Ist eine Auffassung, in der sich nicht mehr alle Glieder der Kirche gleichermaßen als im Vollsinn erlöst und mit neuer Würde vor Gott begabt ansehen dürfen, nicht eine Abweichung vom Wesen der Kirche?

Aus der beschriebenen Sicht der Kirche folgt, dass die Laien jeweils nur unter Vermittlung der ordinierten Amtsträger Zugang zu den Heilsgütern haben. Es ist, als kämen sie jeweils neu aus einem heilsleeren Raum in den kirchlichen Bereich, um durch den Dienst der Priester überhaupt erst wieder in die Christusnähe zu gelangen. Dass die Taufe eine radikale Verbundenheit mit Christus und Verähnlichung mit ihm bedeutet, dass die Getauften aus dem

---

37 *Feckes*, Mysterium 74. Feckes sieht zwar, dass diese Teilnahme des Priesters an Gottes Heiligkeit unabhängig von seiner persönlichen Heiligkeit oder Unheiligkeit ist. Dennoch hebt die «objektive» Teilnahme an der Heiligkeit Gottes den Priester von einem Volk ab, das als solches von sich her bei Gott keine Annahme finden kann und «die amtliche sakrale Dazwischenkunft des Priesters» braucht.

38 *Congar*, Laie 175, Anm. 131. Siehe allerdings ebd. 262: «Alle sind Priester durch ihr geistiges Leben in Christus, und im Himmel werden sie nur jenes Priestertum ausüben, das das Priestertum der Vollendung und der Wirklichkeit ist.»

39 So im Entwurf der Konstitution über die Kirche Christi für das I. Vatikanische Konzil: NR[11] 394.

Geist leben dürfen, wird verkannt. Obwohl Otto Semmelroth in einem Beitrag über die Sendung der Laien deren spezifischen Beitrag würdigen möchte, macht er die Christusbegegnung der Laien exklusiv am Priester fest, als würden die Getauften nicht schon aus der Christusgemeinschaft leben. «Indem die Laiengemeinde im heiligen Innenbezirk der Kirche dem geistlichen Amt und in ihm Christus begegnet, lebt sie als Volk Gottes. … Das Laientum wird als Volk bestimmt durch die Welt, als Gottes Volk aber wird es bestimmt durch seine Begegnung mit dem Priester in der Kirche.»[40] Es ist, als seien die Glieder der Kirche doch je neu die von außen hinzukommenden Heiden, denen Gnade erst noch vermittelt werden muss.

Demgegenüber wird es dem Konzil besser gelingen zu beschreiben, wie der Dienst der ordinierten Amtsträger konstitutiv für das Verwurzeltsein der Kirche und der Glieder der Kirche in der Heilsvorgabe ist, ohne dass deswegen die Würde des Volkes Gottes und der einzelnen Getauften in einer exklusiven und aktualistischen Weise von der Begegnung mit dem Ordinierten abhängig gemacht werden müsste.

Trotz dieser befremdlichen Notwendigkeit, die Würde aller Getauften erst wieder zu entdecken, ist in der aufbrechenden Theologie der Laien insgesamt nicht deren Heilsstatus Hauptthema, sondern ihre Sendung – ihre tätige Teilnahme am Leben der Kirche und an der Sendung der Kirche.

3.3 Die Sendung der Laien in der Teilhabe an den drei Ämtern Christi

Auch in diesem Punkt sind Vorurteile zu überwinden. Der Jesuit Yves de Montcheuil benennt sie fragend: «Sind die Laien ausschließlich zu ihrem eigenen Wohl in der Kirche und nicht auch zum Wohl der Kirche selbst?»[41] Diese Frage wird eigentlich schon durch die positive Rede vom wie auch immer verstandenen «Laienapostolat» geklärt. Allerdings gründet die Sendung der Laien dem Konzept der «Katholischen Aktion» zufolge in einer eigenen Beauftragung durch die ordinierten Amtsträger.

Demgegenüber wirken verschiedene theologische Studien auf eine Vergrundsätzlichung hin. Die Berufung zum Apostolat ist in Taufe und Firmung begründet und kommt nicht erst durch eine zusätzliche Beauftragung seitens

---

40 *Semmelroth*, Kirche 9.
41 *Montcheuil*, Zeugnis 67.

der Hierarchie auf die Getauften zu.[42] Noch grundsätzlicher verankert Balthasar das Gesandtsein aller Christen und Christinnen im Wesen der Gnade, die nie nur für das eigene Heil gegeben wird, so «dass die Gnade vielmehr immer sogleich auch eine Sendung, eine kirchlich bestimmte Aufgabe enthält»[43]. «Wer könnte die göttliche Liebe an sich geschehen lassen, sie in sich einlassen, ohne selber ein Liebender zu werden?»[44]

Sind die Laien nur zum Empfangen da, «nur zu ihrem eigenen Wohl und nicht zum Wohl der Kirche»? Wer Gnade empfängt, ist nie nur zu seinem eigenen Wohl da. Provozierend weit geht in diesem Sinne Erich Przywara. Eigentlich «stehen alle Glieder der Kirche ‹im Amt›, und die Kirche ist zuletzt ein großes Ordnungsgefüge der Ämter … jeder Christ hat zu leben und zu handeln ‹im Amt›»[45].

Die Amtlichkeit, in der alle Glieder der Kirche an der Heilssendung der Kirche teilnehmen, wird in der vorkonziliaren Theologie insbesondere mit dem Motiv der Teilnahme der Kirche an den drei Ämtern Christi zum Ausdruck gebracht. Nicht zuletzt aufgrund der Liturgischen Bewegung wird dabei die Teilnahme am priesterlichen Amt Christi am ausführlichsten thematisiert und auch problematisiert.

Der biblische Ausgangspunkt für die Auffassung vom gemeinsamen Priestertum aller Glaubenden ist die Rede vor allem des 1. Petrusbriefes von der heiligen bzw. königlichen Priesterschaft des ganzen Gottesvolkes (1 Petr 2,5.9). Wie Josef Andreas Jungmann diagnostiziert, werden diese biblischen Stellen, welche die gesamte Kirche als königliche Priesterschaft ansprechen, jedoch «wie eine Art erratische Blöcke im Zusammenhang der Heiligen Schrift» empfunden. «Sie stehen nun einmal da, und man muss sie gelten lassen; aber dass diese hohen Ehrennamen *allen* Gläubigen, nicht zuerst den Klerikern gegeben werden, das scheint doch etwas zufällig.»[46]

Solche Einschätzungen erfahren aber immer mehr Widerspruch. In der Liturgischen Bewegung mit ihrem Blick auf die tätige Teilnahme gerade in der Liturgie und speziell in der Feier der Eucharistie wird das Priestertum der Getauften entdeckt als ein sakramentales Priestertum, das die Vollmacht zum aktiven Mitvollzug der Liturgie verleiht.

---

42 Vgl. z. B. *Rahner*, Laienapostolat 353.
43 *Balthasar*, Stand 267.
44 Ebd. 273.
45 *Przywara*, Gespräch 31.
46 So referiert *Jungmann*, Feier 30 f.

Genau hier meldet sich andererseits massiver Protest. So erhebt das bereits erwähnte Freiburger Memorandum des Erzbischofs Gröber Einspruch dagegen, dass die «Neuerer» die Christgläubigen in die Rolle von Mitpriestern erheben, deren Mitwirken konstitutiv für die gültige Feier der Eucharistie sein soll. Gröber hält dagegen, der Gottesdienst werde nicht von der Gemeinde, sondern allein vom Priester getragen.[47]

Gerade angesichts eines solchen Einspruchs wird aber erkennbar, wie sehr die Auffassung von einem gemeinsamen Priestertum der Glaubenden bereits in die theologische Reflexion eingegangen war. So erwidert der Passauer Bischof Simon Konrad Landersdorfer, vom allgemeinen Priestertum zu reden sei «unproblematisch, da die gemeinte Sache längst theologisch geklärt sei»[48]. Ähnlich klingt es in einem Gutachten, welches Rahner für das Wiener Seelsorgeamt verfasst hatte: «Was die Frage des allgemeinen Priestertums angeht, so ist zunächst die Selbstverständlichkeit festzustellen, dass es ein Amtspriestertum *und* ein Allgemeines Priestertum aller Gläubigen gibt.»[49]

In der Tat wird vor dem Konzil durchaus mit «Selbstverständlichkeit» angenommen, dass die Auffassung vom gemeinsamen Priestertum der Glaubenden Eingang in die Konzilsdokumente finden werde. So äußert Kardinal Giovanni Battista Montini vor dem Konzil in einem Fastenhirtenbrief die Erwartung, das königliche Priestertum werde mehr in den Blick genommen werden.[50]

Diese Erwartung ist eingelöst worden. Bezeichnenderweise wird bereits im Vorbereitungstext für die Kirchenkonstitution darauf hingewiesen, dass das Neue Testament nur Christus, die Priester des Alten Bundes und das ganze Volk als «Priester» bezeichnet, während es Amtsträger nirgends Priester nennt. Dennoch relativiert dieser Vorschlagstext für das Konzil das königliche Priestertum aller Glaubenden gegenüber denjenigen, die «im eigentlichen Sinne Priester»[51] sind. Seit dem Konzil ist nicht nur die Rede vom gemeinsamen Priestertum selbstverständlich, sondern auch die Auffassung, dass dem Priestertum Jesu Christi zuerst das «im eigentlichen Sinne» priesterliche Gottesvolk entspricht, um dessentwillen allein es ein Dienstpriestertum, wie es Lumen Gentium (LG 10) nennt, gibt.

---

47 Vgl. *Wolf*, Einleitung 25 f.
48 Ebd. 33.
49 *Rahner*, Zeitfragen 528.
50 Vgl. *Wittstadt*, Vorabend 460.
51 *Hünermann*, Kommentar 303.

58

3.4 Die Sendung der Laien in Kirche und Welt

Die Laien sind berufen zum Apostolat, sie nehmen teil an den Ämtern Christi. Die Frage, die sich im Anschluss daran stellt, zielt auf die Ausrichtung dieser von den Laien ausgeübten Teilnahme an der Heilssendung der Kirche. Nehmen die Laien eine Aufgabe in der Kirche wahr? Oder in der Welt? Für beide Ausrichtungen bietet die vorkonziliare Theologie Anhaltspunkte. Die Liturgische Bewegung macht die tätige Teilnahme aller Glaubenden gerade am «Höhepunkt» kirchlichen Lebens, an der Liturgie, fest. Die Katholische Aktion und auch die sonstige Rede vom Laienapostolat würdigt vor allem das Leben und Wirken der Laien in den weltlichen Bereichen.

Das Konzil wird zu einer Formulierung finden, die beides parallel nebeneinander stellt. Demnach sind die Laien Christgläubige, die «zu ihrem Teil die Sendung des ganzen christlichen Volkes in der Kirche und in der Welt ausüben» (LG 31).

Die strikt parallele Formulierung ist in ihrer Bedeutung hoch zu gewichten. Ein Ausspielen des einen gegen das andere und die Vernachlässigung einer der beiden Pole sind zu vermeiden. Weil nachkonziliare lehramtliche Dokumente wieder sehr stark den Weltcharakter der Laien hervorgehoben haben, sehen kritische Stimmen Anlass zu der Befürchtung, hier werde die innerkirchliche Verantwortung der Laien zurückgedrängt (siehe unten Abschnitt 4.1). So bleibt die Frage: Wie steht es um die Situierung der Laien in ihrer Verantwortung für die Kirche und für die Welt?

3.4.1 Verantwortung für die Kirche

«Welcher Bereich gehört den Laien? Jagen, Schießen, ihren Vergnügen nachgehen …! Das verstehen sie. Sie haben aber nicht das geringste Recht, sich in die Angelegenheiten der Kirche einzumischen.»[52] Bemerkungen wie diese werden bereits in der vorkonziliaren Theologie zurückgewiesen. Von *Einmischen* kann schon deswegen nicht die Rede sein, weil, wie auch päpstliche Verlautbarungen hervorheben, die Laien Kirche *sind*. Sie mischen sich nicht von außen in die Kirche ein, sondern sind Kirche und darum Träger der Angelegenheiten der Kirche.

Schaut man nun genauer hin, welche Bedeutung den Laien im Binnenraum der Kirche zugesprochen wird, so kommt eine breite Palette zum Vorschein.

---

52 Diesen Auszug aus einem Brief von Msgr. George Talbot an John Henry Newman 1867 zitiert *Congar*, Laie 386.

Grundlegend gibt es eine Wiederentdeckung der ganzen Kirche insofern, als die Fixierung auf Strukturen und Gnadenmittel aufgebrochen wird. Die Kirche ist «geschichtlich greifbare, raum-zeitliche Präsenz der erlösenden Gnade in Jesus Christus» nicht nur durch ihre Strukturen, sondern nach Rahner auch dadurch, dass das Leben der Glaubenden «in Heiligkeit mit und in der Kirche und durch die Kirche ... ein Stück der Erscheinung der Kirche ist»[53]. Wenn es aber in der Kirche um gelebten Glauben geht, ist die Teilnahme der Glaubenden daran nicht nur Beiwerk. Congar zählt die Heilsmittel auf, welche die katholische Kirche ihr Eigen nennt, um schonungslos ihre verhängnisvolle Isolierung vom Leben der Kirche und das Problem ihrer inneren Entleerung und Aushöhlung zu entlarven:

> «Eine herrliche Liturgie, die aber in vielen Fällen nicht mehr der Kult war, der *von irgendwem getragen war,*... ein gleichfalls herrlicher Katechismus, wie ja alle die Schätze der katholischen Institution herrlich sind, hinter dem aber kaum *irgendwer* mit lebendiger Überzeugung stand.»[54]

Positiv meint er, in der Gegenwart seien wir dabei, «erneut zu entdecken, dass die verschiedenen Vollzüge, die die Kirche bilden: Glauben, Sakramente, Gemeinschaft, nicht Dinge an sich, sondern jemandes Dinge sein müssen. ... Wir sind dabei zu erfassen, dass das Dogma jemandes Dogma sein muss ..., sonst trägt es nicht Frucht. ... Unser Kult muss jemandes Kult sein.»[55]

In ähnlicher Weise sucht Balthasar den von den Gliedern der Kirche gelebten Glauben als konstitutiv für die Verwirklichung von Kirche zu beschreiben. Die strukturelle Vorgabe des Glaubens in Predigt und Belehrung bleibt immer nur «zweidimensional»; «Christus als Weg, Wahrheit, Leben aber ist drei- und vieldimensional.»[56]

Wenn die kirchliche Realisierung des Glaubens allen Gliedern der Kirche aufgetragen ist, kommt allen dafür eine Verantwortung zu, die über die je persönliche Heilsaneignung hinausgeht.

Neben der schon thematisierten priesterlichen Teilnahme der Gläubigen am Vollzug der Liturgie wird die Verantwortung aller Glaubenden vor dem Konzil auch in ihrer hirtlichen/königlichen und prophetischen Dimension beschrieben.

---

53 *Rahner*, Laienapostolat 345.
54 *Congar*, Laie 94.
55 *Congar*, Priester und Laien 216.
56 *Balthasar*, Laie 342.

Przywara spricht 1957 in Formulierungen, die man eher der «Synode 72» zuordnen würde: Ihm zufolge ist jeder Glaubende keineswegs «schlechthin nur passiver Gegenstand kirchlicher Seelsorge, er ist kraft des ‹königlichen Priestertums› … wahrer, aktiver Mitvollzieher dieser Seelsorge»[57].

Thematisiert wird der Einbezug der Laien in das Prophetenamt der Kirche und somit in die Verkündigung. Congar knüpft hierfür an die bereits verbreitete Auffassung an, dass die Laien Zeugen des apostolischen Glaubens sein sollen, um den damit notwendig verbundenen aktiven Beitrag der Laien herauszuarbeiten. «Wie könnten sie also übermitteln – passiv wie ein Lautsprecher – und nichts in aktiver Weise durch ihr Denken und Leben zu dem Wort, dessen Überbringer sie sind, hinzufügen?»[58] Ähnlich klingt es bei Balthasar:

> «Wie die Laien das sakramentale Wort Gottes empfangen, um es unmittelbar in die Wahrheit ihres Lebens überzuführen und darin selbständig weiterwirken zu lassen, so nehmen sie auch das offiziell verkündete Evangelium *in der Predigt* nicht passiv auf, sondern unbedingt aktiv, um es in sich selbst gelebte Verkündigung werden zu lassen. … Es wird erwartet, … dass *die Gemeinde* das in sie eingepflanzte Wort weitertrage, nicht nur in ihrem Klerus, sondern als ganze Laienschaft *zur Verkünderin werde.*»[59]

Insbesondere Congar und Philips treten auch für eine positive und aktive Bedeutung der Laien im Blick auf das Lehramt ein. Die schlechthinnige Unterscheidung von lehrender und hörender Kirche bzw. zwischen aktivem und passivem Verhältnis zur christlichen Lehre wird in Frage gestellt. Entschieden formuliert Congar: «Wir können einer Theologie, für welche die Körperschaft der Gläubigen keinen anderen Unfehlbarkeitstitel hat als ‹in der erforderlichen Weise auf das Lehramt zu hören›, nicht als genauen und vollen Ausdruck des Überlieferungsbefundes und der autorisierten Lehre anerkennen.»[60]

Dabei kommt den Laien nach Philips auch eine kritische Funktion gegenüber dem Lehramt zu, da ja nicht alle Erklärungen der Kirche unfehlbar seien: «Gebildete Gläubige werden manchmal die Pflicht haben, eine Richtigstellung anzuregen.»[61]

---

57 *Przywara*, Krise 57 (Aufsatz von 1929).
58 *Congar*, Laie 475.
59 *Balthasar*, Stand 275 f.
60 *Congar*, Laie 471.
61 *Philips*, Laie 71.

3.4.2 Verantwortung für die Welt: nicht Zugeständnis, sondern Sendung

Die Laien sind Christgläubige, die «zu ihrem Teil die Sendung des ganzen christlichen Volkes in der Kirche und in der Welt ausüben» (LG 31). Das II. Vatikanische Konzil nennt zuerst die Sendung der Laien in der Kirche. Dies ist sinnvoll, insofern es (sachlich) nahe liegt, den Getauften, die im Vollsinn Glieder der Kirche sind, eine aktive Rolle in der Kirche zuzuschreiben. In den verschiedenen theologischen Studien zur Würde der Laien vor dem Konzil nimmt jedoch die Reflexion auf die Sendung der Laien in der Welt einen größeren Raum ein. Der positive Grund hierfür liegt darin, dass gleichzeitig die Entdeckung der Laien *und* die Entdeckung der Welt bzw. der Weltsendung der Kirche auf dem Spiel stehen.

Um 1142 hält das Decretum Gratiani fest:

> «Es gibt zwei Arten von Christen. Die eine Art hat sich dem Gottesdienst geweiht und der Betrachtung und dem Gebet gewidmet, ihr kommt es zu, sich aus allem Lärm weltlicher Dinge zurückzuziehen. Es sind die Kleriker und die Gottgeweihten. … Es gibt aber eine andere Art von Christen, nämlich die Laien. … Diesen ist der Besitz zeitlicher Güter erlaubt, aber nur zur Nutznießung. Ihnen ist erlaubt zu heiraten, das Land zu bebauen, zwischen Männern gerichtlich zu entscheiden, Prozesse zu führen, Opfer zum Altar zu bringen, den Zehnten zu zahlen. Sie können dann gerettet werden, wenn sie durch Wohltaten den Sünden entgangen sind.»[62]

Diesem wirkungsgeschichtlich bedeutsamen Text zufolge ist es ein Zugeständnis, wenn Christen in der Welt leben. Ihre Situation birgt ein Risiko, so dass eigens gefragt werden muss, wie solche Christen gerettet werden können.

Vor dem Konzil kommt eine neue Einschätzung der Situation der Laien in der Welt zum Durchbruch. Nicht weil die Laien zufällig und aufgrund eines Zugeständnisses doch noch in der Welt stehen, lässt sich ihr «Stand» mit dem Weltbezug beschreiben. Ihre Beziehung zur Welt ist ein von vornherein christliches Weltverhältnis. Mehr noch, so formuliert Edward Schillebeeckx, die Laien haben eine *spezifisch-kirchliche* Sendung in der Welt.[63] Der Christ bleibt nicht einfach in der Welt; vielmehr wird – so Rahner – seine Situation in der Welt «christianisiert», so dass er nicht mehr in einem profanen Sinn in der Welt ist, «sondern in dem Sinn, dass der Laie eine spezifische Aufgabe an der

---

62 Zitiert nach *Neuner*, Ekklesiologie 110 (Nr. 82).
63 Vgl. *Schillebeeckx*, Definition 155. Schillebeeckx bezieht sich hier auf einen früheren Aufsatz von ihm aus dem Jahre 1949.

Welt und in der Welt haben muss, die seinen ‹Stand› in der Kirche … bestimmt.»[64] Auch Congar beschreibt das In-der-Welt-Sein der Laien als Auftrag: «Als Christen sind die Laien in der Welt, um dort das Werk Gottes zu tun, *insofern es in und durch das Werk der Welt getan werden muss.*»[65] In diesem Sinne thematisiert die vorkonziliare Theologie in wiederkehrenden und vielfältig variierenden Formulierungen, dass die Laien eine besondere Aufgabe für die Weltsendung der Kirche haben. Erich Przywara spricht von der «Kirche der einzelnen Glieder, die von der Kirche geformt in die Welt hineingestellt sind: als Kirche des gesandten Laien, als Kirche des Volkes und der Welt»[66].

In solchen Formulierungen tut sich nicht nur eine neue Wertschätzung der Laien kund, sondern auch ein neues Verständnis der Kirche, demzufolge sie nicht eine Heilsgröße ist, die in sich betrachtet werden könnte, als sei sie sich selbst genug. Sie steht in einer Sendung für die Welt. Um diese Einsicht musste die vorkonziliare Theologie ringen.

3.4.3 Kirche im Dienst eines geschichtlichen und welthaften Heils

Die Schrift «Schleifung der Bastionen» von 1952 nennt Balthasar selbst rückblickend ein Programmbüchlein, einen «Hornstoß für eine zur Welt hin unverschanzte Kirche»[67].

Entscheidend für diese Neuorientierung ist die Beschreibung der Kirche als hingeordnet auf ein Ziel, das außerhalb ihrer selbst liegt. «Die Kirche als übernatürliche Gesellschaft der Begnadeten und dem Leib des Erlösers Angegliederten steht nicht selbstzwecklich in sich, sondern setzt zu ihrem Dasein wie zu ihrem Sinn und Zweck die Schöpfungswelt voraus, zu der hin ihr Sein und Wirken sich öffnet und verströmt.»[68]

Im Hintergrund dieser erwachenden Aufmerksamkeit für die Weltsendung der Kirche steht ein neues Verständnis von Heil, welches dessen geschichtliches Heranwachsen und seine «Welthaltigkeit» in den Blick nimmt.

Vor allem Congar begegnet statischen Heilsvorstellungen durch eine geschichtliche Perspektive. Die Situation des Christen ist «die eines Menschen, der zugleich an ein Ereignis der Vergangenheit gebunden und auf eine Hoffnung ausgespannt ist»[69]. Seine Hoffnung betrifft das Heil, das nicht als schon

---

64 *Rahner*, Laienapostolat 343.
65 *Congar*, Laie 44.
66 *Przywara*, Krise 194 (Aufsatz von 1944).
67 *Balthasar*, Zu seinem Werk 43 f. (aus einer Schrift von 1965).
68 *Balthasar*, Laie 333.
69 *Congar*, Priester und Laien 277.

realisierte Größe irgendwo bereits vorhanden und lediglich uns noch verborgen ist. Die Vollendung ist erst noch im Werden. In der Zeit der Kirche steht ein Wachstum an, welches Congar so bedeutsam ist, dass er sogar seinem Ordensvater Thomas von Aquin widerspricht:

> «Der heilige Thomas konnte schreiben, dass Jesus Christus plus Kirche nicht mehr ausmachen als Jesus Christus ganz allein. Aber dieser Sinn erschöpft nicht vollständig die Wahrheit der Dinge und des Planes Gottes. In einem anderen Sinn nämlich ‹fügen› wir Christus etwas ‹zu›, wir ‹erfüllen› ihn. Christus plus wir ist mehr als Christus allein»[70].

Im Bild gesagt:

> «Er ist das Alpha, unser einziger Keim für die Ähre, und er ist das Omega, Ende und Vollendung, die gesamte Ernte, die aus jenem einzigen Keim erwuchs, und in dieser Ernte sind wir alle mit ihm daraus hervorgegangen. Die ganze christliche Geschichte west zwischen diesen beiden Augenblicken: Christus allein für uns als Alpha und Ursprung, und Christus mit uns und wir mit ihm am Ende, als Omega.»[71]

Wenn im Omega «wir mit ihm» versammelt sein sollen, so bringt es gegenüber dem Alpha einen Zuwachs, der mit der freien Zustimmung der Menschen zu tun hat. Deswegen ist den Menschen ein Auftrag gegeben. Das Werk Gottes ist «bereits vollbracht und noch zu vollbringen», es «ist uns ja in Christus Jesus alles Wesentliche bereits geschenkt und dennoch durch uns ins Werk zu setzen»[72]. Dieser Gedanke scheint Congar im Blick auf die Annahme eines Sinns der Geschichte notwendig zu sein.

> «Wenn Gott oder Christus alles allein zu wirken hätte, wenn es kein Wirken der Menschen gäbe, wäre kein Sinn der Zeit ersichtlich. … Der christliche Sinn der Zeit als Zeit der Kirche … liegt in der Mitwirkung oder im Handeln des Menschen als positivem Beitrag für das Endergebnis, d. h. für das Reich Gottes»[73].

In diesem noch zu vollbringenden Werk nun geht es aber vor allem um die Welt. Die erwartete Vollendung besteht in kosmischem Heil; sie bedeutet die Verwandlung und Erneuerung dieser Welt.[74] Deswegen ist das Wirken der Menschen in Welt und Geschichte für diesen Verwandlungsprozess bedeut-

---

70 *Congar*, Laie 115.
71 *Congar*, Priester und Laien 279.
72 *Congar*, Laie 171; siehe auch ebd. 124; 266.
73 Ebd. 116.
74 Vgl. *Congar*, Priester und Laien 282 f.

sam. Wir dürfen Hoffnung haben, «dass die Frucht des menschlichen Mühens und der positive Gehalt der menschlichen Entwürfe in das endgültige Gnadengeschenk aufgenommen und so dem Menschen wiedergegeben werden»[75]. Darum gilt: «Das Heil, das Reich Gottes schweben nicht über der Welt wie Wolken zwischen Himmel und Erde, sie sind vielmehr wirklich *in* der Welt und werden in ihr bereitet.»[76]

Genau hier nun tut sich für Congar der Ort auf, die Würde und Sendung der Laien neu zu sehen. Um des zukünftigen Reiches Gottes willen braucht es Christen, die sich in dieser Welt engagieren.

> «Wenn die Kirche vom Ereignis der Menschwerdung zehrt, so vor allem kraft des Priestertums. In dem Augenblick dagegen, da sie ... in der Absicht [handelt], in der Welt etwas vom Reich Gottes ankommen zu lassen, wendet sie sich mehr der Zukunft, der Parusie, dem Reiche zu[,] und hier haben vor allem die Laien das Wort.»[77]

Die Welt, in der das Reich Gottes ankommen soll, ist nun aber noch genauer anzuschauen. Es ist eine Welt, die von Theologen wie Marie-Dominique Chenu, Gustave Thils und Alfons Auer neu in ihrer Eigengesetzlichkeit gesehen wird. Sie ist die gute Schöpfung Gottes, die nicht verkirchlicht werden muss, um auf das Reich Gottes hingeordnet zu werden. Im Bild gesprochen: «Die weltlichen Institutionen ... brauchen sich, um ‹christlich› und ‹geistig› zu werden, nicht in ‹kleine Kapellen› zu verwandeln.»[78] Ausschließen wollen diese Autoren, dass die zeitlichen Wirklichkeiten nur als «Gelegenheiten» für den Christen gelten, sich zu bewähren, ohne dass die Dinge und Situationen selbst eine Beziehung zu Gott und zu der von ihm bereiteten Vollendung hätten. Vielmehr gilt es, gleichzeitig den Eigenstand der irdischen Wirklichkeiten und ihre Heilsfähigkeit festzuhalten.

Die Laien sind gleichsam Anwälte dieser ungeschmälerten Weltlichkeit der Welt. Das Laientum – so Congar – verlangt mit Recht, «die Dinge zu respektieren. Es will ihre Natur, Gesetze und Forderungen achten; es ist der Meinung, dass es zwar Menschen geben muss, die sich ganz dem Absoluten, dem einzig Notwendigen weihen, die Gesamtheit der Menschen jedoch den Weg zu Gott gehen muss, ohne den Weg abzukürzen, ohne den Dingen der Welt

---

75 *Congar*, Laie 164.
76 *Congar*, Priester und Laien 281.
77 Ebd. 288.
78 *Thils*, Heiligkeit 514.

und der Geschichte auszuweichen.»[79] Ähnliche Akzente setzt Philips: «Der Christ ist auf Erden ein Pilger, der es ablehnt, sich hier unten einzurichten. Aber ... [er wird] doch seine Arbeit als Mensch ernst nehmen. Wenn er sie nur mit der Fingerspitze und mit einer Krämerseele berührt, verrät er seine Berufung, die dieses irdische ‹Provisorium› zu den ewigen Gestaden einbringen soll.»[80]

«Ohne den Dingen auszuweichen», «Krämerseele» – die in solchen Wendungen anklingende Kritik und Warnung dürfte beabsichtigt sein. Kritisch wendet Congar gegen die mittelalterliche christentümliche Welt, hier sei

> «die Einheit des Zeitlichen und Geistlichen irgendwie verfrüht und zu billig erreicht. Die irdischen Wirklichkeiten werden fast nur in ihrem Dienstwert für das heilige Werk der Kirche betrachtet und nicht genügend in ihrem Eigenwert und ihrer Eigengesetzlichkeit. Sie werden nicht genügend ernst genommen. Man widmet ihnen nicht die ganze Aufmerksamkeit, die sie verdienen. Sie erhalten nicht die Entfaltung, die sie beanspruchen müssen. Die Wahrheit der ersten Schöpfung geht zu schnell in der zweiten Schöpfung, der Gnadenordnung, unter, und man kann sich fragen, ob dabei jene zweite Schöpfung selbst ihre ganze Wahrheit entfalten kann»[81].

Im Blick auf die Gegenwart klagt Congar über die vernachlässigte Sorge um Sachkenntnis, weil man meint, solche mit Frömmigkeit und religiösen Absichten ersetzen zu können. «Warum ersetzen die guten Meinungen so oft eine ernste Anstrengung, fachliches Können? Warum anstatt uns anzuspornen zu einer größeren Redlichkeit in unseren Aufgaben, verdecken wir mit dem Motiv des Gott-dienens die Mittelmäßigkeit, die Gleichgültigkeit»?[82] Und er zitiert zur Illustration ein Wort, das Vinzenz von Paul zugeschrieben wird: «O, Schwester, man merkt wohl, dass Sie für den lieben Gott arbeiten ...!»[83]

---

79 *Congar*, Laie 49.
80 *Philips*, Laie 286
81 *Congar*, Laie 166 f.; vgl. auch *Congar*, Priester und Laien 373.
82 *Congar*, Laie 709 f.
83 Ebd. 730 (Auslassungspunkte im Original).

4 Ausblick: Zur Situation der Laien in Kirche und Welt

4.1 Zur heutigen Diskussion um den ekklesialen Ort der Laien

Wie oben angedeutet, ist in den gegenwärtigen Diskussionen um den ekklesialen Ort der Laien das Verhältnis von innerkirchlicher Verantwortung und Weltsendung umstritten. Auf der einen Seite wird die Versuchung der Laien beschrieben, «ihr Interesse so stark auf die kirchlichen Dienste und Aufgaben zu konzentrieren, dass sie sich praktisch oft von ihrer Verantwortung im Beruf, in der Gesellschaft, in der Welt der Wirtschaft, der Kultur und der Politik dispensieren»[84]. Auf der anderen Seite wird die Befürchtung geäußert, die innerkirchliche Verantwortung der Laien werde von kirchenamtlicher Seite zu Unrecht zurückgedrängt und geschmälert.

> «In der Phase nach dem Konzil wurde versucht, die Laien dem Weltdienst und die Kleriker dem Heilsdienst zuzuordnen. ... Offensiv schickt man sie [die Laien] in die Welt (Missio); und defensiv grenzt man sich im innerkirchlichen Rahmen der geltenden Kirchenordnung (Communio) von ihnen ab.»[85]

Lässt sich in dieser Situation aus den vorkonziliaren Aufbrüchen Orientierung finden?

4.2 Die Bedeutung der Weltsendung der Laien in der vorkonziliaren Theologie

Der Akzent der vorkonziliaren Theologie liegt insgesamt mehr auf der Weltsendung der Laien. Diese Aussagen sind nicht nur quantitativ zu verstehen. Auch heute sollte zu denken geben, dass zugleich mit der Entdeckung der ekklesialen Weltsendung der Laien das Kirchenverständnis in einem viel umfassenderen Sinn zu erneuern war. Es ist oben gefragt worden, inwiefern eine Vernachlässigung der Laien in der Kirche das Wesen der Kirche betrifft. In ähnlicher Weise wäre zu fragen, inwiefern es mit dem Wesen der Kirche zu tun hat, wie sie ihren Auftrag im Blick auf die Welt versteht. Das Sinnziel einer Wirklichkeit kann ihr Wesen nicht unberührt lassen. Die Wiederbesin-

---

84 *Johannes Paul II.,* Christifideles Laici Nr. 2; vgl. ebd. auch z. B. Nr. 15 sowie die «Instruktion zu einigen Fragen über die Mitarbeit der Laien am Dienst der Priester», v. a. das Vorwort.
85 *Karrer,* Stunde 105.

nung darauf, dass die Kirche nicht für sich selbst da ist, sondern Sakrament für die Welt ist (vgl. die Rede vom universalen Heilssakrament in LG 48 sowie LG 1 und 9), ihr Sinnziel also nicht in sich selbst trägt (vgl. oben Abschnitt 3.4.3), bedeutet einen Umbruch, der letztlich eine veränderte Wesensbestimmung der Kirche mit sich bringt. Diese Neuorientierung ist sorgsam wach zu halten. Heute noch mehr als in der zweiten Hälfte des 20. Jahrhunderts ist der Kirche aufgegeben, sich nicht in einen Binnenbereich zurückzuziehen und eine nicht mehr christentümliche Gesellschaft sich selbst zu überlassen. Heute noch mehr als früher ist es bedeutsame Berufung der Laien, «die Kirche an jenen Stellen und in den Verhältnissen anwesend und wirksam zu machen, wo die Kirche nur durch sie das Salz der Erde werden kann» (LG 33). Vorrangig und einseitig die innerkirchliche Verantwortung der Laien zu betonen, würde der (vor-)konziliaren Wiederentdeckung einer Kirche, die mit der «Welt» in Dialog und Austausch stehen soll und eine Sendung für die Welt hat, schaden.

Von hier aus gilt es aber, noch einen Schritt weiter zu tun. Denn diese Sicht wirkt zurück auf die Bedeutung der Laien im Binnenraum der Kirche.

4.3   Konsequenzen für die innerkirchliche Verantwortung der Laien

Zur Frage nach dem innerkirchlichen Ort der Laien sei ein Gedanke aufgegriffen, den Balthasar wiederholt formuliert hat. Er weist zunächst das Verständnis der Kirche als einer eigenen Gesellschaft neben der Welt ab. «Sofern die Welt das werdende Reich Gottes ist und die Kirche der wirkende Sauerteig in ihr, sind beide nicht adäquat trennbar. Nur in einer oberflächlichen Sicht kann die Kirche eine societas perfecta ‹neben› der weltlichen (staatlichen) Gemeinschaft genannt werden.»[86]

Noch deutlicher wird Balthasar, wenn er nach Zentrum und Rand der Kirche fragt und hier gewohnte Vorstellungen (wohl bis heute) umstürzt. Er spricht vom Grenzbereich zwischen Kirche und Welt, um dann aber das Reden von Grenze und Zentrum neu zu fassen:

«In diesem Grenzbereich [zwischen Kirche und Welt] bewegt sich angestammtermaßen der Laie, und diese Grenze ist so fließend, dass unmöglich scharf unterschieden werden kann, wo der Laienchrist sich als Glied der Kirche in der Kirche und wo er sich als ein Glied und Repräsentant der Kirche in der nicht-

---

86 *Balthasar*, Laie 333.

kirchlichen Welt betätigt. Dieses Dasein am Rand (zwischen Kirche und Welt) ist keine Entfernung vom Zentrum, sondern zentrales kirchliches Dasein, weil die Kirche selber der Ort der fortgesetzten Einkörperung Gottes in die Welt ist, eine über sich hinaus strahlende und quellende Wirklichkeit.»[87]

Wo ist die Kirche? Wo ihre Mitte, ihr Zentrum? Wo ihr Rand? Im Mitvollzug der irdischen Herausforderungen «liegt der wahre Schwerpunkt, die echte Mitte der Kirche, dort wo der Sauerteig des Evangeliums in unmittelbaren Kontakt mit der wirklichen Welt kommt: im mündigen Laien, dessen verantwortungsvollen, persönlichen, freien Einsatz ihm keine kirchliche Stelle, keine Institution und keine noch so geistliche Organisation abnehmen kann»[88]. Darum ist es eine «falsche Perspektive, wenn man das Amt (in seiner relativen Weltgelöstheit und reineren Übernatürlichkeit) als Mitte der Kirche ansieht und den Standort des Laien als ihren Rand»[89].

Wenn aber das Zentrum der Kirche sich nicht mehr im Binnenraum der Kirche befindet, sondern eben an der Stelle, wo der Laie steht, hat dies Rückwirkungen auf die Frage, welche Verantwortlichkeit den Laien für innerkirchliche Entscheidungsprozesse zukommen müsste. Bereits in der Zeit vor dem Konzil wird von verschiedenen Autoren festgehalten, dass die Laien Einfluss nehmen müssen auf die amtlichen Instanzen, insbesondere im lehramtlichen Bereich. Weil die Laien in den Fragen der Welt Verantwortung tragen, sind sie gefragt in der Information und Beratung des kirchlichen Amtes.

«Es geht dabei nicht um Befragung von Fremden und Außenstehenden, sondern von Brüdern im Herrn, die der gleiche Heilige Geist beseelt und erleuchtet … Und die ganze Sorge des Amtes müsste sich darauf verwenden, diesen Geist der Verantwortlichkeit den Laien durch Unterweisung, aber auch durch eine Haltung des Vertrauens und Lernenwollens zu entfalten.»[90]

Philips sieht die Laien als diejenigen, die aufgrund ihres direkten Eingebundenseins in die Entwicklungen der Gesellschaft innerkirchlich etwas zu sagen haben. Sie haben «das unbestreitbare Recht, gehört zu werden, wenn die kirchliche Hierarchie auf der Höhe der Zeit und ihrer drängenden Bedürfnisse bleiben will»[91]. Balthasar schreibt den Laien diese Bedeutung etwa für kirchliche Stellungnahmen zur Welt und zu nichtkirchlichen Denkformen zu.

---

87 Ebd.
88 *Balthasar*, Gottbereites Leben 144 (Aufsatz von 1964).
89 *Balthasar*, Laie 343.
90 Ebd. 346.
91 *Philips*, Laie 153.

«Die Laien, zumal heute, sind das in der Welt vorstoßende Element, und sie werden öfters die Hierarchie zur Anwendung neuer Toleranz überzeugen.»[92]

Wenn es die Laien sind, die sich dort bewegen, wo die Kirche ihr Zentrum hat, ist ihnen zuzuerkennen, dass sie die Weichenstellungen, welche die Kirche zu treffen hat, effektiv mitbestimmen – auf dass die ganze Kirche in all ihren Gliedern Sorge für das Bleiben der Kirche in der Wahrheit und in der Sendung Jesu Christi trage.

Literaturverzeichnis

Alberigo, Giuseppe (Hrsg.)/ *Wittstadt, Klaus* (Hrsg. der dt. Ausgabe): Geschichte des Zweiten Vatikanischen Konzils (1959–1965), Bd. 1: Die katholische Kirche auf dem Weg in ein neues Zeitalter. Die Ankündigung und Vorbereitung des Zweiten Vatikanischen Konzils (Januar 1959 bis Oktober 1962), Mainz/Leuven 1997.

Dies. (Hrsg.): Geschichte des Zweiten Vatikanischen Konzils (1959–1965), Bd. 2: Das Konzil auf dem Weg zu sich selbst. Erste Sitzungsperiode und Intersessio (Oktober 1962 – September 1963), Mainz/Leuven 2000.

Dies. (Hrsg.): Geschichte des Zweiten Vatikanischen Konzils (1959–1965), Bd. 3: Das mündige Konzil. Zweite Sitzungsperiode und Intersessio (September 1963 – September 1964), Mainz/Leuven 2002.

Altermatt, Urs: Katholizismus und Moderne. Zur Sozial- und Mentalitätsgeschichte der Schweizer Katholiken im 19. und 20. Jahrhundert, Zürich [2]1991.

Balthasar, Hans Urs von: Christlicher Stand, Einsiedeln [2]1977. – Größtenteils 1945 entstanden: Vgl. *Ders.*: Unser Auftrag. Bericht und Weisung, Freiburg i. Br. 2004, 95.

Ders.: Gottbereites Leben. Der Laie und der Rätestand. Nachfolge Christi in der heutigen Welt, Freiburg i. Br. 1993.

Ders.: Der Laie und die Kirche [1954]. In: *Ders.*: Sponsa Verbi. Skizzen zur Theologie, Bd. 2, Einsiedeln 1961, 332–348.

Ders.: Schleifung der Bastionen. Von der Kirche in dieser Zeit. Mit einem Nachwort von *Christoph Schönborn*, Einsiedeln [5]1989 (Christ heute 2,9). – Erstausgabe: Einsiedeln 1952.

Ders.: Zu seinem Werk, Freiburg i. Br. [2]2000.

Congar, Yves: Elemente einer «Spiritualität» des Laien. In: *Zottl, Anton* (Hrsg.): Weltfrömmigkeit. Grundlagen, Traditionen, Zeugnisse, Eichstätt 1985, 68–84.

---

92 *Balthasar*, Schleifung 72.

Ders.: Der Laie. Entwurf einer Theologie des Laientums, Stuttgart 1956. – Französische Erstausgabe: Jalons pour une théologie du laicat, Paris 1953.

Ders.: Mon Journal du Concile. Bd. 1, Paris 2002.

Ders.: Priester und Laien im Dienst am Evangelium, Freiburg i. Br. 1965.

Feckes, Carl: Das Mysterium der heiligen Kirche. Dogmatische Untersuchungen zum Wesen der Kirche, Paderborn 1934.

Grootaers, Jan: Zwischen den Sitzungsperioden. Die «zweite Vorbereitung» des Konzils und ihre Gegner. In: *Alberigo, Giuseppe/Wittstadt, Klaus:* Geschichte des Zweiten Vatikanischen Konzils 2, a. a. O., 421–617.

Guardini, Romano: Vom Sinn der Kirche. Fünf Vorträge. Die Kirche des Herrn. Meditationen über Wesen und Auftrag der Kirche, Mainz/Paderborn 1990 (Romano Guardini Werke). – Erstausgabe der Schrift «Vom Sinn der Kirche»: Mainz 1922.

Hünermann, Peter: Theologischer Kommentar zur dogmatischen Konstitution über die Kirche Lumen Gentium. In: Sacrosanctum Concilium, a. a. O., 263–582.

Instruktion zu einigen Fragen über die Mitarbeit der Laien am Dienst der Priester. 15. August 1997, Bonn o. J. (Verlautbarungen des Apostolischen Stuhls 129).

Johannes Paul II.: Nachsynodales Apostolisches Schreiben «Christifideles Laici» über die Berufung und Sendung der Laien in Kirche und Welt. 30. Dezember 1988, Bonn o. J. (Verlautbarungen des Apostolischen Stuhls 87).

Jungmann, Josef Andreas: Die liturgische Feier. Grundsätzliches und Geschichtliches über Formgesetze der Liturgie, Regensburg 1939.

Kaczynski, Reiner: Theologischer Kommentar zur Konstitution über die heilige Liturgie Sacrosanctum Concilium. In: Sacrosanctum Concilium, a. a. O., 1–227.

Karrer, Leo: Die Stunde der Laien. Von der Würde eines namenlosen Standes, Freiburg i. Br. 1999.

Klostermann, Ferdinand: Zur Textgeschichte [des Dekrets über das Apostolat der Laien]. In: LThK.E 2 (1967) 587–601.

Komonchak, Joseph A.: Der Kampf für das Konzil während der Vorbereitung (1960–1962). In: *Alberigo, Giuseppe/Wittstadt, Klaus:* Geschichte des Zweiten Vatikanischen Konzils 1, a. a. O., 189–401.

Maas-Ewerd, Theodor: Die Krise der Liturgischen Bewegung in Deutschland und Österreich. Zu den Auseinandersetzungen um die ‹liturgische Frage› in den Jahren 1939 bis 1944, Regensburg 1981 (Studien zur Pastoralliturgie 3).

Melloni, Alberto: Der Beginn der zweiten Konzilsperiode und die große ekklesiologische Debatte. In: *Alberigo, Giuseppe/Wittstadt, Klaus:* Geschichte des Zweiten Vatikanischen Konzils 3, a. a. O., 1–138.

Montcheuil, Yves de: Zeugnis für die Wahrheit, Mainz 1965. – Französische Erstausgabe: Problèmes de vie spirituelle, Paris 1945.

Neuner, Peter: Der Laie und das Gottesvolk, Frankfurt/M. 1988.

Ders. (Bearb.): Ekklesiologie, Bd. 1: Von den Anfängen zum Mittelalter, Graz 1994 (Texte zur Theologie. Dogmatik 5,1).

Philips, Gérard: Der Laie in der Kirche. Eine Theologie des Laienstandes für weitere Kreise, Salzburg [1955] (Wort und Antwort 14). – Französischsprachige Erstausgabe: Le rôle du laïcat dans l'Église, Tournai 1954.

Przywara, Erich/Sauer, Hermann: Gespräch zwischen den Kirchen. Das Grundsätzliche, Nürnberg 1957.

Przywara, Erich: Katholische Krise. Hrsg. von *Bernhard Gertz,* Düsseldorf 1967.

Rahner, Karl: Theologische und philosophische Zeitfragen im katholischen deutschen Raum. In: *Ders.:* Sämtliche Werke, Bd. 4: Hörer des Wortes. Schriften zur Religionsphilosophie und zur Grundlegung der Theologie. Bearbeitet von *Albert Raffelt,* Solothurn/Freiburg i. Br. 1997, 497–556; 591–612.

Ders.: Über das Laienapostolat. In: *Ders.:* Schriften zur Theologie, Bd. 2, Einsiedeln 1955, 339–373.

Ruggieri, Giuseppe: Der schwierige Abschied von der kontroverstheologisch geprägten Ekklesiologie. In: *Alberigo, Giuseppe/Wittstadt, Klaus:* Geschichte des Zweiten Vatikanischen Konzils 2, a. a. O., 331–419.

Sacrosanctum Concilium, kommentiert von *Reiner Kaczynski.* Inter Mirifica, kommentiert von Hans-Joachim Sander. Lumen Gentium, kommentiert von *Peter Hünermann,* Freiburg i. Br. 2004 (Herders Theologischer Kommentar zum Zweiten Vatikanischen Konzil 2).

Schillebeeckx, Edward: Die typologische Definition des christlichen Laien nach dem Zweiten Vatikanischen Konzil. In: *Ders.:* Gott. Kirche. Welt, Mainz 1970 (Edward Schillebeeckx Gesammelte Schriften 2), 140–161.

Schneider, Burkart (Hrsg.): Die Briefe Pius' XII. an die deutschen Bischöfe 1939–1944, Mainz 1966 (VKZG.A 4).

Semmelroth, Otto: Kirche, Laie, Sendung. In: *Ders./Hofmann, Ludwig:* Der Laie in der Kirche. Seine Sendung – seine Rechte, Trier 1955, 1–9.

Soetens, Claude: Das ökumenische Engagement der katholischen Kirche. In: *Alberigo, Giuseppe/Wittstadt, Klaus:* Geschichte des Zweiten Vatikanischen Konzils 3, a. a. O., 299–400.

Suenens, Léon-Joseph: Souvenirs et Espérance, Paris 1991.

Sustar, Alois: Der Laie in der Kirche. In: *Feiner, Johannes/Trütsch, Josef/Böckle, Franz* (Hrsg.): Fragen der Theologie heute, Einsiedeln 1957, 519–548.

Thils, Gustav: Christliche Heiligkeit. Handbuch der aszetischen Theologie für Ordensleute, Priester und Laien, München 1961.

Valeske, Ulrich: Votum Ecclesiae, I. Teil: Das Ringen um die Kirche in der neueren römisch-katholischen Theologie. Dargestellt auf dem Hintergrund der evangelischen und ökumenischen Parallelentwicklung. II. Teil: Interkonfessionelle ekklesiologische Bibliographie, München 1962.

Wittstadt, Klaus: Am Vorabend des Zweiten Vatikanischen Konzils (1. Juli – 10. Oktober 1962). In: *Alberigo, Giuseppe/Wittstadt, Klaus:* Geschichte des Zweiten Vatikanischen Konzils 1, a. a. O., 457–560.

Wolf, Hubert: Einleitung. In: *Rahner, Karl:* Theologische und philosophische Zeitfragen im katholischen deutschen Raum. Hrsg., eingeleitet und kommentiert von *Hubert Wolf,* Ostfildern 1994, 15–77.

Zinnhobler, Rudolf: Österreich und das Zweite Vatikanum. In: *Wolf, Hubert/Arnold, Claus* (Hrsg.): Die deutschsprachigen Länder und das II. Vatikanum, Paderborn 2000 (Programm und Wirkungsgeschichte des II. Vatikanums 4), 103–132.

Der Paukenschlag des Papstes: Die Ankündigung des Konzils 1959. Das Echo: Schock bis Euphorie – Atmosphärisches und Inhaltliches um Vorbereitung und Beginn des II. Vatikanums

Albert Gasser

Gibt es vierzig Jahre nach dem Zweiten Vatikanischen Konzil ein Nachwirken oder gar ein Nachbeben, das ans Mark geht? Für die Jüngeren ist das Konzil längst Geschichte, und sie verstehen nicht ohne weiteres, was es denn mit diesem Konzil auf sich habe, dass es bei jeder Gelegenheit zitiert wird. Sie können die Bedeutung des Konzils schwerlich einschätzen, weil sie die Zeit vor dem Konzil nicht kennen, geschweige denn sich in sie hineinfühlen können.

Für die über 60 Jahre alten, zeitlebens aktiven Kirchenchristen dagegen ist das Konzil trotz großer zeitlicher Distanz immer noch relativ nahe. Das im Unterschied zum Ersten Vatikanum von 1869/70. Dieses Konzil war wegen der durchgepeitschten Definition der Papstartikel (Absoluter Primat und Unfehlbarkeit) zuvor höchst umstritten und eskalierte anschließend in das Schisma der Alt- beziehungsweise Christkatholiken und in den Kulturkampf. Aber um 1880 war der Wirbel vorbei. Die am heftigsten Protestierenden waren ausgezogen, und von offizieller kirchlicher Seite bemühte man sich, das Gewicht der Papstdogmen herunterzuspielen, um dem befürchteten Massen-Exodus aus der Kirche vorzubeugen. Darüber hinaus hatte das Konzil vor allem mangels pastoralen Inhalts keine Ausstrahlung. Es geriet in Vergessenheit, oder wurde, abgesehen von dürren Traktaten in der Dogmatik über das Verhältnis von Vernunft und Glauben und knappen Erläuterungen im Katechismus über die Papstsätze, totgeschwiegen.

Ganz anders nach dem Zweiten Vatikanischen Konzil. Es setzte eine lange Folgegeschichte ein, die bis heute andauert. An Geist und Gehalt dieser Weltsynode schieden sich alsbald die Geister. Die Option der überwältigenden Mehrheit, der «Geist» des Konzils, stand zwar einigermaßen fest, aber der «Buchstabe», die Texte, die Kompromisspapiere waren, blieben vielfach ambivalent und erlaubten verschiedene oder gar konträre Interpretationen. Ein Beispiel: Es ist nicht dasselbe, ob die Kollegialität der Bischöfe als wirkliche Mitbestimmung in der Universalkirche gesehen wird oder lediglich als Aufforderung, am gleichen Strang zu ziehen wie der Papst. Die gleich nach dem

Konzil einsetzende Polarisierung ist nicht ausgestanden. Die Entwicklung danach schien vielen Befürchtungen Recht zu geben, aber auch die intensiv gehegten Erwartungen wurden bei weitem nicht alle erfüllt. So stellte sich sehr rasch so etwas wie ein «Konzilskater» ein. Vielfach blieb vom Konzil ein riesiger Steinbruch übrig, aus dem sich alle ihre Versatzstücke suchen und einander an den Kopf werfen. Das Bild besagt, dass man das Konzil als Ganzes zu wenig würdigt, in seiner gemäßigten Fortschrittlichkeit und in seinem traditionsverhafteten «Aggiornamento». Um einzelne Teile herauszubrechen, muss man die ganzheitliche Anlage zerstören. Da werden die Interessenten rasch fündig und fügen ihrem jeweiligen Modell von Kirche die passenden Bauklötze ein.

Trotz allem: Aufs Ganze ist die Fernwirkung gewaltig. Was vom Konzil unter anderem weiterlebt, sind viele Klischees. Auch fast alle positiv vermerkten Impulse und Ergebnisse werden pauschal dem Konzil gutgeschrieben. Es kommt vor, dass selbst in wissenschaftlichen Abhandlungen das Konzil undifferenziert als Anfang und Ursache für die katholische Bibelrenaissance reklamiert wird, als ob es die seit den 1920er Jahren dynamisch einsetzende Bibelbewegung nicht gegeben hätte. Das Konzil hat vielfach Früchte geerntet, die frühere Generationen gepflanzt und begossen haben. Anders herum: Es brodelte in der Kirchenküche in diversen Dampfkesseln, bis allein schon die Ankündigung des Konzils legale Ventile öffnete. Ohne die respektablen Vorarbeiten und die mutig beschrittenen Wege auf dem Feld der Theologie, der Exegese, der Liturgie, der Sakramentenpastoral und der Moral und ohne die Aufwertung und Förderung der Laien wäre das Konzil in seinem Vollzug und mit seinem Ertrag gar nicht möglich gewesen.[1]

1 Ankündigung des Konzils und Reaktionen

1.1 Überraschung: die Ankündigung eines Konzils

Für den 25. Januar 1959, dem Fest Pauli Bekehrung, lud Johannes XXIII. die siebzehn in Rom anwesenden Kardinäle zu einer Besprechung nach San Paolo fuori le mura ein. Es war ein Sonntag. Den Papst beseelte bei der Hinfahrt

---

1 Ich selbst habe in den Konzilstexten nichts Neues gelesen, was ich nicht schon während meines Grundstudiums 1959–1963 am damaligen Priesterseminar Chur in diversen Zusammenhängen gehört und gelesen hätte.

eine fiebrige Angespanntheit, eine gehoben freudige, aber auch eine schleichend ängstliche Erwartung. Wie werden die Herren auf meine Mitteilung reagieren? Einige wenige waren über die Absicht informiert. Eine milde Form von erster Absicherung. Aber das Gros ahnte nichts. Einerseits brannte das Herz des Papstes auf der Zunge, andererseits wollte Johannes die Spannung und die perfekte Überraschung auskosten.

Der Papst zog nach der Messe mit den Kardinälen in den Kapitelsaal des anliegenden Benediktinerklosters und hielt eine Ansprache. Er ließ sich Zeit, bevor er zur eigentlichen Botschaft des Tages kam. Er versuchte es mit einer captatio benevolentiae, um den Überraschungscoup – und ein solcher sollte es auch sein – ein wenig abzufedern. Er zollte vorerst Einverständnis und Zustimmung an die Adresse der antimodernistisch und vehement antimarxistisch eingestellten Anwesenden. Dann leitete er über zu den Erwartungen, die an den neuen Papst herangetragen würden und kam auf seine Doppelfunktion als Bischof von Rom und Hirt der Gesamtkirche zu sprechen. Wie hat sich doch die Stadt in den letzten vierzig Jahren verändert! «Ein wahrer Bienenstock voller Menschen» – so der Papst wörtlich – «aus dem ein ununterbrochenes Gesumm verworrener, aber nach Harmonie suchender Stimmen ertönt»[2]. Kein schlechtes Bild für den römischen Stadtverkehr. Aber um das zu sagen, hatte der Papst die Kardinäle nicht «außerhalb» der Stadt versammeln müssen. Nach einigen weiteren, biblisch garnierten Plattitüden ging endlich der Schuss los mit der bekannt gewordenen Formulierung:

> «Ehrwürdige Brüder und geliebte Söhne! Gewiss ein wenig zitternd vor Bewegung, aber zugleich mit demütiger Entschlossenheit im festen Vorsatz sprechen wir vor euch den Namen und das Vorhaben einer doppelt feierlichen Veranstaltung aus: einer Diözesansynode der Stadt Rom und eines Ökumenischen Konzils für die Gesamtkirche.»[3]

Der erste Schritt war getan. Die Sache war öffentlich. Ein Zurück gab es nicht. Das war dem Papst bewusst und von ihm klar so gewollt. Die überrumpelten Zuhörer waren vom Schlag vorerst betäubt, bevor sich der erste Widerstand regte und die grimmige Entschlossenheit der vatikanischen Kurie zu größtmöglicher Schadensbegrenzung, wenn man sich schon in das Unvermeidliche fügen musste.

---

2 Zitiert nach *Pesch,* Konzil 47.
3 Ebd.

1.2 Konsternation in der Kurie

Die erste herbe Enttäuschung für den Papst folgte der Ankündigung auf dem Fuß. Nach seinen eigenen Anmerkungen hatte er erwartet, dass die Kardinäle sich um ihn geschart, ihn mit verwunderter Offenheit bedrängt und mit positiven Rückmeldungen oder Fragen bestürmt hätten. Nichts dergleichen geschah. Dieses eisige Schweigen, diese beharrliche Stummheit irritierte Johannes XXIII., auch wenn er sie nachträglich mit «eindrucksvoll, andächtig»[4] schönredete. Es war so etwas wie ein nicht zur Kenntnis-nehmen-Wollen. Eine gespielt uninteressierte Miene wurde aufgesetzt, als hätte der Chef die Neuinstallation einer Zentralheizung in den vatikanischen Gemächern angekündigt.

Diese sich verweigernde Starrheit artikulierte sich auf höchster Ebene kritisch und panisch, ironisch bis zynisch. Der Erzbischof von Genua, Kardinal Giuseppe Siri (1906–1989), «il papa non eletto», der viermal als papabile das Konklave betreten sollte, zeigte sich überrascht und alles andere als erfreut. Aber er tröstete sich: «Die Ruhe Roms wird helfen.»[5] Kardinal Francis Spellman (1889–1967) von New York war dermaßen verunsichert, dass er fest überzeugt war, das sei nicht die authentische Stimme des Papstes gewesen, sondern der überforderte Mann sei den massiven Einflüsterungen einer gewissen Umgebung erlegen. Nun, von diesen beiden Kirchenfürsten war nicht viel anderes zu erwarten. – Mit Erstaunen aber nimmt man zur Kenntnis, wie der spätere charismatische Bannerträger des Konzils, Giacomo Lercaro (1891–1976), Kardinal und Erzbischof von Bologna, spontan auf die Ankündigung reagierte:

> «Wie kann er es wagen, nach 100 Jahren und nur drei Monate nach seiner Wahl, ein Konzil einzuberufen? Papst Johannes ist vorschnell und impulsiv. Seine Unerfahrenheit und sein Mangel an Bildung führten ihn zu diesem Schritt. Ein Ereignis wie dieses wird seine ohnehin schon schwache Gesundheit ruinieren und das ganze Gebäude seiner angeblichen moralischen und theologischen Tugenden zusammenstürzen lassen.»[6]

Dieser geradezu verächtliche Kommentar hört sich unzensuriert gerafft so an: Was nimmt sich dieser unbedarfte Bergamasker Bergbauernsohn auf dem Stuhl Petri da heraus! – Giovanni Battista Montini (1897–1978), Erzbischof von Mailand und von Johannes eben frisch kreierter Kardinal, seinerzeit altge-

---

4 *Alberigo*, Geschichte I 2.
5 Ebd. 21 mit Anm. 35 und *Alberigo*, Geschichte II 2.
6 *Pesch*, Konzil 52.

dienter Kurienprälat, der von Pius XII. in die lombardische Hauptstadt abgeschoben worden war und als Paul VI. die Nachfolge von Johannes antreten wird, griff am Abend des Ankündigungstages erregt zum Telefon, rief einen vertrauten Ordenspater an und stieß angeblich folgende Worte in den Hörer: «Dieser heilige alte Knabe scheint nicht zu merken, in was für ein Hornissennest er da sticht.»[7] Der Mann am anderen Ende der Leitung beschwichtigte. Er sah es anders und darin ein Zeichen, dass der Heilige Geist aus der Kirche noch nicht ausgezogen sei.

1.3 Frühere Konzilsideen

Die Überraschung war also perfekt. Und doch: War die Konzilsidee der ausschließlich persönliche Entschluss des Papstes, auf Eingebung des Heiligen Geistes, wie er es selber suggerierte? Er sprach von einem «Strahl himmlischen Lichtes». Gegenüber den nichtkatholischen Beobachtern gab sich Johannes anlässlich der Konzilseröffnung im Oktober 1962 bescheidener: «Ich möchte mich nicht auf besondere Inspirationen berufen. Ich begnüge mich mit der rechten Lehre, dass alles von Gott kommt. In solcher Weise habe ich als himmlische Inspiration auch diese Idee des Konzils angesehen.»[8] Das Projekt einer römischen Diözesansynode wurde, wie Johannes 1960 bemerkte, von außen an ihn herangetragen. Aber auch was das Konzil betrifft, relativierte er seinen scheinbaren Alleingang. Es gibt einen Aktenvermerk des Papstes vom 2. November 1958, dass er ausgerechnet mit Kardinal Ernesto Ruffini (1888–1967), dem Erzbischof von Palermo, einem konservativen Exponenten, über ein Konzil gesprochen habe. Damit nicht genug. Gerüchteweise soll Kardinal Alfredo Ottaviani (1890–1979), Präfekt des Sanctum Officium und traditionalistischer Hardliner am Konzil, während des Konklaves im Oktober 1958 mit Roncalli über ein mögliches Konzil gesprochen haben.[9] Nun aber erhebt sich die Frage: Wählt man einen 77jährigen Mann zum Papst in der Erwartung, dass er ein Konzil veranstaltet? Wohl kaum. Wie sollte man sich erklären, dass die Konzilsankündigung fast alle aus der Fassung gebracht hat? Allerdings steht fest, dass Ottaviani zusammen mit Ruffini Anreger des Konzilsprojekts unter Pius XII. war. Etwas lag anscheinend doch in der Luft. Kar-

---

7   Ebd.
8   *Alberigo*, Geschichte I 7 f.
9   Vgl. *Hebblethwaite*, Johannes XXIII. 361 f.

dinal Josef Frings, der Erzbischof von Köln und alsbald einer der tragenden Säulen des Konzils, bemerkte nach der Rückreise vom Konklave seinem Sekretär gegenüber, dass möglicherweise bald ein Konzil stattfinden werde.[10]

Das Erste Vatikanum war seinerzeit im Spätsommer 1870 unter dem Druck der Ereignisse (Einmarsch der italienischen Truppen in Rom und Ausbruch des preußisch-französischen Krieges) auf unbestimmte Zeit vertagt worden. Es war ein Torso geblieben. Aber eine Wiederaufnahme stand über Jahrzehnte nicht zur Diskussion. Pius XI. (1922–1939) machte sich Gedanken über ein Konzil. Konkrete Planungen wurden, wie eben erwähnt, unter Pius XII. 1949 in die Wege geleitet. Die Öffentlichkeit erfuhr davon nichts. Die schwere Erkrankung des Papstes 1954 machte die Entwürfe definitiv zu Makulatur. Aber noch kurz vor seinem Tod 1958 bemerkte Pius XII. gegenüber seinem langjährigen Sekretär Robert Leiber, ein neues Konzil dränge sich auf. Die aktuellen Probleme der Kirche ließen sich nicht mehr mit dem Instrumentarium von 1870 (gemeint: mit dem Vatikanum I) bewältigen.[11]

1.4 Weitere ernüchternde Reaktionen auf die Konzilsankündigung

Die ernüchternde Reaktion oder Nichtreaktion auf die Konzilsankündigung setzte sich fort. Als der Papst am Tag nach der Bekanntgabe den *Osservatore Romano* aufschlug, musste er feststellen, dass auf der Titelseite seine antikommunistischen Ausführungen in der Basilika prangten, während die Nachricht über das Konzil auf eine Innenseite verbannt und erst noch auf das dürre Kommuniqué des Staatssekretariates beschränkt wurde. Die einflussreiche, offiziöse Zeitschrift *Civiltà cattolica* ignorierte fürs erste das Konzil mit Ausnahme von mageren amtlichen Mitteilungen.[12] Ein Beobachter fasste im August 1959 in einem Brief an Kardinal Montini die kuriale Stimmung und Haltung wie folgt zusammen: «Das Rom, das Du kennst und aus dem Du ins Exil geschickt wurdest, zeigt keine Anzeichen der Veränderung, obwohl es zuerst schien, es würde ein Wandel erfolgen. Der Kreis der alten Geier kommt nach dem ersten Schrecken zurück.»[13]

---

10 Vgl. *Alberigo*, Geschichte I 3, Anm. 6.
11 Mitteilung von Prof. *Eduard Christen*, Sachseln.
12 Vgl. *Hebblethwaite*, Johannes XXIII. 411; *Alberigo*, Geschichte I 21 f.
13 *Alberigo*, Geschichte I 22.

2 Begeisterung innerhalb – kritisches Abwarten außerhalb der katholischen Kirche

2.1 Hoffnungen und Spekulationen

Das Echo auf die Ankündigung des Konzils war außerhalb Roms und Italiens gewaltig. In Windeseile ging die Nachricht um den Erdball. Innerhalb weniger Tage und Wochen veränderte sich das katholische Grundgefühl. Es lag von Anfang an förmlich in der Luft, dass in der Geschichte der katholischen Kirche ein neues Kapitel aufgeschlagen werde. Auf eine Kurzaussage gebracht: Die Bischöfe antworteten fürs erste zaghaft, zurückhaltend und unschlüssig, während die Basis allgemein, wenn auch nicht flächendeckend, positiv überrascht, neugierig und erwartungsvoll reagierte. Das hing zum Teil sicher auch mit einem heilsamen Missverständnis zusammen. Was ein *Ökumenisches Konzil* ist, war dem Episkopat natürlich vertraut, nämlich eine inner-katholische Generalsynode. Weniger Informierte interpretierten das angekündigte Unternehmen spontan als ein inter-kirchliches Projekt. Nun, der Irrtum wurde rasch berichtigt, die Terminologie bereinigt. Das Interesse am Stellenwert von Konzilien wuchs trotzdem sprunghaft an. Hubert Jedins *Kleine Konziliengeschichte* im handlichen Taschenbuchformat wurde in Kürze ein theologischer Bestseller und in viele Sprachen übersetzt. Allerdings war der Papst an dieser bekömmlichen Fehlinterpretation nicht unschuldig. Denn er stellte bereits in der Ansprache das zu planende Konzil in einen gemeinverständlichen ökumenischen Kontext. Er verband damit eine «Einladung an die Gläubigen der getrennten Kirchen, mit uns an diesem Gastmahl der Gnade und der Brüderlichkeit teilzunehmen». (Diesen herausragenden Passus verstümmelte und verfälschte der Osservatore Romano im erwähnten lakonischen und lustlosen Bulletin. Aus den «getrennten Kirchen» wurden «getrennte Gemeinschaften» und die päpstliche Einladung zum «Festmahl» schrumpfte auf die trockene Aufforderung, die «Einheit zu suchen».)[14]

So sensationell neu war übrigens diese positive Grußadresse an die Schwesterkirchen nicht. Das Konzil von Trient hatte die Protestanten auch eingeladen, allerdings mit sehr mäßigem Erfolg. Beim Ersten Vatikanum ging eine Aufforderung an den ökumenischen orthodoxen Patriarchen in Konstantinopel. Aber da dieser die Einladung zuerst in der Presse gelesen hatte, bevor er den Brief erhielt, war er verstimmt und blieb zu Hause. Diesmal stellte man

---

14 Ebd. 17; *Hebblethwaite*, Johannes XXIII. 411.

sich geschickter an. Der Papst war durch seine früheren diplomatischen Tätigkeiten in Bulgarien und in Istanbul sensibilisiert.

Eines steht zweifellos fest: Vom Zweiten Vatikanum erwartete man vom Start weg Signale und Fortschritte für die ökumenische Bewegung, die über eine klimatische Verbesserung hinausgingen. *Ökumenischer Aufbruch* und *Reform der katholischen Kirche* standen von Anfang an parallel und paritätisch für das, worauf man beim künftigen Konzil setzte und was man von ihm wünschte und erhoffte. Vor allem galt das für die katholische Öffentlichkeit Westeuropas, speziell im deutschen und im französischen Sprach- und Kulturraum.

Dazu kam noch ein Drittes. Der Papst regte unabhängig von den beiden synodalen Unternehmungen eine Revision des Codex Iuris Canonici, des Kirchenrechts, an. Alsbald schossen – ohne realistische Anhaltspunkte – Spekulationen ins Kraut, die sich auf eine mögliche Änderung der Zölibatsgesetzgebung fokussierten. Diesbezügliche Hoffnungen und Illusionen sollten in den folgenden Jahren gelegentlich die Motivation von Theologiestudenten zum Priestertum begleiten und dementsprechend später Enttäuschungen oder gar Berufskrisen auslösen.

2.2   Die Stimmung im deutschschweizerischen Katholizismus

Die Konzilsankündigung weckte beispielsweise im deutschschweizerischen Katholizismus ein geballtes Interesse und Erwartungen, die sich bis zur Euphorie steigerten, ein Vorgang, der in der Kirchengeschichte einmalig dasteht. Der apologetische und bekennende Schulterschluss früherer Jahrzehnte wich einer unbefangeneren Begegnung mit den Christen der anderen Kirchen. Eine stark fühlbare Bereitschaft zu ökumenischer Öffnung hatte die belagerte Festung aufgeknackt. Der (katholische) Schweizerische Studentenverein (StV) veranstaltete an Ostern 1962 ein *Ökumenisches Symposium* unter Mitwirkung katholischer und reformierter Professoren, Studenten und Studentinnen. Zu diesem Zeitpunkt eine absolute Novität! Eine Flut von Beiträgen in Zeitungen und Zeitschriften, Broschüren und Büchern überschwemmte eine hellwach gewordene Leserschaft. Vorträge und Tagungen auf allen Ebenen deckten das breite Informationsbedürfnis ab. Ein ekklesiales Wir-Gefühl beseelte die damaligen Theologiestudenten. Die Studienplätze im Priesterseminar St. Luzi in Chur waren unversehens wieder «ausgebucht». «Kirche, das sind wir», gab sogar ein vifer Grünschnabel im Religionsunterricht zum Besten, der offensichtlich das Entscheidende aufgeschnappt hatte. Man stelle sich heutzutage eine solche Antwort vor. Diese Kurzformel vom Mit-dabei-Sein wurde zum Losungswort. Es war plötzlich eine Lust, katholisch zu sein. Und die Freude war ansteckend. Die Jahre zwischen Ankündigung und Beginn, also die Zeit zwischen Frühjahr 1959 und Herbst 1962, haben keine Parallele in der Geschichte der katholischen Kirche. Nie wurde ein Konzil mit solch froh gestimmtem Enthusiasmus begrüßt, und nie gab es in der Vergangenheit ein so breitflächiges und ein so ausgeprägtes *sentire cum ecclesia*. Während schon vor dem Beginn des Ersten Vatikanums die kirchliche Stimmung heillos vergiftet war, war sie diesmal auf weite Strecken zustimmend bis begeistert. Diese kirchlichen «Flitterwochen» hielten so lange an, bis das Konzil nach der Eröffnung Tritt zu fassen suchte und das «wandernde Gottesvolk» – auch ein lieb gewonnener Begriff jener Zeit – erste «Bremsspuren» hinterließ und «Pannenstreifen» beanspruchte.

An die Stelle einer Kirche, die in den vergangenen 150 Jahren durch einsame päpstliche Entscheidungen geführt wurde und an römische Direktiven gewohnt war, trat das Bild einer Gemeinschaft, die in dynamischer Entwicklung begriffen war. *Dialog* wurde zu einem prägenden Stichwort.

Katholisch sein heiße nicht einfach vatikankonform sein. Auch das sprach sich unter Theologen und Klerus herum. Ein noch relativ harmloser, aber unterschwelliger *antirömischer Affekt* war vernehmbar. «Man ist katholisch, aber nicht römisch», wurde gelegentlich als Bekenntnis formuliert. Der Papst war beliebt – auch das ein neues Phänomen in der Kirchengeschichte, wenn man «beliebt» von «geachtet» oder «gefürchtet», «respektiert» und «verehrt» unterscheidet. Es galt den «guten» Papst Johannes vor der «bösen» römischen Kurie zu schützen, mit ihren Kardinälen und den unzähligen und überflüssigen «Monsignori». Auf den Papst ließ man nichts kommen. Man nahm ihn in Schutz, auch dann, als er mit der Konstitution «Veterum Sapientia» vom 22. Februar 1962 vielen Priesteramtskandidaten einen Schrecken einjagte. Nach diesem Erlass, der mit ungewöhnlich feierlichem Pomp promulgiert wurde, hätten die systematischen Fächer der Theologie wieder auf lateinisch doziert werden müssen – ein Horrorszenarium für die Studierenden und für nicht wenige Professoren. Wirkung zeigte das kuriale Dokument hierzulande so gut wie keine. Man schob die Verantwortung für dieses Ansinnen vom Papst weg auf Leute im Apparat, die ihm diesen Ukas «untergejubelt» hätten.

Die Vorbereitungszeit auf das Konzil fiel in der Schweiz zusammen mit dem Ausbruch aus dem «katholischen Getto», dem Aufbrechen des «katholischen Milieus» oder der «katholischen Sondergesellschaft», wie die Terminologie der einschlägigen Geschichtsschreibung lautet.[15] Und das erwies sich als günstig und förderlich für die kirchliche Entwicklung. Ab 1960 wurde – unter anderem mit der Einführung der *Zauberformel* im Bundesrat[16] – die gesellschaftliche, politische und wirtschaftliche Gleichberechtigung des katholischen Bevölkerungsteils im schweizerischen Gesamtstaat allmählich, aber kontinuierlich verwirklicht. Das verbreitete Empfinden der Katholiken, auf Bundesebene Bürger zweiter Klasse zu sein, verschwand. Zwar harrten die besonders schmerzlichen konfessionellen Ausnahmeartikel der Bundesverfassung noch der Streichung. Aber der Boden war aufgelockert. Die Katholiken wurden selbstsicherer. Man trat aus der angespannten Abwehr und der Demonstrationshaltung heraus. Viele Kräfte wurden so freigelegt.

2.3   Unterschiedliche Echos außerhalb der katholischen Kirche

Außerhalb der katholischen Kirche war das Echo auf die Initiative des Papstes vorerst gemischt. Die Ankündigung des Konzils brachte einiges in Bewegung. Konstantinopel und Rom tauschten in rascher Folge offizielle Besuche aus, als Delegierte des Patriarchen und des Papstes. Man «stehe einer neuen Situation gegenüber», kommentierte eine griechische Zeitung. Auch die Koptische Kirche und das Patriarchat von Antiochia sandten positive Signale aus. Man dürfe dem Papst, der seine Erfahrung im Balkan gemacht habe, die nötige Feinfühligkeit zubilligen. – Recht zwiespältig und in etwa ungehalten betroffen meldete sich Genf zu Wort. Der Ökumenische Rat der Kirchen hatte seit dem Ende des Zweiten Weltkriegs eine rege Aktivität entfaltet, aber ohne diplomatische Beziehungen zum Vatikan. Nichts deutete eine Wende an. Der Generalsekretär des Ökumenischen Rates, der Holländer Willem Visser't Hooft, äußerte zwar öffentlich «ganz besonderes Interesse», und in Kürze kam es zum Kontakt zwischen ihm und Jan Willebrands, Landsmann und Präsident der «Katholischen Konferenz für ökumenische Fragen», einer Organisation, die über die Niederlande hinaus ausstrahlte. Aber dieses Interesse war ein Gemisch von Neugierde und Misstrauen. Billige Friedensrhetorik sei fehl am

---

15   Vgl. *Altermatt*, Weg; *Ders.*, Katholizismus.

16   Die «Zauberformel» besagt die ununterbrochene Koalitionszusammensetzung des Bundesrates (Schweizer Bundesregierung) zwischen 1960 und 2003: 2 FDP (Freisinnig-Demokratische Partei), 2 CVP (Christlichdemokratische Volkspartei), 2 SP (Sozialdemokratische Partei) und 1 SVP (Schweizerische Volkspartei).

Platz, verlautete aus diesen Kreisen. Ein Unionskonzil werde ja wohl nicht anvisiert. Man schickte sich aber an, das geplante Unternehmen aus nächster Nähe zu beobachten. Ähnlich tönte es von Seiten der Anglikanischen Kirche. Insgesamt beschlich Genf ein gewisses Unbehagen und die Befürchtung, Rom könnte die ökumenische Initiative plötzlich an sich reißen und Genf links überholen, nachdem der Vatikan bislang den Ökumenischen Rat ignoriert hatte. Das hätte noch gefehlt: Ausgerechnet die römische Kirche als neuer Pionier der ökumenischen Bewegung. Also alles in allem: Vorsicht schien angesagt und Achtsamkeit – im kommunistischen Osten in der Folge deutlicher als in den westlichen nichtkatholischen Kirchen. Das Moskauer Patriarchat agitierte zunächst heftig gegen die «Sirenen» aus dem Vatikan. Die Spaltung der Welt im Kalten Krieg wirkte sich sehr erschwerend aus. Das Gros der orthodoxen Kirchen lebte im sowjetischen Machtbereich. Sie waren nicht frei, was die angestammte Rivalität zwischen Konstantinopel und Moskau noch unterstrich. Visser't Hooft seinerseits machte den Vorschlag (wahrscheinlich, um die Ehrlichkeit der päpstlichen Initiative zu testen), die Frage der Religionsfreiheit einzubringen. Das war strategisch klug und im Nachhinein geradezu prophetisch. Dies war nicht nur an die Adresse Roms, sondern indirekt auch Moskaus gerichtet.[17] Schließlich wurde die Erklärung über die Religionsfreiheit indirekt auch die am meisten überzeugende ökumenische Verlautbarung des Konzils und eine eindeutige Korrektur des päpstlichen Syllabus von 1864, wenn nicht das eigentlich historische Konzilsdokument überhaupt.

3 Konzept und Konsultation

3.1 Neubeginn, nicht Anknüpfung an das Erste Vatikanum

Das nun zu planende Konzil sollte nach dem Willen des Papstes keine Fortsetzung des Ersten Vatikanums sein. Darum entschied sich Johannes XXIII. sehr bald, dass es offiziell den Namen Zweites Vatikanisches Konzil tragen werde. Also nicht Wiederanknüpfen, sondern Neubeginn. Eine konkrete Vorstellung hatte der Papst nicht, aber insofern ein klares Konzept, dass das Konzil einen *pastoralen Charakter* haben müsse. Das Konzil sollte nicht dazu dienen, frühere Entscheide nochmals zu bekräftigen, sondern eine schöpferische Rückbesinnung anvisieren, mit dem Ziel der zeitgemäßen und angemessenen Er-

---

17 Vgl. *Alberigo*, Geschichte I 29–33; *Jedin/Repgen*, Weltkirche 107.

neuerung, einer Re-form mit Blick auf die «forma Christi». Und eine spätere päpstliche Vorgabe bezeichnete die Einschränkung: Das Konzil sollte weder dogmatisch etwas «definieren» noch Verurteilungen oder Verdammungen vornehmen.[18] So verheißungsvoll das klang, es barg auch Gefahren. Das sollte sich zeigen. Die Kirchenkonstitution wurde ein theologisch tiefsinniges und erbauliches Exposé, aber für viele auch dehnbar bis unverbindlich. Die schönen Texte wogen leicht gegenüber den schweren Dogmen von einst, zumal mehrfach eine wiederkehrende, beschwörende Formel als Absicherung eingebaut wurde im Sinn von «unbeschadet der päpstlichen Vorrechte». Von glaubwürdiger Machtverteilung, geschweige denn Gewaltentrennung keine Spur.

Nochmals: Die Absicht war klar: Kein Kampfkonzil wie Trient und kein Widerstandskonzil wie das Vatikanum I. Recht kühn erhoffte sich der Papst ein «neues Pfingsten»[19].

3.2 Vorbereitungsregie

An Pfingsten 1959 sollte es dann konkreter werden. Am 17. Mai berief der Papst eine «Vor-Vorbereitungskommission» (Commissio antepraeparatoria). Der Vorsitz wurde Kardinalstaatssekretär Domenico Tardini (1888–1961) anvertraut, der zugleich als Präfekt der Kongregation für «Außerordentliche kirchliche Angelegenheiten» fungierte. Johannes XXIII. vermied es zwar wohlweislich, das Präsidium dem Vorsitzenden des Sanctum Officium, also dem Chef über die Glaubensdoktrin, Kardinal Ottaviani, zu übertragen. Aber er hievte auf diesen wegweisenden Posten einen ebenfalls mächtigen Kurienkardinal. Der Papst versuchte den Balanceakt, auf diese Weise die römische Kurie konzilsfreundlich zu stimmen, ohne das Konzil einfach der Kurie zu überlassen. Damit konnte er aber das Problem nicht entschärfen, das ihm fürderhin immer zu schaffen machte. Im Gegenteil: Er institutionalisierte auf diese Weise einen Dauerkonflikt. Lapidar gefasst: Die Kurie, die auf diesem Weg zu einer Schlüsselposition kam, lag in der Folgezeit im Clinch mit dem Konzil, und Johannes versuchte zu vermitteln. Er stand vielfach eingeengt und gequält dazwischen. Man kann dem Papst vorwerfen, dass diese Vorberei-

---

18 Papst Johannes hatte als junger Priester unmittelbar die ungerechte antimodernistische Verdächtigungskampagne gegen seinen Ortsbischof, dem er als Sekretär diente, mitbekommen. Das hat ihn nachhaltig geprägt. So etwas sollte nicht wieder vorkommen.
19 *Alberigo*, Geschichte I 36–48.

tungsregie der entscheidende Fehler seines Pontifikats war, der ihn möglicherweise auch die Gesundheit gekostet hat. Nachdem er den Mut aufgebracht hatte, ein Konzil ohne Konsultation der Kurie einzuberufen, hätte er auch die Kraft aufbringen müssen, die Vorbereitung einem Gremium außerhalb der römischen Dikasterien anzuvertrauen.

Papst Paul VI. wird nach dem Tod von Johannes XXIII. im Juni 1963 und der etwas improvisiert bis chaotisch verlaufenen ersten Konzilssession vor demselben Problem stehen. Er band einerseits energischer als sein Vorgänger die Kurie zurück, ernannte die Kardinäle Döpfner, Lercaro, Suenens und Agagianian zu Moderatoren (Präsidenten) des Konzils und gab diesem endlich eine zielstrebige und kompetente Führung. Das Signal war deutlich. Die drei ersten gehörten der fortschrittlichen Richtung des Konzils an und repräsentierten dessen Mehrheitsströmung, nur Agagianian verkörperte die Kurie und damit die Opposition. Andrerseits musste auch Papst Paul seinen ihm unterstellten Behörden eine nicht unwichtige Konzession machen. In einer Ansprache vor den Mitgliedern der römischen Kurie am 21. September 1963 – drei Monate nach seiner Wahl und wenige Tage vor Eröffnung der zweiten Session – beschwichtigte er die vatikanischen Prälaten mit der Versicherung, dass die Reform der Kurie Sache des Papstes sein werde. (Damit lag er in der Tradition von Trient.) Aber er forderte seine vatikanische Zuhörerschaft auf, sich endlich loyal hinter ihn und das Konzil zu stellen. Nach Abschluss des Zweiten Vatikanums wird Paul VI. mit der Errichtung einer periodisch in Rom tagenden «Bischofssynode» wieder einen Schritt den konziliaren Erwartungen entgegenkommen. Er stellte dieses Gremium der Kurie zwar zur Seite, aber nicht über sie. Immerhin sollte die Bischofssynode die vom Konzil unter Missfallen der Kurie beschlossene «Kollegialität» des Bischofsamtes weiter erhalten und entwickeln. Was daraus wurde, blieb allerdings bis heute hinter den Erwartungen zurück.

3.3 Phase der Konsultation

Im Juni 1959 ging die große Vernehmlassung in die Welt hinaus. Angeschrieben wurden die 2594 Bischöfe und 156 Ordensobere, ferner die katholischen Universitäten und Fakultäten. Die Vor-Vorbereitungskommission sah gelenkte Fragebogen vor. Der Papst wusste dies zu verhindern. Die Adressaten sollten nicht manipuliert werden, vor allem die Bischöfe wurden eingeladen, frei ihre Anliegen schriftlich zu formulieren. Im Verlauf eines Jahres gingen

2812 «Postulate» ein.[20] Die Ernte fiel – wie könnte es anders sein – gemischt aus, von nichtssagend und enttäuschend, von bewahrend bis anregend. Viele Bischöfe waren anscheinend überfordert von der päpstlichen Aufforderung, nicht angeforderte Anliegen und Meinungen nach Rom zu schicken. Ein Konzil war für sie etwas völlig Unvorhergesehenes. Anleitungen dazu gab es nicht. Es antworteten 76,4 Prozent der Angeschriebenen. Etwas weniger als 600 potentielle Konzilsväter reagierten nicht. Die meisten Voten waren individuell. Zum Teil wurden nationale Antworten versucht. Eine gemeinsame Rückmeldung der Schweizerischen Bischofskonferenz scheiterte an internen Meinungsverschiedenheiten.[21] Die mexikanische Bischofskonferenz hatte nur einen Wunsch: die Definition der «Geistlichen Mutterschaft Mariens». Originell äußerte sich ein indonesischer Prälat. Er schlug eine Dezentralisation des Konzils in sieben Kulturbereiche vor. Diverse Eingaben wiederum trieften vor Höflichkeiten, Schmeicheleien und Ergebenheitserklärungen.

Aus den verschiedenen Kategorien von Antworten werden zwei profilierte herausgegriffen, die sich als bestimmend erwiesen.[22] Einer *ersten* ging es um Bewahrung des «Status quo», Vertiefung und Abrundung dessen, was war und was ist. Auffällig war, wie erwähnt, ein stark marianischer Trend, der um die Thematik von Miterlöserin und Gnadenvermittlerin kreiste. Aber auch die Lehre Pius' XII. über die Kirche als «Leib Christi» verdiene es, dogmatisiert zu werden. Verurteilen müsse das Konzil allem voran den Kommunismus, aber auch den Existentialismus, den Neo-Modernismus mit seinem dogmatischen Relativismus und der Situationsethik. Solche Stellungnahmen kamen vor allem aus dem lateinischen Kulturraum.

Eine *zweite* Kategorie von Antworten, insbesondere aus dem mittel-nord-westeuropäischen, aber auch aus dem orientalisch-asiatischen Raum, wünschte die Anpassung der Kirche an ihr kulturelles und gesellschaftliches Umfeld. Unüberlesbar war das Postulat nach einer wirklichen Kollegialität. Ebenfalls wurde das Interesse an einer innovativen, nicht bloß kosmetischen Liturgiereform angemeldet. Da las man den Wunsch nach Konzelebration und nach verbreiteter Einführung der Volkssprache. Der Ständige Diakonat wurde genannt. Anstöße für biblische Bewegungen und ökumenische Bestrebungen wurden formuliert. Der holländische Kardinal und Erzbischof von Utrecht, Bernard Alfrink, schlug gleich neue ekklesiologische Termini vor:

---

20 Vgl. *Jedin/Repgen*, Weltkirche 104.
21 Vgl. *Alberigo*, Geschichte I 115.
22 Vgl. ebd. 121–168.

«Gemeinschaft der Glaubenden» und «Volk Gottes». Auch Sorgen wurden zu Papier gebracht. Es fehlte nicht an Kritik an der Arbeitsweise der Kurie, an den Methoden des Sanctum Officium, am Umgang mit forschenden Theologen. Verlangt wurden eine Reform des Index und die Abschaffung des Anti-Modernisteneides. Alles in allem waren das Perspektiven und Desiderate, von denen viele vom Konzil und danach umgesetzt wurden.

Die «römischen» Voten, die Wortmeldungen der Kurienwürdenträger, der Verantwortlichen der Diözese Rom und der suburbikarischen Bistümer sowie der in Rom ansässigen Generaloberen, bewegten sich im Allgemeinen zwischen Gleichgültigkcit und Misstrauen. Der Kardinalvikar von Rom bekrittelte den katholischen Philosophen Jacques Maritain (1882–1973), einen wichtigen Bezugsintellektuellen von Kardinal Montini. Maritain wird die Erklärung des Konzils über die Religionsfreiheit inspirieren. Es gab aber auch in diesen Kreisen Ausnahmen. Prälaten pacellischer Prägung, die vom Jesuiten Riccardo Lombardi beeinflusst waren, befürworteten durchaus ihrerseits eine Reform des vatikanischen Apparats.

3.4 Eigentliche Vorbereitungen des Konzils

An Pfingsten 1960 leitete der Papst die eigentliche Vorbereitung ein. Neun Kommissionen wurden gebildet und wiederum administrativ und thematisch an die römischen Behörden angelehnt. Über dem Ganzen wachte die personell reich bestückte «Zentralkommission». In diesen Gremien nahmen auch theologische Fachexperten, die «Periti», Einsitz. Die «Schemata», also die Vorlagen, die zuhanden des Konzils erarbeitet wurden, atmeten den Geist vergangener Theologie und Disziplin, bestanden weitgehend aus Zusammenstellungen alter Dokumente und fanden anscheinend auch das Wohlgefallen des Papstes, wie aus seinen Randbemerkungen hervorging. Aber genau diese Dominanz der Kurie sollte die Gegenreaktion des Konzils hervorrufen. Mit Ausnahme des Schemas über die Liturgie wurden alle nachher vom Konzil gründlich zerzaust oder zurückgewiesen. – Eine Spezialität in dieser Vorbereitungsstruktur bildete das «Sekretariat zur Förderung der Einheit der Christen», unter dem Kürzel «Einheitssekretariat» eingebürgert. Die Leitung wurde dem deutschen Jesuiten Augustin Bea unter gleichzeitiger Beförderung zum Kardinal anvertraut. Das war die organisatorische Sensation vor dem Konzil. Der Papst gewährte diesem Gremium volle Arbeitsfreiheit. Es wurde zum zwischenkirchlichen Umschlagplatz und zur «ökumenischen Labor- und Versuchsstation» am Konzil. Johannes Feiner, Dogmatikprofessor am damaligen Priesterseminar Chur, wurde zum «Konsultor» am Einheitssekretariat berufen und betätigte sich als theologischer Dolmetscher. Im «Dekret über den Ökumenismus» wird er zum Begriff «Hierarchie der Wahrheiten» einen eigenen Beitrag einbringen.

3.5   Die Diözesansynode der Stadt Rom

Ein kurzes Wort zur Diözesansynode der Stadt Rom, die in der Lateranbasilika im Januar 1960 abgehalten und fast wie eine Hauptprobe des Konzils angesehen wurde. Sie war ein «Flop», ein Beispiel, wie man es nicht machen durfte. Von kreativer pastoraler Arbeit kaum die Rede. Die Priester von Rom gaben sich desinteressiert und glänzten durch Abwesenheit. War Präsenz des Papstes angesagt, mobilisierte man die internationalen Kollegs und beorderte studierende Neupriester aus aller Welt als Statisten in den Lateran, um das Erscheinungsbild der Synode aufzubessern. Den Papst konnte man mit dieser römischen Variante von potemkinschen Dörfern nicht übertölpeln. Beim Verlassen einer Sitzung bemerkte Johannes zu einem Begleiter: «Ich habe nicht gewusst, dass der römische Klerus so jung ist.»[23]

4   Kriegsgefahr und Krankheit des Papstes

4.1   Eröffnung des Konzils

Der 11. Oktober 1962 war der große Tag im Leben Johannes' XXIII., der Zenit seines Pontifikats. Er setzte ein Zeichen, indem er mit der bischöflichen Mitra einzog und nicht mit der Tiara, der Papstkrone, und er ging eine lange Strecke zu Fuß. Aber der Höhepunkt war seine Eröffnungsrede. Sie hatte historisches Format. Die Spitzenstelle lautete:

> «In der täglichen Ausübung unseres Hirtenamtes verletzt es uns, wenn wir manchmal Vorhaltungen von Leuten anhören müssen, die zwar voll Eifer, aber nicht gerade mit einem großen Sinn für Differenzierungen und Takt begabt sind. In der jüngsten Vergangenheit bis zur Gegenwart nehmen sie nur Missstände und Fehlentwicklungen zur Kenntnis. Sie sagen, dass unsere Zeit sich im

---

23 Ebd. 434–436 und Mitteilung von Prof. *Eduard Christen*, Sachseln.

Vergleich zur Vergangenheit nur zum Schlechteren hin entwickle. Sie tun so, als ob sie nichts aus der Geschichte gelernt hätten..... Wir müssen diesen Unglücks-propheten widersprechen, die immer nur Unheil voraussagen, als ob der Unter-gang der Welt unmittelbar bevorstünde.»[24]

Johannes legte Wert darauf zu betonen, dass er diese Ansprache eigenhändig erarbeitet habe, «mit Mehl aus meinem eigenen Sack»[25]. Sie war sein Wurf. Die spätere Veröffentlichung konnte nicht verhindern, dass sich der Papst ei-nige «Korrekturen» von Seiten vatikanischer Glaubenswächter gefallen lassen musste. Aus der «Freiheit der Religion» wurde «Freiheit der Kirche». An ande-rer Stelle war im Entwurf von «nichtchristlichen Religionen» die Rede. Die kuriale Zensur änderte das vorsorglich in «noch nicht christliche Religio-nen».[26] Seiner langjährigen Briefpartnerin Adelaide Coari, mit der ihn eine geistliche Freundschaft verband, klagte der Papst sein Leiden an der «Umge-bung» im Vatikan, am Umgang mit ihm und der Wahrheit.[27]

Zweierlei gilt es bei diesem zitierten Passus zu unterstreichen. Zum einen war es ein anderer Ton, der angeschlagen wurde, kein moralisierender, lar-moyanter, wie man es kirchlicherseits gewohnt war. Es war endlich auch nicht mehr diese Mischung von trotzigem Triumphalismus und ekklesialem Selbst-mitleid. Zum andern war das Wort des Papstes ein Trost in äußerst bedrängter Zeit.

4.2 Politisches Umfeld: der Höhepunkt des Kalten Krieges

In diesem Oktober nämlich steuerte während elf Tagen der Kalte Krieg sei-nem heißen Höhepunkt zu. Fünf Tage nach der Konzilseröffnung, am 16. Oktober 1962, wurde der amerikanische Präsident John F. Kennedy mit Fotos eines Spionageflugzeugs über Kuba konfrontiert, die eindeutig zeigten, dass die Sowjets auf dem Herrschaftsgebiet Fidel Castros Mittelstreckenrake-ten installierten. Kennedy entschied sich für eine Seeblockade gegen Kuba. Am 27. Oktober stellte er Chruschtschow ein Ultimatum, binnen 24 Stunden die Bereitschaft zu erklären, die Raketen abzutransportieren. Man hielt den Atem an. Die Welt schien wie nie zuvor und danach am Rand eines Atom-

---

24 Zitiert nach *Alberigo*, Geschichte II 18.
25 Ebd. 17, Anm. 30.
26 Vgl. *Kaufmann/Klein*, Johannes XXIII. 107–150, speziell 113 und 126.
27 Vgl. ebd. 47 f. mit Anm. 35.

kriegs zu stehen. Da kam Chruschtschow der Forderung nach. Damit dieser sein Gesicht wahren konnte, verzichtete Kennedy auf eine Invasion Kubas und erklärte sich bereit, amerikanische Atomwaffen aus der Türkei zu entfernen.

Das Konzil unterbrach am 20. Oktober die Tagesordnung und schickte einen Friedensappell an die Welt. Nun wurde der Papst höchstpersönlich aktiv. Aber er sondierte vorsichtig auf dem diplomatischen Feld, ob seine Einmischung willkommen wäre. Die Sache war heikel. Der Vatikan hatte mit dem Kreml sowieso keine diplomatischen Kontakte, und Kennedy musste als Katholik jeden Anschein vermeiden, dass er aus dem Vatikan Anweisungen entgegennehme. Der Präsident ließ aber ausrichten, dass er eine Initiative des Papstes begrüßen würde, die USA aber von den Forderungen an den Kreml keinen Abstrich machen könnten. Chruschtschow hatte schon früher Annäherungen an den Vatikan signalisiert. Er lobte den Papst, wenn dieser sich um Frieden bemühte und gratulierte ihm am 25. November 1961 zum achtzigsten Geburtstag. Plötzlich wurden päpstliche Worte in den offiziellen sowjetischen Medien abgedruckt, was früher undenkbar war. Am Tag der Konzilseröffnung erhielt das Einheitssekretariat ein Telegramm, dass das Moskauer Patriarchat zwei Beobachter nach Rom senden werde. Dergestalt ermutigt, schickte der Papst eine Botschaft an die in Rom ansässigen diplomatischen Vertretungen der USA und der Sowjetunion. Am 25. Oktober rief Johannes XXIII. in einer französisch gehaltenen Radioansprache zu Verhandlungen über die Beendigung des Konflikts auf. Am selben Tag veröffentlichte die *Prawda* unter der Überschrift «Rettet die Welt» einen Bericht über die päpstliche Friedensinitiative.

Ein direkter Einfluss des Papstes auf die Beilegung der Kubakrise ist nicht belegbar. In der Folge aber brach Tauwetter zwischen dem Vatikan und dem Kreml an. Der katholische ukrainische Metropolit Josef Slipyi wurde aus der Gefangenschaft entlassen. Chruschtschow beförderte seinen Schwiegersohn zum Rom-Korrespondenten der Regierungszeitung *Iswestija*. Dieser wurde später vom Papst in Privataudienz empfangen. Beim Tod Johannes' XXIII. im Juni 1963 senkten die sowjetischen Schiffe im Hafen von Genua ihre Flaggen auf Halbmast.[28] Es schmerzte indes den Papst in seinen letzten leidvollen Wochen, dass man ihn für den Wahlerfolg der Kommunisten bei den italienischen Parlamentswahlen Ende April 1963 verantwortlich machte.

---

28 Vgl. *Alberigo*, Geschichte II 112–124.

4.3 Schwere Krankheit des Papstes

Nicht nur die Bedrohung des Weltfriedens wurde in diesen Tagen offenbar, sondern auch das Leben des Papstes war in Gefahr. Drei Wochen vor Eröffnung des Konzils musste der Papst von seinen Ärzten die Diagnose einer schweren Krebserkrankung zur Kenntnis nehmen. In seiner grandiosen Eröffnungsansprache wuchs der Papst, den Schmerzen trotzend, über sich hinaus.[29] Geahnt hat er wohl schon früher etwas.[30]

4.4 Atmosphärisches um den Auftakt

Während das Erste Vatikanum in einem Querschiff Platz hatte, benötigte das Zweite Vatikanum das Hauptschiff der Peterskirche. Die feierliche Liturgie zur Eröffnung war eher der Tradition als dem Aufbruch verpflichtet. Der Liturgiker Josef Andreas Jungmann vermerkte: «Stil Leo XIII.» Der reformierte Basler Theologe und offizielle Konzilsbeobachter Oscar Cullmann konnte bei einem Empfang die Bemerkung nicht unterdrücken: «Ist das Ihre liturgische Bewegung?» Die Liturgie gab auch in den folgenden Wochen noch einiges zu reden. Jede Generalkongregation (Vollversammlung) des Konzils wurde mit einer Messe begonnen, die «da vorne» jemand zelebrierte. Konzelebration war noch unbekannt. Die andächtigen Konzilsväter beteten während der Liturgie den Rosenkranz oder lasen im Brevier, weniger fromme raschelten mit den Akten, die von den Bediensteten verteilt wurden, oder plauderten miteinander.[31]

Nicht zu vergessen die Eitelkeiten und Empfindlichkeiten um Präzedenz, die sich schon vor der Eröffnung einstellten. Einige Väter konnten ihre Neugier nicht unterdrücken und inspizierten die Sitzordnung. Da gab es böses Blut, dass die orientalischen Patriarchen nach den Kardinälen kamen. Für den melkitischen Patriarchen Maximos IV., der sich als origineller Denker und Redner entpuppte, Grund genug, aus Protest der Eröffnungszeremonie fern

---

29 Vgl. ebd. 124–127.
30 Im Juli 1962 nahm ich in Rom an einer allgemeinen Audienz für Jugendgruppen teil. Der Papst betonte in seiner Ansprache, dass seine Zuhörerschaft das Leben noch vor sich habe. Ihm blieben nur noch «alcuni mesi» (einige Monate), sagte er scheinbar beiläufig. Mir kam es damals als Alterskoketterie vor.
31 Vgl. *Alberigo*, Geschichte II 14 und 220.

zu bleiben, weil er in der Rangordnung eine Geringschätzung der östlichen Kirchen witterte.[32]

Für die Erquickung des Leibes und die Entspannung des Geistes sorgte die ebenfalls in der Peterskirche eingerichtete Cafeteria, die bald den Spitznamen *Bar Jona* erhielt und der mitmenschlichen Kommunikation, aber auch der informellen theologischen Diskussion unschätzbare Dienste leistete.[33]

5   Von Gehversuchen zur Selbstständigkeit

5.1   Hoffnung auf einen raschen Konzilsabschluss

Das Konzil begann mit einer Kombination von Bereitschaft und Ratlosigkeit. Es war, wie wenn der Papst den Weltepiskopat ohne feste Regeln auf eine riesige Spielwiese geschickt hätte. Niemand kannte aus persönlichem Erleben den Ablauf eines Konzils, und man kannte sich gegenseitig nicht. Da saß zwar in der Konzilsaula ein steinalter italienischer Bischof namens Alfonso Carici, der als siebenjähriger Knabe beim Ersten Vatikanum 1869/70 ministriert hatte. Als er am 9. November 1962 seinen hundertsten Geburtstag feierte, spendete ihm das Konzil eine stehende Ovation. Der rüstige Greis nahm wacker an den Generalkongregationen teil und starb ein Jahr später.[34] Während ein normales Parlament periodisch sich versammelt und sich meist über die Dauer einer Session oder einer Legislaturperiode im Klaren ist, hatte man vom zeitlichen Rahmen des Konzils nicht die geringste Ahnung. Im Nachhinein scheinen die vier Tagungsperioden von 1962 bis 1965 wie logisch und inhaltlich programmiert und abgestimmt. Aber davon kann keine Rede sein. Man vernehme und staune, Johannes XXIII. hatte allen Ernstes die Hoffnung gehegt, das Konzil an Weihnachten 1962 wieder abzuschließen. Welch seltsame Proportionen! Eine über dreijährige Vorbereitungszeit in eine bloß zweieinhalb Monate dauernde Diskussions- und Beschlussphase einmünden zu lassen? Dies ein weiteres verwirrendes Element an Papst Roncalli. Später spekulierte er mit der Möglichkeit, das Konzil im Dezember 1963 zu beenden,

---

32 Vgl. ebd. 7–10.
33 Seinerzeit während des Ersten Vatikanums hatte eine analoge Gaststätte eine ebenso wichtige Funktion, weil damals die Akustik dermaßen miserabel war und das Latein in aller Herren und Länder Münder so unverständlich, dass während den Plenarsitzungen Bischöfe scharenweise aus Ärger, Frust und Langeweile in die Schenke flüchteten.
34 Vgl. *Alberigo*, Geschichte II 207.

zum 400. Jahrestag des Abschlusses des Konzils von Trient. Aber was sollte eine solch seltsame Jubiläumsvorgabe? Das Konzil von Trient hatte immerhin achtzehn Jahre gedauert. Diese nervöse Hast und unruhige Hoffnung, die sich des Papstes bemächtigten, müssen wohl im Zusammenhang mit seiner tödlichen Erkrankung gesehen werden. Er hätte allzu gern die Krönung seines begonnenen Werkes erlebt. Aber auch Paul VI., der ohne Zweifel ein entschiedener Befürworter des Konzils war und nicht zuletzt deswegen gewählt wurde, verspürte bald einmal den Drang, das Konzil gewiss anständig, aber zügig über die Bühne zu bringen, als sei ihm das Unternehmen doch nicht mehr ganz geheuer.[35] Man könnte den Eindruck gewinnen, als wollte er mit seiner damals sensationellen Reise ins Heilige Land Anfang Januar 1964 unter anderem auch dem Konzil ein bisschen die Schau stehlen und das Papsttum markieren. Papst Montini hatte ohnehin einen Sinn für starke symbolische Gesten. Dass er zusätzlich 1964 eine Kirchenenzyklika «Ecclesiam suam» veröffentlichte, während gleichzeitig das Konzil die Konstitution über die Kirche erarbeitete, wirkt befremdend. Die Kirchenkonstitution «Lumen gentium» nahm auf alle Fälle wenig Bezug auf die Enzyklika. Vermutet wurde auch, dass der Papst mit «Ecclesiam suam» die Minderheit auf dem Konzil zufrieden stellen musste. Es ist darin viel vom päpstlichen Primat und von der Vollmacht der Bischöfe die Rede und nur einmal vom «Volk Gottes». Zudem kam der Papst auch bei «Lumen gentium» – direkt ins Konzil eingreifend – der hartnäckigen Minderheit entgegen. Die «Nota explicativa praevia», die als Interpretation von höchster Stelle dem Text sogar vorausgeschickt wurde, streicht die Primatslehre des Vatikanums I nochmals heraus. Empfand Paul VI. selber das Konzil zunehmend als Konkurrenz, zumal er es mit der Popularität Johannes' XXIII. nicht annähernd aufnehmen konnte?[36]

5.2   Schlaglichter aus der ersten Tagungsperiode

Der griechische Name für Konzil lautet Synodos (Synode), das heißt gemeinsamer Weg. Ohne feierlich erklärte Absicht wurde es in der Tat, aber manchmal auch widerwillig zu einem Modell des wandernden Gottesvolkes. In die-

---

35 Vgl. *Alberigo*, Geschichte III 509–518. Der Papst wurde im Bestreben, eine raschere Gangart einzuschlagen und die Konzilsarbeiten zu beschleunigen, von Kardinal Döpfner, einem der Konzilsmoderatoren, unterstützt. Zum «Döpfner-Plan», der aber nicht umgesetzt werden konnte, vgl. ebd. 407–416 und 507–515.

36 Vgl. ebd. 393–400; 515–532.

ser Zeit legte das Konzil eine wichtige Wegstrecke zurück. Es fand zu seiner Gangart, es lief sich warm. Man bildete Seilschaften. Die zusammenrückende Mehrheit einigte sich, ausgetretene Pfade zu verlassen und mit flottem Schritt neue Routen zu erschließen, während die Minderheit darauf aus war, das Tempo zu drosseln und schadhafte Wegstücke auszubessern und zu sichern. Oft stand man sich im Weg. Die Wanderung kam gelegentlich zum Stillstand.

Dabei war alles nach der Intention der Kurie bestens vorbereitet. Die Arbeit begann am 13. Oktober mit der Wahl der Konzilskommissionen. Ein Drittel davon ernannte der Papst. Die Konzilsväter erhielten für ihren Teil zwar leere Wahlzettel, aber die sorgfältig ausgewählten Namen gleich mitgeliefert, unter dem Vorwand der Vereinfachung. Das war ein raffinierter Schachzug, denn die Vertreter der Kurie hätten sich auf diese Weise die Mehrheit gesichert. Der Generalsekretär des Konzils, Pericle Felici, wollte unverzüglich zur Wahl schreiten. Die Geschäftsordnung dieses Tages hatte keine Debatte vorgesehen. Da ergriff, ohne das Wort erhalten zu haben, der französische Kardinal Achille Liénart am Präsidiumstisch das Wort und stellte, unterstützt von den Kardinälen Frings, Döpfner und König den Antrag, die Wahlen zu verschieben, da man sich zu wenig kenne. Diese Wortmeldung wurde mit lang anhaltendem Beifall quittiert. Der Antrag wurde faktisch «per acclamationem» angenommen und die Sitzung geschlossen. Das war die Geburtsstunde der Selbstbestimmung des Konzils. Kardinal Siri war konsterniert: «Die Nordeuropäer sind böse auf Rom.» Ein afrikanischer Bischof hingegen kommentierte: «Das war eine Konfrontation, die den Weg zum Geist der Kollegialität geöffnet hat.» Und ein amerikanischer Bischof: «Wir merkten, dass wir ein Konzil waren – und keine Klasse von Schuljungen, die man zusammengetrommelt hatte.»[37]

Johannes XXIII. hat das Konzil in Gang gesetzt. Aber die Dynamik des Konzils setzte sich in Bewegung, ohne vom Papst geführt zu sein. Johannes wollte das Konzil fern von festen Vorgaben in die freie Gestaltung entlassen. Diese «Planlosigkeit» war sein Plan. Er wusste, dass ein Teil der Bischöfe «lieber schweigt» und fügte hinzu: «Wer außerdem schweigt, das muss ich selber sein.»[38] Umso unbegreiflicher die Vorstellung des Papstes, das Konzil so bald wie möglich zu Ende zu führen.

---

37 *Alberigo*, Geschichte II 31–38; *Pesch*, Konzil 90.
38 *Alberigo*, Geschichte II 81.

5.3 Eingreifen des Papstes

Johannes XXIII. blieb den Generalkongregationen fern, aber ihnen mit lebhafter Anteilnahme verbunden. Und dann griff er plötzlich selber ein – ein weiterer Eklat. Mitte November begann die Debatte über das Schema von den Quellen der Offenbarung, das vom Jesuiten Sebastian Tromp, Professor an der Gregoriana, ausgearbeitet worden war. Das ganze war ein Entwurf, der nicht zuletzt das Eindringen der modernen Bibelkritik in die Exegese verhindern sollte. Die anschließende Diskussion war heftig. Ein Rückweisungsantrag erhielt zwar die absolute Mehrheit, aber nicht die erforderliche Zweidrittelmehrheit. Trotzdem war das Thema blockiert. Der Papst entwirrte entgegen der Geschäftsordnung den Knoten, indem er eine neue gemischte Kommission zur Bearbeitung der Vorlage unter dem paritätischen Vorsitz der Kardinäle Ottaviani und Bea einsetzte. Das war typisch Johannes. Zweifellos klug und weise, auch wenn das Endergebnis letztlich nicht so spektakulär war. Es entstand ein klassisch katholisches *sowohl – als auch*. Aber es konnten wenigstens beide Seiten damit leben.

6 Konflikt und Kompromiss

6.1 Debatte um die Liturgiekonstitution

Der ersten Session aber drückte die Liturgiedebatte den Stempel auf. Das erste Traktandum auf der Tagesordnung des Konzils, das in der Schlussabstimmung während der zweiten Sitzungsperiode am 22. November 1963 – übrigens der Tag der Ermordung Kennedys – mit 2158 gegen 19 Stimmen angenommen und vom Papst am 4. Dezember bestätigt und verkündigt wurde – ausgerechnet die Liturgiekonstitution wurde zum Ausgangspunkt und Zentrum der sich an das Konzil anschließenden Polarisierung, die bis heute nicht ausgestanden ist. Darin liegt eine schwere Tragik des Zweiten Vatikanums. Das ausgearbeitete Schema hatte eine Vorlage geliefert, welche die Grundanliegen der liturgischen Erneuerungsbewegung aufgenommen hatte, die da waren: aktive Beteiligung des Volkes am Gottesdienst, Einführung der Volkssprache beim Wortgottesdienst der Eucharistiefeier und der Sakramentenspendung, Wiedereinführung der Kommunion unter beiden Gestalten, Konzelebration, Reform des Stundengebetes und natürlich Überarbeitung der liturgischen Bücher. Viel zu reden gab allein das Latein. Es kam gelegentlich erschreckende Ignoranz zum Vorschein. Ein brasilianischer Bischof blamierte sich mit dem Einwand, der römische Ritus sei von Petrus persönlich eingeführt worden. Darum müsse man ihn unverändert belassen.[39]

Zudem zeichneten sich die Richtungskämpfe während des Ringens um die Neugestaltung der Liturgie deutlicher ab. Die Parteien begannen sich zu formieren. Die Traditionalisten hatten vor allem in Kardinal Ottaviani, der daneben über eine hervorragend menschlich-soziale Ader verfügte, eine Bezugsperson in theologischen Fragen. In der Liturgiedebatte beschwor dieser das Plenum, man befinde sich «auf heiligem Boden» und malte das Schreckgespenst einer «Revolution». Als er einmal die Redezeit massiv überschritt, entzog ihm der Vorsitzende, der Kardinalkollege Alfrink, das Wort, was wiederum einen donnernden Applaus auslöste. Diese doppelte Abfuhr war für Ottaviani nun doch des Schlimmen zuviel. Wütend und grollend blieb er während zwei Wochen den Plenarversammlungen fern.[40] Witze machten in der Folge die Runde. Einer davon:

> «Ottaviani und Ruffini steigen in ein Taxi mit der Order, zum Konzil zu fahren. Sie tauschen sich bekümmert über die Irrlehren des Konzils aus. Plötzlich bemerken sie, dass sie außerhalb der Stadt sind und nach Norden einspuren. Sie herrschen den Fahrer an. Der ganz ungerührt: Bitte keine Aufregung, Eminenzen, Sie wollen doch zum Konzil, ich fahre Sie nach Trient.»[41]

Um einen brasilianischen Bischof gruppierte sich die konservative Fraktion des «Coetus Internationalis Patrum».[42] Ein aktiver Mitstreiter in dieser Partei war der französische Bischof Marcel Lefebvre. Es war eine rege und stramme Formation, aber nicht alle Bischöfe der Minderheit gehörten dem «Coetus» an. Die große Mehrheit fand sich im «Mitteleuropäischen Block» – dies eine polemische Fremdbezeichnung. Der Einfluss dieser breiten Gruppe bestimmte die Grundrichtung des Konzils. Allerdings wurde sie unter geographischem Aspekt auch «Weltweite Allianz» genannt, und sie war locker organisiert, was die Wirkung schmälerte. Den harten Kern dieser Gruppierung bildeten die Kardinäle Frings, König, Liénart, Suenens und Alfrink. Es war, zusammen mit hervorragenden «Periti», eine ergiebige theologische und sprachliche deutsch-französische Zusammenarbeit. Eine Chronik umschrieb

---

39 Vgl. ebd. 152, Anm. 142.
40 Vgl. ebd. 151 f.
41 *Vallquist*, Konzil 36.
42 Zum Folgenden vgl. *Alberigo*, Geschichte II 232–245; *Jedin/Repgen*, Weltkirche 113. – Suenens war früher Vizerektor der Universität Löwen.

die Symbiose so: «Der Rhein fließt in den Tiber». Eine scherzhafte Bezeichnung ortete das Schwergewicht des Zweiten Vatikanums: «Konzil von Löwen mit Tagungsort Rom». Aber die Grenze zwischen den Gruppen – und die genannten waren nicht die einzigen – war fließend. Gerade die fast einstimmige Annahme der Konstitution über die Liturgie offenbarte dies. Viele Bischöfe Lateinamerikas, Afrikas und Asiens zeigten sich, obwohl zum großen Teil in Rom ausgebildet, für liturgische Experimente durchaus aufgeschlossen.

6.2 Der Einfluss Yves Congars

Die Konstitution über die Kirche und das von der Mehrheit des Konzils getragene Kirchenverständnis ist ohne den Beitrag des französischen Theologen, des Dominikanerpaters Yves Congar (1904–1995), nicht denkbar. Der im französisch-deutschen Grenzgebiet in den Ardennen Aufgewachsene verkörperte die fruchtbare Synthese zwischen französisch- und deutschsprachiger Nachkriegstheologie. Seine Stärke war die Ekklesiologie. Nach früheren Verdächtigungen und Zensuren wurde er rehabilitiert und «Peritus» am Konzil. «Man soll nicht eine andere Kirche machen, aber man soll in gewissem Sinn die Kirche anders machen.» Für die Kirche als Leib Christi gilt: Eine Struktur ohne lebendigen Leib ist ein totes Skelett, ein Leben ohne Struktur ist ein amorpher Leib. Zugleich kann die Ekklesiologie angesichts der gespaltenen Christenheit («Chrétiens désunis») von ihrem Auftrag her nicht anders als ökumenisch sein.[43] Ein anderer Theologe, der Wahlschweizer Otto Karrer (1888–1976), einer der großen Pioniere der ökumenischen Bewegung im deutschen Sprachraum, wurde ebenfalls durch das Konzil kirchlich rehabilitiert.

7 Schlussbemerkung

Die Kräfteverhältnisse, die sich in der ersten Session herausschälten, blieben dem Konzil bis zum Schluss erhalten: eine aufgeschlossene Mehrheit, die sich zum Teil auf Johannes XXIII. und Paul VI. stützen konnte sowie eine zahlenmäßig deutlich abgeschlagene, traditionalistische Minderheit, mit der nach wie vor mächtigen Kurie als natürlichem Bündnispartner, die beide auch von

---

43 Vgl. *Müller*, Congar.

Mal zu Mal das Ohr beider Päpste hatten. Was die menschliche Ausstrahlung und den persönlichen Charme angeht, ist es partiell berechtigt, was Inhalt und Substanz betrifft, dagegen völlig unzutreffend, die beiden Päpste gegeneinander auszuspielen. Um das Konzil nicht scheitern zu lassen, wurde ein kräftezehrender Spagat ausgehalten, damit die einander bekämpfenden Optionen sich nicht aufhoben. Das Konzil raufte und riss sich zusammen und wurde zusammengehalten, mal freundlich einladend, mal energisch autoritär diszipliniert – Letzteres verschiedentlich unter Papst Paul. Das Vatikanum II gebärdete sich, abgesehen von einigen scharfen Scharmützeln, friedlich und vor allem äußerlich viel manierlicher als das Konzil von Trient und das Vatikanum I. Aber der Preis dieses streckenweise herbeigezwungenen kirchlichen «Burgfriedens» war hoch. Was vom harmoniebedürftigen Konzil niedergehalten oder beiseite geschoben wurde, meldete sich nach Abschluss desselben mit aller Heftigkeit zurück.

Literatur

Die Literaturangaben beschränken sich auf die Werke, die effektiv diesen Beitrag direkt beliefert oder mehr indirekt gespeist haben. Das Standardwerk über das Zweite Vatikanum von Giuseppe Alberigo bildete mit Abstand die Hauptbezugsquelle. Der vierte Band ist noch nicht in deutscher Übersetzung erschienen, was aber für diesen Aufsatz kaum relevant war.

Eine wichtige Quelle für diesen Aufsatz sind auch die persönlichen Erinnerungen des Autors, welche vor allem das Atmosphärische im deutschschweizerischen Katholizismus zwischen Ankündigung (1959) und Beginn des Konzils (1962) widerspiegeln.

Alberigo, Giuseppe (Hrsg): Geschichte des Zweiten Vatikanischen Konzils, 3 Bde. (deutsch: hrsg. v. *Klaus Wittstadt*), Mainz/Leuven 1997–2002.

Altermatt, Urs: Der Weg der Schweizer Katholiken ins Ghetto, Einsiedeln 1972.

Ders.: Katholizismus und Moderne, Zürich 1989.

Hebblethwaite, Peter: Johannes XXIII. (Aus dem Englischen übersetzt von *Wolfdietrich Müller*), Zürich 1986.

Helbling, Hanno: Politik der Päpste. Der Vatikan im Weltgeschehen 1958–1978, Berlin/Frankfurt a.M./Wien 1981.

Jedin, Hubert/Repgen, Konrad (Hrsg): Die Weltkirche im 20. Jahrhundert, Freiburg i. Br. 1979 (= Handbuch der Kirchengeschichte, Bd. VII).

Kaufmann, Ludwig/Klein, Niklaus: Johannes XXIII. Prophetie im Vermächtnis, Freiburg i. Uechtland/Brig 1990.

Müller, Wolfgang: Yves Congar (1904–1995): Ein Leben für die Ökumene. In: SKZ 172 (2004) 978–984.

Pesch, Otto Hermann: Das Zweite Vatikanische Konzil, Würzburg, ²1994.

Vallquist, Gunnel: Das Zweite Vatikanische Konzil (Aus dem Schwedischen übersetzt), Zürich 1966.

Yves Congar und Karl Rahner auf dem II. Vatikanischen Konzil. Über das Zusammenspiel von Lehramt und Theologie

Wolfgang W. Müller

Das Konzil liegt Jahrzehnte hinter uns. Wir betrachten es rezeptionsästhetisch bereits als historisches Ereignis der neueren Kirchengeschichte. Machen wir ein gedankliches Experiment und vergegenwärtigen wir uns mittels Zeitzeugen die Stunde des Konzilsbeginns. Hören wir typische Aussagen dreier Beteiligter:

Erste Momentaufnahme:

«Gewiss ein wenig vor Bewegung zitternd, aber zugleich mit demütiger Entschlossenheit des Vorsatzes spreche ich vor Euch die Bezeichnung und den Vorschlag der doppelten feierlichen Veranstaltung aus: einer Diözesansynode für Rom und eines allgemeinen Konzils für die Weltkirche.»[1]

Papst Johannes XXIII. kündigt mit diesen Worten am 25. Januar 1959 zum Abschluss der Weltgebetsoktav für die Einheit der Christen vor einigen Kardinälen in St. Paul vor den Mauern ein allgemeines Konzil an. Seit seiner Wahl zum Nachfolger Pius' XII. sind noch keine neunzig Tage vergangen!

Zweite Momentaufnahme:

«Wenn ich ehrlich den Gesamteindruck über diese Hefte der Theologischen Kommission bekennen darf, so muss ich sagen, dass er der einer großen Enttäuschung ist. … Wenn man nicht einige wenige Anatheme [Bannflüche] formulieren will, was offenbar nicht die Absicht ist, wenn man das nicht tun will, weil der christliche Glaube heute nicht in dieser oder jener Einzelheit bedroht ist, sondern auf ein totales und globales Unverständnis vonseiten einer Welt stößt, die fast keine Zugänge zur christlichen Botschaft zu haben scheint, dann hätte man doch wohl besser daran getan, ein lebendiges und eindrucksvolles Gesamtbild des christlichen Glaubens zu entwerfen, das einem Menschen von heute die christliche Botschaft möglichst unmittelbar nahe bringt. … Was hat man hin-

---

1 Zit. nach *Alberigo/Wittstadt*, Geschichte I 1.

gegen gemacht? Man formuliert Thesen, die sich anhören wie Exzerpte aus Römischen Schuldogmatiken, Thesen, wie man sie auch im 19. Jahrhundert hätte formulieren können.»[2]

Karl Rahners Gutachten zu den vorbereitenden Texten vatikanischer Stellen zum angekündigten Konzil ist vernichtend. «Höchst unbefriedigend», schreibt er an Kardinal König nach Wien und referiert dem Kardinal eine weitere Stimme aus dem deutschen Episkopat zu diesen Entwürfen. Weihbischof Reuß aus Mainz habe zu ihm (Rahner) gesagt: «Meine schlimmsten Erwartungen sind weit übertroffen!»[3]

Dritte Momentaufnahme: Mit Schreiben vom 12. Juli 1960, unterzeichnet von Kardinal Tardini, wird Pater Yves Congar zum Berater der vorbereitenden theologischen Kommission des Konzils bestellt. In seinem Konzilstagebuch schreibt Congar dazu:

«Ich habe einen Moment lang gezweifelt. In der Tat bestätigte das, was ich erfuhr, ziemlich weitgehend meine Befürchtungen und machte mich wieder wirklich deprimiert. Diese theologische Kommission schien mir zu deutlich im konservativen Sinn ausgerichtet. Es gab zwei klar unterschiedene Dinge: die Mitglieder der Kommission und die Berater. Die Ersten würden die Arbeit machen. Die Zweiten würden nur etwas zu sagen haben, wenn sie konsultiert werden würden. Würde man sie konsultieren? P. Allo sagte mir kurz vor dem Krieg: ‹Man hat mich zum Konsulenten der Bibelkommission ernannt, aber man hat mich nie konsultiert ...›»[4].

Es folgt eine Aufzählung der Kommissionsmitglieder, für viele verteilt Congar keine guten Noten! Er schließt mit folgender Bemerkung:

«In der Kirche gibt es ständig die – attraktive – Schaufensterauslage und den Laden. Das Schaufenster kündigt Lubac an, aber im Laden gibt es Gagnebet. Das hat mich wieder sehr deprimiert. Und deshalb habe ich zunächst gezögert, überhaupt anzunehmen.»[5]

Congars an Thomas geschulter Realismus lässt ihn schließlich doch die Ernennung annehmen.

2   *Rahner*, Konzilsgutachten 97.
3   Ebd. 154.
4   *Congar*, Mon Journal I 15 f.
5   Ebd. 18.

1   Die Einberufung zum Konzil

Am Vorabend des Konzils herrscht Unruhe in der theologischen Welt. Einerseits wird weiterhin in klassischer Weise Schuldogmatik doziert,[6] andererseits gibt es einzelne Theologen, die sich mit Fragen der Moderne auseinandersetzen. Die Enzyklika «Humani generis»[7] belegt alle neueren Strömungen mit theologischen Zensuren. Mit dem Etikett «nouvelle théologie» werden Theologen bezeichnet, die eine methodische und inhaltliche Erneuerung der Theologie anstreben und deswegen des Modernismus verdächtigt werden, besonders die Jesuiten von Lyon-Fourvière und die Dominikaner von Le Saulchoir. Zur Überraschung vieler wird ein Konzil einberufen. In der Forschung zur Geschichte des II. Vatikanischen Konzils geht man von einem Motivbündel für dessen Einberufung aus. Einerseits wird von einem geistlichen Motiv des Papstes gesprochen, andererseits stellt der ehemalige Professor für Kirchengeschichte am Seminar in Bergamo und später an der Lateranuniversität seine Einberufung des Konzils auf die Grundlagen historischer Analysen.[8] Sieht er doch in den Visitationsberichten des hl. Karl Borromäus, seinerseits Bischof von Mailand, eine historische Parallele für ein pastorales Handeln der Kirchenleitung. Die Benennung des neuen Konzils als II. Vatikanum stellt dieses in unmittelbare Folge zum I. Vatikanum. Aus über 70 Schemata, die die vorbereitende Kommission erarbeitet, werden sieben Schemata zur Beurteilung an die Bischöfe in der ganzen Welt versandt.[9] Die römische Kurie geht zu diesem Zeitpunkt von einem Lehrkonzil aus.

---

6   Ein «theologischer Erlebnisbericht» mag diesen neuscholastischen Schulbetrieb veranschaulichen: Die Dogmatik verstand sich als «Fort des katholischen Glaubens. Die Festung bestand aus Sätzen (‹theses›), über deren Sinn (‹conceptus›) und kirchenamtlichen Geltungsgrad (‹valor›) man nicht im Unklaren gelassen wurde. Die einschlägigen Gegner (‹errores oppositi›) wurden unmissverständlich beim Namen genannt. Der Beweis für die Wahrheit des jeweiligen Satzes wurde mit Belegen aus den anerkannten Quellen des kirchlichen Lehramtes (der ‹Denzinger› enthielt die notwendigen Texte), der Heiligen Schrift, der Kirchenväter und mittelalterlichen Theologen geführt. Die ‹ratio theologica› passte, zumeist unter Aufsicht des heiligen Thomas, die Quader fugenfest in das gesamte Lehrgebäude ein. Noch offene Fragen und Seitenaspekte wurden Scholien und Corollarien überlassen» (*Stock*, Demonstratio 329).

7   Die Enzyklika wurde im Jahr 1950 publiziert, vgl. DH 3875–3899.

8   Vgl. *Alberigo*, Johannes XXIII.

9   Vgl. *Alberigo/Wittstadt*, Geschichte I 463. Bezeichnenderweise fehlt ein Schema über die Stellung der Bischöfe in der Kirche. «Man deutete dies in folgender Weise: Die Kurie versuche die Debatte über dieses heikle Thema zu verzögern» (ebd. 463).

Die Ansprache des Papstes «Gaudet Mater Ecclesia» am 11. Oktober 1962 zur Eröffnung des Konzils ist nach den eigenen Worten des Papstes mit «Mehl aus eigenem Sack» gebacken, sie «stellt eine der vollendetsten Ausdrucksformen der Konzilsvision von Papst Roncalli dar»[10]. Es soll ein pastorales Konzil werden. Im Gegensatz zu früheren Konzilien, bei dem Theologen vor den Konzilsvätern sprechen, wird dieses Konzil den Status der theologischen Berater («Peritus») kennen. Die Stellung der Berater wird durch das Motu proprio «Appropinquante Concilio» vom 6. August 1962 genau festgelegt. Dieses Motu proprio als erste Geschäftsordnung des Konzils umschreibt die Aufgaben der Theologen, Kanonisten und anderer Fachleute. Die Berater, so Artikel 9, werden vom Papst ernannt. Artikel 10 nennt deren Aufgabe. Sie sollen an den Generalkongregationen teilnehmen, dürfen aber nur das Wort ergreifen, wenn sie dazu aufgefordert werden. Ein weiterer Artikel besagt, dass die Vorsitzenden der einzelnen Kommissionen nach eigenem Urteil Fachberater heranziehen können, die bei der Ausarbeitung und Verbesserung der Schemata und bei der Abfassung der Berichte Hilfe leisten können. Artikel 11 spricht davon, dass die einzelnen Konzilsväter Rat und Hilfe nicht nur bei den Beratern des Konzils holen, sondern auch Unterstützung eines privaten Theologen in Anspruch nehmen können. Diesen Beratern ist die Teilnahme an Generalkongregationen und Kommissionssitzungen untersagt, durch Eid sind sie zu Stillschweigen über Verhandlungen und Diskussionen des Konzils gehalten.

Pater Yves Congar OP (1904–1995) und Pater Karl Rahner SJ (1904–1984) werden am 28. September 1962 zu Beratern des II. Vatikanischen Konzils ernannt. Congar arbeitet mit Bischof Weber aus Strasbourg, Rahner mit Kardinal König aus Wien zusammen. Weitere große Namen des damaligen «Who is who» der theologischen Prominenz sind vertreten: Henri de Lubac SJ, Otto Semmelroth SJ, Jean Daniélou, Eduard Schillebeeckx OP, Joseph Ratzinger u. a. m. Andere Namen fehlen: Der Münchner Dogmatiker Michael Schmaus, ein Wegbereiter eines personalistischen Ansatzes systematischer Theologie, hat Schwierigkeiten, den Anschluss an die theologischen Diskussionen im Vorfeld des II. Vatikanums zu finden. Auch ein weiterer Vertreter der «nouvelle théologie», der Dominikanerpater Marie-Dominique Chenu, fehlt auf der offiziellen Liste. Mit seiner Programmschrift «Le Saulchoir: Une Ecole de théologie» hatte er sich als ein Wegbereiter einer geschichtlich arbeitenden Theologie profiliert. Die Rehabilitation seines Werkes lässt noch einige Zeit

---

10 *Alberigo/Wittstadt*, Geschichte II 17.

auf sich warten, ein Bischof aus Madagaskar – in Paris war er Schüler von Chenu gewesen – nimmt sich den französischen Startheologen jedoch als «peritus ad personam».[11]

Auch Luzern ist auf der Haben- und Soll-Seite der Berater gut vertreten. Während der bereits in Tübingen lehrende Luzerner Hans Küng offizieller Peritus ist, fehlt ein zweiter großer Theologe aus diesem Kanton: Hans Urs von Balthasar, ein weiterer Wegbereiter personalistischer Theologie, steht nicht auf der Liste der offiziellen Berater; seine Biografie scheint in dieser Zeit nicht «römisch» genug zu sein. Der in Luzern lebende und theologisch wirkende Otto Karrer wird ebenfalls nicht zum Peritus ernannt, er engagiert sich jedoch persönlich und schriftstellerisch für dieses Konzil.[12] Congar und Rahner auf dem Konzil – keine Selbstverständlichkeit aus damaliger Perspektive. Wer sind diese Theologen? Was wollen sie? Wofür stehen sie (ein)?

2 Der theologische Werdegang beider Theologen

2.1 Yves Congar

Die offizielle Position der katholischen Kirche gegenüber anderen christlichen Kirchen und kirchlichen Gemeinschaften drückt die Enzyklika «Mortalium animos» vom 6. Januar 1928 aus,[13] die eindeutig apologetisch konzipiert ist. Dieses römische Papier, das sich der «Förderung der wahren Einheit der Religion» widmet, lehnt die ökumenische Bewegung strictissime ab, die sich in den christlichen Kirchen zu regen beginnt. Unter Ökumene versteht Rom zu diesem Zeitpunkt nur eine «Rückkehrökumene». Unter diesen kirchenpolitischen Vorzeichen publiziert Pater Congar 1937 seine erste große Programm-

---

11 Vgl. *Duquesne*, Chenu 173 f.; *Puyo*, Congar 128 f.

12 Otto Karrer als Wegbereiter des II. Vatikanums publiziert einige Monate nach der Einberufung des Konzils eine Denkschrift über die ökumenischen Anliegen des neuen Konzils. Das «Memorandum» wurde an Theologen und Bischöfe versandt (Text findet sich in: *Höfer/Conzemius*, Otto Karrer 394–400. Karrer wird in der Zeitschrift Hochland regelmäßig über den Verlauf des Konzils berichten (Hochland: 53 [1960/61], 1–4; 55 [1962/63], 297–319; 56 [1963/64], 281–293; 57 [1964/65] 205–219; 58 [1965/66], 281–306). Zu Werk und Person Otto Karrers siehe: *Höfer/Conzemius*, Otto Karrer; *Conzemius*, Otto Karrer; *Müller*, Otto Karrer. Es ist unverständlich, dass *Otto Hermann Pesch* in seinem – ansonsten verdienstvollen – Buch «Das Zweite Vatikanische Konzil» nicht auf Rolle und Verdienste Otto Karrers zu sprechen kommt.

13 AAS 20 (1928) 13 f.

schrift «Chrétiens désunis. Principes d'un ‹œcuménisme› catholique», die die Vorträge enthält, die Congar während der Woche der Einheit in Sacré-Cœur auf dem Montmartre in Paris gehalten hatte. Dieses Buch stellt einen ersten theologischen Versuch einer ökumenischen Theologie im Raum der katholischen Kirche dar. 1950 veröffentlicht Congar eine weitere große theologische Schrift, die den programmatischen Titel trägt: «Vraie et fausse réforme dans l'Eglise». In einer geschichtstheologischen Schau betrachtet der Dominikaner die Reformbewegungen in der Kirche – die Armutsbewegungen im 13. Jh., die Reform des 19. Jh. – und fragt nach Kriterien, nach denen sich notwendige Reformen in der Kirche vollziehen. Das Motto der Schrift heißt: «Man soll die Kirche nicht ändern, man soll etwas in ihr ändern. Man soll nicht eine andere Kirche machen, aber man soll in gewissem Maße die Kirche anders machen.»[14]

1953 kommt ein weiteres bahnbrechendes Werk, über 800 Seiten stark, auf den theologischen Markt, «Jalons pour une théologie du laïcat», das in mehrere Sprachen übersetzt werden wird. Diese Schrift verrät, dass Congars Denken vom Begriff des Volkes Gottes, einem Grundmotiv der biblischen, liturgischen wie ökumenischen Bewegung, geprägt ist. Alle Getauften gehören dem Volk Gottes gleichberechtigt an. Die Laien können im katholischen Kirchenverständnis nicht als Anhängsel der Kleriker betrachtet werden. Es gilt das klerikale Kirchenbild aufzusprengen. «Im Grunde genommen», so schreibt Congar im Vorwort, «gäbe es nur eine vollgültige Theologie des Laientums: nämlich eine Gesamtlehre von der Kirche»[15].

Congars Schriften erregen in der theologischen und kirchlichen Welt Aufsehen, viele sehen die Zeitumstände endlich auf einen theologischen Punkt gebracht, andere wittern Verrat an den Grundsätzen der katholischen Lehre. Die Schwierigkeiten Congars mit Ordenskurie und Vatikan beginnen im Jahr 1946, die düsteren Jahre des Exils, der Verdammung und der Verleumdung enden erst 1956.[16] Notabene: Der Apostolische Nuntius in diesen Jahren in Paris, ein gewisser Giuseppe Roncalli, war ein aufmerksamer Leser der Schrift «Vraie et fausse réforme dans l'Eglise»! Die Berufung als Konsultor in die vorbereitende theologische Kommission kommt für Congar aufgrund seiner theologischen Biografie überraschend; seine Befürchtungen, als kritischer

---

14 *Congar*, réforme 251.
15 *Congar*, Laie 14.
16 Congar führt über diese Zeit ein Tagebuch. Vgl. *Congar*, Journal d'un théologien.

Theologe in eine Kommission eingebunden zu sein und doch nichts bewirken zu können und so «kalt gestellt» zu werden, kamen nicht von ungefähr![17]

2.2 Karl Rahner

Karl Rahner erregt in der theologischen Szene mit seiner kerygmatischen Theologie Aufsehen. Der Jesuit aus Freiburg im Breisgau, ein ausgewiesener Kenner der Theologie Suarez', öffnet mit seiner Dissertation «Geist in Welt» dem scholastischen Denken eine Brücke zu modernen Denkern. Die thomistische Theologie wird mit transzendentaltheologischen Ansätzen eines Joseph Maréchal oder eines Pierre Rousselot verbunden. Eine Relecture des Ansatzes von Martin Heideggers Daseinsanalyse lässt Rahner einen existenziellen Zuschnitt seiner Theologie gewinnen. In einem Beitrag für die Zeitschrift «Orientierung» äußert sich Rahner als Anonymus zu berechtigten Anliegen der Theologien, die in der Enzyklika «Humani generis» von Papst Pius XII. pauschal unter das Verdikt des Modernismusverdachtes subsumiert werden. Für Pater Rahner muss das gesamte Lehrgebäude der katholischen Theologie vom Gedanken der Erfahrbarkeit der Gnade und dem Moment der Freiheit her neu konzipiert werden. Die anthropologisch gewendete Theologie kann so in einen Dialog mit der Moderne treten und die befreiende Botschaft des Evangeliums den Menschen von heute verkünden. Zum Problem der Inspiration und der Normativität des apostolischen Glaubenszeugnisses hat Rahner einen «der meistdiskutierten Vorschläge der Nachkriegszeit unterbreitet»[18]. Hier trifft sich Rahner mit Congar. Beiden geht es um Bemühungen, ein geschichtliches Verständnis der Tradition zu erarbeiten.[19]

Darüber hinaus setzt er sich für die Wiedereinführung des ständigen Diakonats für verheiratete Männer ein.[20] Zugleich arbeitet er an einer personalistischen Sakramententheologie. Auch dieser theologische Ansatz findet in rö-

---

17 «Die Namen von Y. Congar und H. de Lubac unter den Konsultatoren regten zu etlichen Stellungnahmen an. Die beiden Männer trafen sich, um über ihre Nomination zu beraten. Sie fürchteten zwar, dass sich diese als reine Augenwischerei herausstellen könnte und einen Versuch, ihre Freiheit einzuschränken und sie in Wahrheit zu Geiseln der CT [theologische Kommission, WM] zu machen, doch glaubten sie nicht, die Ernennung ablehnen zu können» (*Albergio/Wittstadt*, Geschichte I 257, Anm. 248).

18 *Neufeld*, Theologen 163. Vgl. *Rahner*, Schriftinspiration.

19 Vgl. zum Traditionsverständnis Congars: *Bunnenberg*, Treue.

20 Vgl. *Rahner*, Diaconia.

mischen Kreisen wenig Gegenliebe. Rahner wird seitens der Kurie unter eine Vorzensur gestellt, d. h., das Imprimatur für seine theologischen Schriften muss nicht nur den üblichen Weg über die entsprechenden Instanzen der Gesellschaft Jesu gehen, sondern sie werden zugleich vom Heiligen Offizium (so der damalige Name der heutigen Glaubenskongregation) gegengelesen.

Der Bischof von Wien, Kardinal Franz König, wird sehr bald auf den jungen Theologen aus Innsbruck aufmerksam. Rahner hält Kontakt mit Prälat Rudolf, der die Kurse «Theologie für Laien» in Wien initiierte. Kardinal König, Mitglied der vorbereitenden Kommission für das Konzil, stellt bei der Lektüre der von der Kurie erarbeiteten Texte fest, dass diese sich ausschließlich in traditionellen Vorstellungen bewegen. «Niemand hatte den Mut, die Zeichen der Zeit zu deuten und in die Weite Ausschau zu halten.»[21] Der Bitte des Kardinals an Rahner, ihn als Peritus auf das Konzil zu begleiten, kommt Rahner, eingedenk seiner Schwierigkeiten mit römischen Instanzen, nur zögernd nach.[22]

Was P. Congar und P. Rahner verbindet, ist ihre Kritik an der vorherrschenden «Schulbuchscholastik», «Denzingertheologie» oder «barocken» Theologie. Beide treten für einen Dialog von Theologie und Kirche mit der Moderne ein.

3   Die vorbereitende Phase des Konzils

Die verschickten Vorbereitungstexte der Kurie bewirken eine rege Tätigkeit unter Bischöfen, die die Entwicklung mit Sorge betrachten. Kontakte aufgeschlossener Bischöfe untereinander werden aktiviert, Theologen werden bei den Gesprächen als Experten hinzugezogen. Zu den offiziellen Schemata entstehen Kommentare und Gegenvorschläge. Die Zusammenarbeit einfluss-

---

21 *König*, Konzilstheologe 61 f.

22 Im Rückblick schreibt der Kardinal über seine Anfrage an Rahner: «Ich [F. K., WM] griff damals zum Telefon und bat ihn [Rahner, WM], ohne Wenn und Aber als mein Experte nach Rom mitzugehen. Ich meinte, er könne selber die Zustimmung seiner Ordensoberen einholen. Rahner war zunächst über meine Zumutung erschrocken und erbat Bedenkzeit: Er sei noch nie in Rom gewesen, sein Name sei keine Empfehlung für mich, er fürchte Schwierigkeiten, die sich an Ort und Stelle für ihn ergeben würden. Seine ersten theologischen Arbeiten, die durch die Existenzphilosophie und neue Aspekte der Anthropologie geprägt waren, fänden in manchen Kreisen Erstaunen und Widerspruch. Zögernd und zaudernd nahm er dann schließlich meine Einladung an» (ebd. 62).

reicher Kardinäle bestimmter Länder kann als Stimme für das gesamte jeweilige Episkopat gelten. Hier ragen Männer wie Kard. Léger von Montreal, Kard. Frings von Köln, Kard. Döpfner von München-Freising, Kard. König von Wien, Kard. Alfrink von Utrecht, Kard. Montini von Mailand, Kard. Liénart von Lille und Kard. Suenens von Mecheln-Brüssel aus der Schar der Eminenzen heraus. Besonderes Interesse der bischöflichen wie theologischen Kritik finden die vier theologischen Schemata («De fontibus revelationis», «De deposito fidei», «De Ecclesia», «De sacra liturgia»). Bereits in dieser Zeit werden Theologen sehr aktiv: Pater Marie-Dominique Chenu hat die Idee, den Texten eine Eingangsproklamation (i. S. einer Botschaft an Welt und Gesellschaft) voranzustellen. Über seinen Mitbruder und Freund Yves Congar kommt dieser Gedanke in die bischöflichen Kreise, das «Project de déclaration initiale» ist lanciert. Congar, der den Vorschlag von Chenu um einen Abschnitt bzgl. der Ökumene erweitert hat, sendet diesen Text Hans Küng zu, der ihn ins Deutsche übersetzen soll.[23] Congar und Küng treffen sich, um die Kritik an den theologischen Schemata zu beraten. Sie sind sich einig, dass die theologischen Schemata nicht im Detail zu korrigieren, sondern generell abzulehnen sind. Im Sinne der pastoralen Ausrichtung sollen zunächst die pastoralen Schemata behandelt werden und erst dann die theologischen. Congar und Küng verfassen einen entsprechenden Text, der den Bischöfen übermittelt werden soll.

Im Hinblick auf die Frage nach dem Zusammenspiel von Theologie und Lehramt auf dem Konzil gilt es, auf einen interessanten Sachverhalt hinzuweisen. Der Vorschlag von Küng, den erarbeiteten Text von bekannten Theologen unterschreiben zu lassen, findet bei Congar wenig Gegenliebe. Congar mahnt zur Vorsicht, denn er möchte alles vermeiden, was den Anschein eines «Theologenkonzils» böte, das gegen die Bischöfe arbeitet.[24] Der Gedanke, neben dem Konzil gleichzeitig eine Theologenversammlung abzuhalten, wäre für Congar nur akzeptabel, wenn Vertreter der integralistischen Theologie ebenfalls Einsitz hätten. Es dürfe, so Congar, nicht der Verdacht eines Theologenkomplotts entstehen. Die deutschen und französischen Bischöfe beauftragen Karl Rahner, einen Text zu verfassen, «der die von der Theologischen Kommission erarbeiteten Schemata zurückweisen sollte»[25]. Selbstverständlich gibt es auch Stimmen, die mit den vorliegenden Schemata einverstanden sind.

---

23 Vgl. dazu auch: *Küng*, Freiheit 371 f.
24 Siehe dazu *Alberigo/Wittstadt*, Geschichte II 94, Anm. 37; *Puyo*, Congar 124–130.
25 *Chenu*, Konzil 16.

Resümierend lässt sich sagen, dass die Kritiken an den Schemata aus Deutschland, Frankreich, Belgien und den Niederlanden kamen, während Befürworter eher im südeuropäischen Raum (Italien, Spanien, Portugal) anzusiedeln sind. Nord- und Südamerika zeigen in der Regel kein einheitliches Bild; zwischen nordamerikanischem und irischem Episkopat gab es meistens Parallelen in der Beurteilung, die auf den irischen Einfluss auf die nordamerikanischen Bischöfe zurückzuführen sind.[26]

Beide Theologen, Congar und Rahner, werden in die neuerrichteten vorbereitenden Kommissionen ernannt: Congar nimmt Einsitz in der «Commissio theologica», während Rahner in die Unterkommission «Commissio de disciplina sacramentorum» gewählt wird.[27] Zum Präsidenten der Theologischen Kommission wird Kardinal Alfredo Ottaviani ernannt, zum Sekretär der Jesuitenpater Sebastian Tromp. Ottaviani wie Tromp gelten als klassische Vertreter von Theologie und Kirchenpolitik der pianischen Päpste.[28] In Rom agieren beide Theologen zunächst noch sehr verhalten, da sie seitens der Theologen der Kurie noch um große Vorbehalte ihren theologischen Entwürfen gegenüber wissen. Die große Stunde des Einsatzes für Yves Congar auf dem Konzil kommt durch die banale Tatsache, dass Jean Daniélou, ein Mitglied der theologischen Kommission, einfach zu viele Termine hat und einige dieser Termine zwecks Arbeitsentlastung Yves Congar überträgt. Congar, der sich hinsichtlich der Vorbereitungszeit einer gewissen Schüchternheit bezichtigt, nutzt die sich ihm bietende Gelegenheit und legt sich nun mächtig ins Zeug.[29]

---

26 Vgl. *Alberigo/Wittstadt*, Geschichte I 481 ff. «Immer wieder war das Argument zu hören, dass der Text von vielen ‹gelehrten Männern› vorbereitet worden sei» (ebd. 481).

27 Karl Rahner in einem Brief an Herbert Vorgrimler (vom 30.10.62): «Ob ich in die Theol. Kommision komme, ist noch sehr ungewiss. König ist zwar drin, aber nach der bisherigen Geschäftsordnung kann nur Ottaviani einen Peritus hineinbringen. Ich traue dem auch zu, dass er König einen Korb gibt, wenn dieser mich mitbringen will» (*Vorgrimler*, Rahner 189). Die Nichtberufung Rahners in die Theologische Kommission ruft bei Congar Widerspruch hervor, vgl. *Puyo*, Congar 131.

28 Congar urteilt über Ottaviani wie folgt: «Das Konzil wurde sich somit bewusst, dass es zwei geistige Familien gibt. Und – dies ist ganz offensichtlich – jede hatte ihre Anführer, die sich im Lauf der Diskussionen zu erkennen gaben. Es ist zum Beispiel sicher, dass Kardinal Ottaviani der Vertreter der Minderheit war. Seine Bischofsdevise war klar: 'Semper idem', immer das Gleiche, nichts verändern! Ich habe großen Respekt für den Kardinal, aber natürlich denke ich nicht wie er. Das Gleiche trifft auf ihn zu. Warum es verstecken?» (*Puyo*, Congar 129).

29 Vgl. ebd. 138 f.

4   Die Arbeit auf dem Konzil

Die referierende Darstellung der theologischen Arbeit von Congar und Rahner soll sich angesichts der literarischen Gattung dieses Beitrags nur auf die theologisch-systematischen Texte und Passagen von «Lumen gentium», «Dei Verbum», «Christus Dominus», «Unitatis redintegratio», «Nostra aetate», «Dignitatis humanae» und «Gaudium et spes» beziehen.[30]

Am 11. Oktober 1962 wird das Konzil mit einer feierlichen Liturgie eröffnet. Yves Congar hat in theologiegeschichtlichen Abhandlungen darauf hingewiesen, dass das Konzil im eigentlichen Sinn eine Versammlung im Heiligen Geist ist. «Ein ... Konzil ist wirklich eine Versammlung, congregata, eine Versammlung durch den Heiligen Geist und im Heiligen Geist, der in unsichtbarer Weise die wichtigste Person dieser Versammlung ist.»[31]

Bei der Eröffnungssitzung vom 13. Oktober kommt es zu einer Handlung, die für das Konzil entscheidend wird: Die Kardinäle Liénart und Frings bitten um die Vertagung der Wahl der Mitglieder für die einzelnen Kommissionen. Congar nennt diese Geste von Liénart den ersten «Akt des Konzils. ... Er kennzeichnete den allgemeinen Willen der Bischöfe, selbst zu untersuchen, zu behandeln und zu entscheiden, den kleinsten Anflug von Vorgefertigtem und diskret Geleitetem beiseite zu schieben.»[32]

Der Vorschlag des greisen Kardinals wertet die Rolle der Bischofskonferenzen auf, die nun sofort die Aufgabe erhalten, die Listen für die Kommissionen vorzubereiten. Das Konzil schafft sich selbst Körperschaften, Zwischeninstanzen, die zur Bildung eines gemeinsamen Willens und zur Klärung von Ideen und Perspektiven dienen sollen. Die Konzilsväter stehen dabei «noch am Anfang eines Prozesses, der erst im Lauf der ersten Sitzungsperiode des II. Vatikanums Gestalt annimmt»[33]. Pater Congar realisiert sofort die ekklesiologische Bedeutung dieser Entwicklung, wenn er in seinem Tagebuch unter dem 15. Oktober einträgt:

---

30 Grundlegende Literatur zu den Texten: Das Zweite Vatikanische Konzil (LThK[2], Ergbde.); *Baraúna*, De Ecclesia; Herders Theologischer Kommentar zum Zweiten Vatikanischen Konzil; *Wassilowsky*, Vatikanum 31–54.
31 *Congar*, Konzil 149. Im Folgenden wird von der Deutungskategorie «Ereignis» ausgegangen, um das Jahrhundertereignis der katholischen Kirche «II. Vatikanum» geschichtlich, soziologisch, geistlich und theologisch zu interpretieren, vgl. dazu Anm. 72.
32 *Jossua*, Congar 188.
33 *Alberigo/Wittstadt*, Geschichte II 36.

«Eines der Ergebnisse des Konzils könnte sehr wohl die Entstehung einer weltweiten, artikulierten und strukturierten bischöflichen Kollegialität sein.»[34]

Beide Theologen, Rahner und Congar, sind über die Präsenz der nichtkatholischen Beobachter auf dem Konzil hoch erfreut: Sie verstehen es als eine Chance für den ökumenischen Aufbruch; Congar sieht die kühnen Träume seiner ersten ökumenischen Programmschrift «Chrétiens désunis» Realität werden.[35] Rahner und Congar sind über die rigiden Ausführungen der Schemata immer noch beunruhigt, die starren und abstrakten Formulierungen verdecken die Hoffnung auf ein pastorales Denken. P. Chenu schreibt aus dieser Sorge heraus an Rahner einen Brief, worin er Rahner vorschlägt, eine Art Kontrastprogramm zu diesen Schemata zu schaffen. Chenu schwebt eine Deklaration vor,

> «welche die geschwisterliche Einheit der Menschen proklamiert, diese Einheit über alle Grenzen, alle Rassen und alle Regime hinweg, und dies verbunden mit einer Ablehnung gewalttätiger Lösungen, in der Liebe zum Frieden, diesem Zeugnis für das Reich Gottes. So dass die Gemeinschaft der Christen auf diese Weise öffentlich teilnimmt an der Hoffnung der Menschen.»[36]

Sein Mitbruder Congar verbreitet die Idee unter den Konzilsvätern. Vonseiten der Kirchenleitung greift Kardinal Bea diesen Ball auf, denn er lässt Papst Johannes XXIII. ein Memorandum zukommen, das die Formulierungen der Konzilsansprache «Gaudet Mater Ecclesia» aufgreift. Das Konzil habe die Aufgabe, auf das Heute Antwort zu geben, darum habe es nicht die Aufgabe der bloßen Wiederholung von Verurteilungen, sondern solle sich jenen pastoralen Ton zu Eigen machen, der der Zielsetzung dieses Konzils entspreche. Der deutsch-französisch-niederländische Block der Bischöfe, mit großer Zustimmung vonseiten lateinamerikanischer Bischöfe sowie von Bischöfen in den Missionen, macht sich den Gedanken des pastoralen Konzils zu Eigen.

---

34 *Congar*, Mon Journal I 118.

35 «Das Ereignis ist da. Sie [die nichtkatholischen Beobachter, WM] sind in Rom, empfangen von einem Kardinal und einer Organisation, die sich dem Dialog verpflichtet; und ‹Chrétiens désunis› erschien vor 25 Jahren» (Ebd.). Die Liste der eingeladenen Beobachter findet sich bei: *Alberigo/Wittstadt*, Geschichte I 502, Anm. 152.

36 *Duval*, message 110. P. Congar schreibt auf einen Briefumschlag Namen jener Konzilsväter, die von ihm den Text erhalten haben: Frings (Köln), Suenens (Malines), Hurles (Durban), Charue (Namur); ebd. 111.

4.1 Theologische Vernetzung

Rahner arbeitet mit deutschen Bischöfen im deutschen Kolleg in Rom zusammen. Am 12. Oktober legen die Patres Rahner und Semmelroth und Bischof Volk einen Plan vor, der die Erarbeitung neuer Schemata vorsieht. Der Theologe von Kardinal Frings, der junge Joseph Ratzinger, schließt sich der Initiative an. Dem Rahner/Ratzinger-Projekt verschafft Bischof Volk aus Mainz eine größere Öffentlichkeit. Er organisiert für den 19. Oktober ein Treffen zwischen deutschen und französischen Bischöfen und Theologen. Ebenso sind Eduard Schillebeeckx und der sehr gewichtige Löwener Theologe Gérard Philips anwesend. «Das Treffen brachte so zum ersten Mal einige der wichtigen Repräsentanten der Denker zusammen, die die mitteleuropäischen Bischöfe berieten.»[37]

Natürlich gab es Differenzen zwischen den beiden Gruppierungen; man ist sich zunächst nur in der Ablehnung der bestehenden Texte einig. Es wird eine kleine Gruppe von Theologen gebildet, zu ihnen gehören Congar und Rahner, die Ersatztexte erarbeiten sollen. Theologen und Bischöfe Westeuropas beginnen, ihren Einfluss über die Gruppe europäischer Bischöfe hinaus wachsen zu lassen. Congar wie Rahner halten während aller Sitzungsperioden des Konzils unzählig viele Konferenzen bei Bischofsversammlungen, an internationalen Studienzentren und Ordenseinrichtungen ab. Bischöfe aus Asien und Afrika, die geschichtlich und kulturell Frankreich nahe stehen, laden Congar wiederholt zu Vorträgen und Diskussionen ein. Dabei wird Congar auf Bischof Hélder Câmara Pessoa, Weihbischof von Rio de Janeiro und Sekretär des CELAM, aufmerksam. Für den Dominikanerpater scheint dieser Weihbischof ein Mann zu sein, «der das hatte, woran es in Rom fehlte – eine ‹Zukunftsvision›»[38].

Manche Bischöfe distanzieren sich vom konservativen Milieu des Episkopats und «rissen halbe oder ganze Nationen mit, so zum Beispiel die reform-

---

37 *Alberigo/Wittstadt*, Geschichte II 97. Rahner in einem Brief an Herbert Vorgrimler (vom 30. 10. 62): «Ich bossle an Schemataversuchen von Ratzinger und mir, von Congar und von Philips herum» (*Vorgrimler*, Rahner 190). Die Entwürfe von Rahner/Ratzinger und von Congar finden sich: *Congar*, Erinnerungen an eine Episode 22–64, 33–64.

38 *Alberigo/Wittstadt*, Geschichte II 101. »Ich glaube, dass er [Helder Camara, WM] kein einziges Mal intervenierte; aber er war sehr aktiv, suchte Vortragsredner, legte großzügige Ideen dar. Es war etwas Theatralisches an diesem Mann, der seit der Zeit des Konzils sehr gereift ist. Er war schon damals ein Geistlicher. ... Helder Camara hat mich oft durch die Qualität seines christlichen Lebens beeindruckt» (*Puyo*, Congar 137).

freudigen Nordamerikaner Albert G. Meyer, Erzbischof von Chicago, und Joseph Elmer Ritter, Erzbischof von Saint Louis»[39]. Beide sind, ihr Name verrät es, deutscher Abstammung. Kardinal Paul-Emile Léger, Erzbischof von Montreal, steht in einer regelmäßigen Korrespondenz mit Kardinal Döpfner aus München. Nun zirkulieren Texte, von Theologen geschrieben, unter den Bischöfen, die im Keim die Grundlage der zukünftigen Dekrete des Konzils beinhalten. Die Texte handeln von der biblisch-heilsgeschichtlichen Schau der Kirche: das eine Volk Gottes, in dem Bischöfe und Laien zusammenwirken; die Stellung der Bischöfe im Gesamt der Kirche; die Kirche als Sakrament des Heils; die Dignität der Laien in der katholischen Kirche; die Ausgestaltung der Liturgie in zeitgemäßen Formen; Ökumene; Verhältnis zu den anderen Religionen und Religionsfreiheit. Die «fortschrittlichen» Theologen sind an allen Fronten gefragt. Selbst konservative Bischöfe wollen genau wissen, was Congar, Rahner, Schillebeeckx und andere sagen. Selbstverständlich gibt es auch die Gruppe von Theologen und Bischöfen, die auf den vorgelegten Schemata beharren. Unter der Gruppe der kurialen Zelanti («Eiferer») befindet sich der Kurienkardinal Browne. Diese Gruppe ist von der Gültigkeit des Bestehenden überzeugt und kämpft für ihre Sichtweise.

4.2 Erste Weichenstellungen

Die erste große Konzilsdebatte über die theologischen Schemata geht von der Frage des Verständnisses der Offenbarung aus. Rahner wie Congar haben sich schon lange für ein personalistisches Verständnis der Offenbarung eingesetzt. Der Offenbarungsbegriff bei Congar ist von der Tübinger Schule geprägt, beiden ist das Aufsprengen eines abstrakten instruktionstheoretischen Modells ein Grundanliegen ihrer Theologie.

Gemäß den Forschern der Geschichte des II. Vatikanischen Konzils werden bei dieser äußerst kontrovers geführten Diskussion Weichen für die weitere Entwicklung des Konzils gestellt. Giuseppe Ruggieri bezeichnet diesen Moment in den Konzilsdebatten als einen entscheidenden Wendepunkt. Es vollzieht sich die Wende

> «von der Pacelli-Kirche, die der Moderne im Wesentlichen noch feindlich gegenüberstand und die darin die letzte Erbin der Kirche der Restauration im 19. Jahrhundert war, hin zu einer Kirche, welche die Freundin aller Menschen

---

39 *Alberigo/Wittstadt*, Geschichte II 243.

ist, auch wenn diese Kinder der modernen Gesellschaft, ihrer Kultur und ihrer Geschichte sind»[40].

Rahner schreibt in einem Brief an seinen Assistenten Herbert Vorgrimler über diese neuere Entwicklung der theologischen Diskussion auf dem Konzil:

«Diese Woche fängt also die Dogmatik hier an. Ich bin gespannt, wie das geht. Hoffnung ist nicht groß bei mir. Aber wir werden tun, was wir können.»[41]

Beide, Congar und Rahner, arbeiten bis an die Grenzen ihrer physischen Belastbarkeit. Rahner schreibt an Vorgrimler oft von seiner Müdigkeit, Congar kämpft neben der großen Arbeitsbelastung mit seiner Krankheit, die ihm im südlichen Klima öfters stark zusetzt. Kardinal Bea und der Churer Theologe Josef Feiner bringen eine Wende in die Debatte um die Offenbarung. Eine Kampfabstimmung liegt in der Luft! Ein theologischer Meinungsbildungsprozess ist im Gange, den Congar zunächst gar nicht bemerkt. Bischöfe, die dem neuen Entwurf zunächst abweisend gegenübergestanden hatten, öffnen sich diesem Vorschlag. Das Konzil scheint sich in eine Sackgasse zu manövrieren. Papst Johannes XXIII. lässt am 21. November den vorbereiteten Entwurf zurückziehen. Der Weg für die theologische Fassung eines geschichtlichen, personalen und dynamischen Offenbarungsbegriffes ist frei. Congar kann mit diesem Ansatz das kontroverstheologisch hochbefrachtete Thema der Verhältnisbestimmung von Schrift und Tradition so bestimmen, dass sich hier eine Brücke zum ökumenischen Gespräch ergibt. Am Ende dieser Diskussion wird der Text «Dei Verbum» als Resultat des theologischen Meinungsbildungsprozesses der Konzilsväter stehen.

4.3   Kardinal Bea und das Konzil

Hier sei ein Wort zur Person von Augustin Kardinal Bea erlaubt. Dieser Kurienkardinal aus Südbaden hat eine unschätzbare Scharnierfunktion zwischen Lehramt und Theologie inne. Als Bibliker selbst der historisch-kritischen Methode verpflichtet, weiß er um die Geschichtlichkeit einer jeden theologischen Aussage. Als Vertrauensmann von Papst Johannes XXIII. sowie als intimer Kenner vatikanischer Gepflogenheiten kann er zwischen den «aufmüpfigen» Theologen und konservativ denkenden Konzilsvätern vermitteln; viele Ent-

---

40 *Ruggieri*, Konflikt 273.
41 *Vorgrimler*, Rahner 191.

scheidungen des Konzils werden daher vor einer typischen Pattsituation bewahrt.[42]

Bald nehmen sich die Konzilsväter ein weiteres gewichtiges theologisches Dokument vor. Es geht um die Lehre von der Kirche. Erstmalig in der Geschichte der Konzilien der katholischen Kirche stellt sich ein Konzil die Frage nach dem Wesen der Kirche. Bis anhin wurde die Kirche als juridisch verfasste Gnadenanstalt verstanden, wie es kontroverstheologisch geprägter Ekklesiologie des Tridentinums und des I. Vatikanums entspricht. Die vorbereitenden Texte der Theologischen Kommission sind in diesem Sinn verfasst. Das Einheitssekretariat unter der Leitung von Kardinal Bea hat den besonderen Auftrag, alle Texte des Konzils auf ihre «Ökumene-Verträglichkeit» zu befragen. Die pastorale Ausrichtung des Konzils verlangt aus sich selbst die Frage nach der Heilsrelevanz der Kirche in Bezug auf die nichtkatholische Christenheit.

Das Einheitssekretariat vertritt die Position, dass – von der Wirksamkeit der Gnade aus betrachtet – auch außerhalb der Kirche von einer wirklichen, wenngleich nicht vollen Zugehörigkeit der nichtkatholischen Christenheit zur geglaubten Kirche gesprochen werden kann. Die Theologenkommission beantwortet die Frage in der Perspektive der Enzyklika «Mystici Corporis», d. h., sie geht von einer zielgerichteten Hinordnung auf die Kirche auch aller nichtkatholischen Christen und Christinnen aus.

Im Blick auf die Frage des Bischofsamtes gibt es ebenfalls Unterschiede zwischen der kurialen Auffassung und der Position des Einheitssekretariates. Übereinstimmung besteht in der Auffassung der Sakramentalität des Amtes; bzgl. des Ursprungs der Jurisdiktionsvollmacht gibt es jedoch Differenzen.

Auch die Frage nach dem Verhältnis von Staat und Kirche wird im Vorentwurf besprochen. Der vorbereitende Text verficht die klassische Position, d. h. die Aufrechterhaltung der These von der Pflicht des Staates einerseits, allein die katholische Religion zu unterstützen, die anderen Religionen aber zu verbieten, und andererseits die These von der Duldung, wo sich die katholische Kirche aufgrund der realen Umstände in der Minderheit befindet. Das Einheitssekretariat dagegen postuliert die Aufgabe dieser antimodernistischen

---

42 Vgl. dazu etwa die Bemerkungen von Congar: *Puyo*, Congar 134; *Congar*, Mon Journal II 446. Congar ist mit Kardinal Bea in den Fragen der Ökumene sehr verbunden. P. Bea sagte dem Papst, dass er die Würde seines Kardinalats für die Sache der Einheit einsetzen wolle. So erschien es geradezu natürlich, dass Kardinal Bea den Vorsitz des Sekretariates für die Einheit der Christen übernahm, vgl. ebd. 342. Zu Augustin Bea siehe: *Schmidt*, Augustin Bea.

Sicht und fordert eine biblisch begründete Anerkennung, die dem Grundsatz der Caritas entspreche. Die Fronten sind wiederum überaus deutlich.

Der Schläue des Kardinals von Brüssel verdankt das Konzil eine taktische Meisterleistung. Bischof Suenens will mit einer gemäßigten Position sowohl die offeneren Bischöfe und Theologen als auch einige als konservativ zu bezeichnenden Bischöfe für einen neuen Entwurf gewinnen. Es ist die Stunde des belgischen Theologen Gérard Philips, der wie Suenens eine sehr gemäßigte Position in Fragen der Ekklesiologie vertritt. Wird die geforderte Überarbeitung diesem Theologen anvertraut, müssen Kardinal Ottaviani und Pater Tromp keine Angst haben, die «bad guys» vom Schlage eines Rahners oder Congars brächten nur ihre eigenen ekklesiologischen Ideen – und sie haben einige! – in ein offizielles Kirchenpapier ein! Congar wird sich mit Philips und anderen Theologen regelmäßig im Belgischen Kolleg treffen, das zu einem Zentrum der theologischen Meinungsbildung des Konzils wird. Spötter sprechen von dem «Vaticanum secundum Lovaniense primum» (Zweites Vatikanisches und Erstes Löwener Konzil) oder vom «concilium Lovaniense Romae celebratum» (Löwener Konzil mit Tagungsort Rom).[43]

Theologen der Kurie versuchen immer wieder, die Redemöglichkeit der Berater qua Geschäftsordnung zu beschränken.[44] Mit diesem Text zur Kirche, das ist allen Konzilsvätern klar, ist die «raison d'être» (Giuseppe Ruggieri) dieses Konzils angesprochen. Ein neuer Text, von Congar, Philips, Ratzinger, Semmelroth, Rahner und anderen verfasst, wird in der theologischen Öffentlichkeit breit diskutiert. Themen, an denen Rahner und Congar in ihren eigenen theologischen Werken gearbeitet haben, finden Eingang in die Texte des Konzils: Sakramentalität der Kirche, Kirche als Volk Gottes, Kollegialität der Bischöfe, Dignität der Laien, Verhältnis zwischen Papst und Bischöfen, Wiedereinführung des ständigen Diakonats, Verhältnis zwischen Kirche und Staat und anderes mehr. Der neue Entwurf «De Ecclesia» steht. Rahner spricht sich dafür aus, dass die Kirche im neuen Schema nicht mehr «so triumphal» tun soll, «als habe sie die Lösung für sämtliche modernen Probleme einfach in der Tasche»[45].

---

43 Vgl. *Alberigo/Wittstadt*, Geschichte II 242.
44 So bemerkt Congar einmal bzgl. solcher Einschränkung in seinem Tagebuch: «Zu Beginn der Sitzung sagt Kardinal Ottaviani: Um die Arbeit zu beschleunigen, werden die Experten nur auf Befragen sprechen. Neben mir schluckt Rahner seinen Ärger herunter und sagt zu mir: Was tun wir dann hier? ...» (*Congar*, Mon Journal II 95).
45 *Vorgrimler*, Rahner 202.

4.4 Der Tod von Papst Johannes XXIII. – Ende des Konzils?

In die hektische Zeit der ersten Periode des Konzils fällt die schwere Krankheit Papst Johannes' XXIII., am 27. Mai 1963 erhält er die Sterbesakramente. Am 3. Juni 1963 stirbt Papst Johannes XXIII., dessen Tod ein weltweites Echo der Anteilnahme und Trauer auslöst. Die mediale Vermittlung der Beerdigungsfeierlichkeiten von der urbs auf den orbis ruft eine weltweite Sympathie für diesen liebenswürdigen Papst hervor. Dieser Sympathieerweis wächst zu einem «regelrechten Plebiszit» für dieses Konzil heran, «wie es in der Geschichte des Papsttums beispiellos» ist.[46] Die weltweite Anteilnahme eint die in Flügel geteilte Schar der Konzilsväter. Congar schreibt in sein Tagebuch, dass durch die Beerdigungsfeierlichkeiten für den verstorbenen Papst eine außergewöhnliche Einstimmigkeit entstanden sei.[47] Wird der neue Papst das Konzil fortführen?

Kardinal Montini, unter Papst Pius XII. an der Kurie ein Außenseiter, wurde unter Papst Johannes XXIII. immer mehr in die Verantwortung der Kirchenleitung hineingenommen. Er wird, wie andere fortschrittliche Theologen, von der offiziellen Vorbereitung auf das Konzil ausgeschlossen, engagiert sich jedoch in Fragen der Ökumene und der kirchlichen Erneuerung. Für viele gilt er am Ende des Pontifikats von Johannes XXIII. als möglicher Nachfolger. Rahner schreibt in einem Brief vom 29. Mai 1963 rückblickend auf die erste Konzilsperiode an Herbert Vorgrimler: «Colombo [Peritus von Montini, WM] habe ich auch wieder gesehen. Wie wenn sein Herr und Meister bald Papst würde (Montini)?»[48]

Die Wahl des Mailänder Bischofs zum neuen Papst erfolgt am 21. Juni 1963. Papst Paul VI. legt die Wiedereröffnung des Konzils auf den 20. September 1963 fest. In seiner Eröffnungsrede zur zweiten Periode ruft Paul VI. das Hauptthema des Konzils, die Kirche, das Programm der Erneuerung und der Einheit sowie den Dialog mit der modernen Welt in Erinnerung. Das Konzil befindet sich im steten Lernprozess, es ändert den Geschäftsablauf, regelt die zwischeninstanzlichen Strukturen neu und wendet sich wieder den theologischen Schemata zu. Das Zusammenspiel der vier Moderatoren des Konzils mit den Theologen wird immer enger, allerdings nimmt

---

46 *Alberigo/Wittstadt*, Geschichte II 602.
47 Vgl. *Congar*, Mon Journal I 383.
48 *Vorgrimler*, Rahner 204.

der Einfluss des konservativen Flügels, nach Einschätzung des Publizisten David Seeber, immer mehr zu.[49]

Unterdessen rezipiert die katholische Welt bereits die erste Konzilsperiode, d. h., das Konzil wird zu einer öffentlichen Angelegenheit. Die Akten der ersten Sitzungsperiode erscheinen. Congar, Rahner und andere Theologen, in der Zwischenzeit in ihre Heimatländer zurückgekehrt, geben erste Konferenzen, die zu wahren Publikumsschlagern werden und eine Öffentlichkeit «in Sachen der Theologie» zu erzeugen helfen. Congar liefert eine kontinuierliche theologische Berichterstattung der großen Konzilsereignisse.[50] Rahner bringt «Sacramentum mundi» auf den Markt; dieses theologische Lexikon betreibt Theologie aus dem Geist des neuen Konzils. Congar wie Rahner verfassen ihre Beiträge zu «Mysterium Salutis», jenem dogmatischen Handbuch, das das depositum fidei auf der Basis einer heilsgeschichtlichen Theologie vorträgt.

4.5 Das Konzil wird mündig

Das Konzil wird mündig und findet zu sich selbst. In der Debatte um den Begriff des Volkes Gottes und der Laien steuert das Konzil auf eine neue Zerreißprobe. Eine Gruppe der Konzilsväter möchte einen eigenen Text über die Gottesmutter unter den Konzilstexten wissen. Congar wie Rahner haben immer wieder gegen eine hypostasierte Mariologie angeschrieben. In den Konzilsdebatten sprechen sich beide vehement dafür aus, entsprechende Passagen über Maria in den Text über die Kirche aufzunehmen. Rahner schreibt an Vorgrimler im Brief vom 27. Oktober 1963:

> «Am Dienstag wird abgestimmt, ob die Mariologie wieder in das Ekklesiaschema zurückkommt. Wenn König bei dieser Abstimmung, der unsere These vertreten hat, nicht siegt, bin ich der Blamierte, denn ich habe ihm das mehr oder weniger aufgesetzt gehabt. Dass am letzten Montag Ottaviani uns (Martelet, Ratzinger und mich) attackiert hatte als Verbreiter von die Väter beunruhigenden Texten, wirst Du gehört haben.»[51]

---

49 Vgl. *Seeber*, Vaticanum 328 f.
50 Vgl. *Congar*, Concile; *Ders.*, Eglise.
51 *Vorgrimler*, Rahner 212. Über den positiven Ausgang dieser Abstimmung wird Vorgrimler im Brief vom 10. Oktober erfahren: «Mit der Abstimmung von gestern bin ich zufrieden, weil ich gefürchtet hatte, dass die anderen die Majorität bekommen. Die ha-

Konzilsväter und Theologen wagen sich zunehmend an heiße Eisen heran. Immer mehr kommt das ökumenische Engagement der katholischen Kirche in den Blickpunkt der Debatte der Konzilsväter. Darunter werden zwei heikle Probleme das Konzil näher beschäftigen: das Verhältnis der Kirche zu den Juden und die Frage der Religionsfreiheit. Rahner, inzwischen ein versierter Konzilstheologe, schreibt ahnungsvoll an Vorgrimler:

«Der Papst will, dass das Schema de libertate, das die Bibelkommission gemacht hat, bald dran komme. Da wird es wohl wieder Kräche geben.»[52]

Auch die Alltagsgeschäfte eines deutschen Universitätstheologen gehen auf dem Konzil weiter. Karl Rahner wird sich während der zweiten Konzilssession immer wieder sorgen, ob er den Ruf auf den Guardini-Lehrstuhl in München erhalten wird, seine Assistenten müssen fleißig die Korrekturfahnen für die zweite Auflage des Standardwerkes «Lexikon für Theologie und Kirche» lesen. Congar bespricht mit Kardinal Bea die Frage der Stellung der katholischen Kirche zu den Juden. «De Iudeis», wie der erste entsprechende Entwurf heißt, ist ein Anliegen des Biblikers Bea.[53] Zwischen Rahner und Congar zeigen sich feine, spitze Bemerkungen, die den akademischen Komment einer correctio fraterna darstellen; bzgl. der kontrovers geführten Debatte um die Begriffe «Volk Gottes» und «königliches Priestertum aller Getauften» schreibt Congar in seinem Tagebuch über Rahner: «Wie immer reißt Rahner das Gespräch an sich. Er ist wunderbar, aber ist sich nicht bewusst, dass da, wo er ist, kein Platz für etwas anderes ist.»[54]

Die Diskussion über die Kollegialität der Bischöfe treibt auf einen Höhepunkt zu, es kommt zu einem Duell zwischen den Kardinälen Frings als Vertreter der Mehrheit und Ottaviani als Vertreter der Minderheit.[55] Giuseppe Alberigo spricht von einem «Waffengang» zwischen zwei Kardinälen. Congar, der an diesen Texten stark mitgearbeitet hat, verpasst die entscheidende Dis-

---

ben eine riesige Propaganda dafür gemacht. … Hintendrein schimpft Parente darüber, dass mit einfacher Mehrheit entschieden wurde. Dass man dies bei einer solchen Verfahrensfrage gar nicht anders machen kann, will er nicht begreifen» (ebd. 213).

52 *Vorgrimler*, Rahner 213.

53 Vgl. *Schmidt*, Augustin Bea 640–689; vgl. *Congar*, Mon Journal II 118 ff. Siehe auch: Due nodi: la libertà religiosa e le relazioni con gli ebrei. In: *Alberigo/Melloni*, Storia 119–219. Neuerdings: *Brechenmacher*, Vatikan 257–269.

54 *Congar*, Mon Journal I 479. Immer wieder äußert Congar, dass Rahner das Wort zu oft ergreift: ebd. 496; *Congar*, Erinnerungen an Karl Rahner 65.

55 Vgl. dazu *Alberigo/Wittstadt*, Geschichte III 150–161.

kussion in der Konzilsaula; über Dritte wird ihm davon berichtet.[56] Msgr. Marcel Lefebvre, Superior der Kongregation vom Hl. Geist, sieht in der Diskussion eine Attacke auf das Papstamt. Congar nimmt dazu eine dezidierte, theologiegeschichtlich begründete Stellung ein:

«Ich habe diese Geschichte studiert und kenne sie: Es ist die der Jahrhunderte lang mit allen Mitteln fortgeführten Unternehmungen, mit denen das Papsttum den Platz der Ecclesia und der Bischöfe usurpiert hat.»[57]

Bei der dritten Sitzungsperiode waren nun endlich auch Beobachter des Patriarchen von Konstantinopel am Konzil angekommen. Die dritte Sitzungsperiode war von der Tagungsordnung her überladen, das Schema über die Kirche, die Kollegialität der Bischöfe, die Religionsfreiheit und anderes beinhaltete viel Zündstoff für die Debatten unter den Konzilsvätern und ihren Theologen. Die Diskussion um Dei Verbum verläuft dagegen ruhiger.

4.6   Das Schema XIII

Ein herausragendes Beispiel für das Zusammenspiel zwischen Lehramt und Theologie bietet das Schema XIII. Worum geht es? Bereits zu Beginn des Konzils steht der Wunsch, einen Text zum Verhältnis von Kirche und Welt zu haben. Der erste kuriale Entwurf, das so genannte Schema XVII, wird von Theologen verworfen. Congar, angeregt durch die theologische Arbeit von M.-D. Chenu und G. Philips, und andere entwerfen mit dem so genannten Schema von Mecheln eine Alternative. Dazu hatte sich diese Theologengruppe im Sommer in Belgien getroffen. Während der zweiten Konzilssession mutiert der Text zu Schema XIII und bleibt während der dritten Konzilsperiode Gegenstand beständiger theologischer Reflexion. Deutschen Bischöfen und Theologen ist der Entwurf der Frankophonie zu optimistisch. Die Beratungen über Ökumene und Religionsfreiheit führen zur «settimana nera» (14.–21. November 1964). Viele befürchten ein Scheitern des Konzils. Der

---

56 Vgl. *Congar*, Mon Journal I 523 f.
57 Ebd. 526. Joseph Fameréе bemerkt zu dieser Reaktion Folgendes: War den Konzilsvätern die Position Congars seit langem bekannt, erkennt man hier sehr gut, «wie dieser Theologe [Congar, WM] konkret auf die Einlassung der Konzilväter in der Aula reagiert. Schlag um Schlag, ohne jede Oberflächlichkeit oder Nachgiebigkeit für das, was dort zur Sprache kommt» (*Alberigo/Wittstadt*, Geschichte III 154).

Kommentator des «New Yorker» spricht vom «Black Thursday».[58] Congar notiert in seinem Tagebuch:

«Es ist unbestreitbar, dass dieser Vormittag im Hinblick auf das ökumenische Klima katastrophal ist. Es ist klar, dass der Papst große symbolische Gesten macht, dass jedoch hinter diesen weder die Theologie noch der konkrete Sinn der Dinge steht, die diese Gesten nach sich ziehen müssten. Eine Menge Leute fragen mich, was ich davon halte. Ich sage, dass ich die Hoffnung nicht aufgebe, dass für die Religionsfreiheit morgen alles aufgeholt werden kann und dass dies insgesamt zeigt, dass die Arbeit kaum begonnen hat. Alles oder fast alles bleibt zu tun.»[59]

Zwischen der dritten und vierten Sitzungsperiode werden viele Texte überarbeitet; zum Schema XIII gibt es eine Anzahl von Änderungsanträgen. Die Enzyklika «Ecclesiam suam» Papst Pauls VI., am 6. August 1964 verkündet, spricht über den Dialog der Kirche mit der Welt. Sie bildet einen entscheidenden Beitrag des Lehramtes zu den offenen Fragen des Schemas XIII. Karl Rahner arbeitet für die letzte Periode des Konzils nicht mehr so viel, da er sich nicht mehr ausrechnet, zum Konzil noch erhebliche Beiträge beisteuern zu können. Er konzentriert sich auf seine Vorlesungen in München. Nach und nach werden die theologischen Schemata von den Konzilsvätern approbiert. Schema XIII mutiert zur Pastoralkonstitution «Gaudium et spes» und wird am 6. Dezember 1965, zusammen mit der Erklärung über die Religionsfreiheit «Dignitatis humanae», verabschiedet. Das II. Vatikanum geht zu Ende; aus diesem Anlass wird zur gleichen Zeit in Istanbul und St. Peter die über tausendjährige gegenseitige Exkommunikation beider Kirchen aufgehoben. Am 8. Dezember 1965 wird auf dem Petersplatz der Abschluss des Konzils liturgisch gefeiert.

---

58 Hier manifestiert sich unter geschichtlichem Aspekt die hermeneutische Kategorie des Ereignisses. «Se è vero che il Vaticano cade sotto la categoria storiografica di ‹evento›, i giorni finali del terzo periodo conciliare possono essere considerati una sorta di evento nell'evento» (La tempesta di novembre: la ‹settimana nera›. In: *Alberigo/Melloni*, Storia 417). Zur ökumenischen Dimension des Konzils siehe: *Vischer*, concilio.

59 *Congar*, Mon Journal II 282.

5   Die Leistung der Theologen

Congar wie Rahner haben das Konzil maßgeblich mitbestimmt. Spuren der Theologie Rahners lassen sich hauptsächlich im Text der Dogmatischen Konstitutionen über die Kirche und über die Göttliche Offenbarung, über das Dekret zum Ordensleben und der Pastoralkonstitution über die Kirche in der Welt von heute ausmachen.[60] Die Konzilstexte «Gaudium et spes», «Ad gentes» und die Erklärung «Dignitatis humanae» gehen vom universalen Heilswillen Gottes aus. Die Theorie des anonymen Christen, die Rahner aufgrund seines gnadentheologischen Ansatzes entwickelt, um theologisch reflektiert die Plausibilität des universalen Heilswillens theologisch situieren zu können, findet jedoch keinen Eingang in die Konzilstexte. Der Widerstand vieler Theologen und Konzilsväter ist hierfür zu groß. Den Einfluss von Congar auf Konzilstexte bestimmt der Dominikaner in seinem Tagebuch selbst:

> «Sind von mir: Lumen gentium, die erste Ausarbeitung mehrerer Ziffern von Kap. I und der Ziffern 9, 13, 16, 17, Kap. II, sowie einige spezifische Passagen. De Revelatione: Habe am Kap. II gearbeitet und die Ziffer 21 beruht auf einer ersten Ausarbeitung von mir. De oecumenismo: habe daran gearbeitet; das Proemium und die Schlussfolgerung sind so ziemlich von mir. Erklärung über die nicht-christlichen Religionen: habe daran gearbeitet; die Einführung und die Schlussfolgerung sind so ziemlich von mir. Schema XIII: habe daran gearbeitet: Kap. I, IV. De Missionibus: Das Kap. I ist von A bis Z von mir, mit Anleihen bei Ratzinger für die Ziffer 8. De libertate religiosa: Mitarbeit an allem, insbesondere an den Ziffern des theologischen Teils und am Proemium, das von meiner Hand ist. De Presbyteris: Diese Ausarbeitung stammt zu drei Vierteln von Lécuyer-Onclin-Ratzinger. Habe das Proemium neu geschrieben, die Ziffern 2–3. Habe die erste Ausarbeitung der Ziffern 4–6 gemacht; habe die Ziffern 7–9, 12–14 überarbeitet sowie die Schlussfolgerung, deren zweiten Absatz ich abgefasst habe.»[61]

Congar gibt mit Küng die Konzilsdokumente heraus, Rahner publiziert mit Vorgrimler das «Kleine Konzilskompendium» für den deutschsprachigen Raum, das 2005 in der 4. erw. Auflage im Verlag Herder, Freiburg i. Br., erschienen ist.

Beide Theologen sehen in der Freiheit der Theologie, die das Konzil seinen Theologen einräumt, den entscheidenden Beitrag für das Gelingen des Kon-

---

60 Vgl. *Neufeld*, Theologen; *Ders.*, Beitrag.
61 *Congar*, Mon Journal II 511.

zils.[62] Für beide ist Theologie eine Wissenschaft, die kirchlich und in persönlicher und institutionell gewährter Freiheit zu betreiben ist. Beide sehen in diesem Konzil das Ereignis ihrer Kirche im 20. Jahrhundert. Rahner versteht das Konzil als ersten amtlichen Selbstvollzug der Kirche als Weltkirche.[63] Für beide ist es ein Konzil der Kirche und nicht der Theologen. Der repressionsfreie theologische Diskurs, der nicht in ein völliges Auseinanderdriften von unvereinbar erscheinenden theologischen Positionen, sondern in eine gesamtkirchliche Aussage mündet, war für Karl Rahner das «eigentlich geistesgeschichtlich Erstaunliche und Wunderbare an diesem Konzil»[64].

6   Das Lehramt und die Theologie

Spricht das Konzil vom authentischen Lehramt, das dem Bischof von Rom in besonderer Weise zukommt, so wird aber zugleich, im Sinne der Kollegialität der Bischöfe, von der authentischen Lehre der Bischöfe untereinander und mit dem Nachfolger Petri in Glaubens- und Sittensachen gesprochen (vgl. LG 25). Die Bischöfe sind gemäß dem Konzil «authentische, d. h. mit der Autorität Christi ausgerüstete Lehrer» (LG 25). Die Theologie ist ein eigenständiger Bereich im Volk Gottes; Congar nennt die Theologie «service au peuple de Dieu». Das Lehramt präsentiert sich heute in einer Spannweite, die sich in Kurie, regionalen Bischofskonferenzen, einzelnen Bischöfen widerspiegelt. Die Errichtung der «Internationalen Theologenkommission» soll dem Geist des Konzils entsprechend den Dialog zwischen Lehramt und Theologie weiterhin fördern. Rahner und Congar sind beide Gründungsmitglieder dieser internationalen Kommission geworden.[65]

---

62 «Meiner Ansicht nach wird die Rückeroberung der Freiheit zwei Generationen beanspruchen; Traditionen müssen in diesem Sinne wiederhergestellt werden; die erste, vielleicht etwas verrückte Freiheitsbewegung muss sich beruhigen; es muss sich eine dieser wiedergefundenen Freiheit angemessene Selbstkritik der Theologen untereinander entwickeln» (*Puyo*, Congar 159); vgl. *Rahner*, ‹Humanae vitae› 209 f.

63 Vgl. *Rahner*, Grundinterpretation; *Ders.*, Bedeutung.

64 *Rahner*, Konzil 4. Vgl. dazu auch die Einschätzung eines Historikers: «Je m'étonne et j'admire que cette assemblée de dimension insolite, composée d'hommes qui n'avaient guère d'expérience de la délibération collective, ait pu, en quatre sessions seulement de quelques semaines chacune, mener à bien une tâche d'une telle ampleur, toucher à tant de sujets divers et aboutir à un ensemble de textes dont la qualité est certes inégale, mais dont quelques-uns sont remarquables et d'une exceptionnelle densité» (*Rémond*, Regards 379).

Die Kirche lernt neu einen Binnenpluralismus theologischer Ansätze kennen. Dieser theologische Pluralismus stellt das Lehramt vor eine neue Situation. Idealerweise muss das Lehramt im Dienste der gesamten Kirchengemeinschaft wirken, im Namen des Glaubensbekenntnisses selbst und im Namen einer Theologie. Aber konkret ist es dem Lehramt unmöglich, sich anders als in der Sprache einer Theologie auszudrücken – sei es die der römischen Theologen. In der Folge des Konzils von Trient kam es zu einer Vermengung zwischen einer dogmatischen und einer theologischen Funktion des Lehramtes. So wurden die Dekrete des Konzils von Trient nicht nur als Entscheid des Lehramtes gelesen, sondern zugleich als höchste Norm jeglicher theologischer Spekulation.[66] Das II. Vatikanum brachte hier eine Wende. Heute ist es gebräuchlich, zwischen der normierenden Funktion des Lehramtes und der Forschung der theologischen Wissenschaften zu unterscheiden.

Mit dem II. Vatikanum gewinnt die Theologie Freiraum. Congar und Rahner sehen diese Entwicklung auf dem Konzil in aller Klarheit.[67] Im Klartext: Nicht jeder theologische Ansatz muss wort- und sachgleich mit lehramtlichen Aussagen konform gehen; Lehramt und Theologie wissen, dass dieser freie Spielraum zwischen den verschiedenen Konzepten und theologischen Sprachspielen nicht die Einheit des Glaubens gefährden muss. Diese systematische Überlegung entfaltet zunächst in einer binnenkatholischen Perspektive ihre Kraft, wird aber bald auf die ökumenische Fragestellung der (katholischen) Theologie übertragen werden.[68]

---

65 Congar wie Rahner äußern sich teilweise kritisch über die Internationale Theologische Kommission, insofern die Gefahr besteht, dass dieses Gremium sich als verlängerten Arm der kurialen Theologie versteht, vgl. dazu: *Rahner*, Glaubenskongregation; *Congar*, théologien 12 f.

66 Diesen historischen Prozess analysiert *Congar* in: La tradition et les traditions 233–257.

67 Im Brief vom 27. April 1964 schreibt Rahner an Vorgrimler: «Gestern bin ich von Rom gekommen. Müde. Aber man kann dort doch immer wieder dafür sorgen, dass das Schlimmste verhindert und da und dort ein kleiner Aufhänger in den Schemata geboten wird für eine spätere Theologie: Das ist nicht viel und doch viel.» (*Vorgrimler*, Rahner 218).

68 Der Begriff «differenzierter Konsens» gilt als hermeneutischer Schlüssel ökumenischer Dialoge, so beispielsweise für die «Gemeinsame Erklärung zur Rechtfertigunglehre», die am 31. Oktober 1999 durch die Präsidenten des Lutherischen Weltbundes und des Päpstlichen Rates zur Förderung der Einheit der Christen unterzeichnet wurde; siehe: Gemeinsame Erklärung zur Rechtfertigungslehre.

Den theologischen Geist des Konzils wollten beide Theologen in ihrer Wissenschaft weiterhin verankert wissen. Bereits während des Konzils kommt es, auf Initiative des holländischen Verlegers Paul Brand, zur Gründung einer theologisch-wissenschaftlichen Zeitschrift, deren Titel bereits Programm ist: «Concilium». Die erste Nummer von «Concilium» erscheint am 8. Dezember 1965. Neben Congar und Rahner gehören Küng, Schillebeeckx, Metz u. a. m. zu den Gründungsmitgliedern. Rahner, der zusammen mit Eduard Schillebeeckx das Vorwort zur ersten Nummer schreibt, kommt auf das Verhältnis von Theologie und Lehramt zu sprechen.[69] Für Rahner besteht der Ertrag in einer Internationalisierung der Kirche. War das II. Vatikanum theologisch noch wesentlich von einer europäisch zentrierten Theologie bestimmt, so haben diese Theologen doch auf die Öffnung neuer regionaler Theologien hingearbeitet. Eine Theologie, die mit den «Zeichen der Zeit» (GS 4) arbeitet, bemüht sich nicht nur um ein pastorales aggiornamento der Kirche, sondern nimmt, in erkenntnistheoretischer Absicht, die Geschichtlichkeit der Theologie ernst.[70]

Für beide Theologen ist es klar, dass das Konzil viele theologische Fragen offen gelassen hat, die in der folgenden Zeit von der theologischen Wissenschaft behandelt werden sollten. In dieser nachkonziliaren Phase stehen wir heute: 40 Jahre nach dem Abschluss des II. Vatikanums.

7 Die Modelle des Zusammenspiels

Formal lassen sich heute zwei Modelle des Zueinanders von Lehramt und Theologie beschreiben:[71] Das Delegationsmodell sieht die Autorität von oben, vom kirchlichen Amt aus. An die Theologie werden vom Lehramt bestimmte

---

69 «In dieser Zeitschrift wollen sich eigentliche Wissenschaftler in der Theologie an die Männer der praktischen Arbeit in der Kirche wenden, von deren Entscheidung und Tat in der Kirche viel abhängt und die, auch durch die Erfahrungen des Konzils belehrt, wissen, dass die Entscheidungen der Praxis und die Verkündigung des Evangeliums von heute auch von der eigentlichen theologischen Wissenschaft etwas lernen muss (wie natürlich auch umgekehrt)» (*Rahner/Schillebeeckx*, Vorwort 1). Zur Entstehung von «Concilium» siehe z. B. die Schilderung von *Küng*, Freiheit 394–396.

70 «Zeichen der Zeit: Zweifellos haben wir hier den Schlüssel, die theologische Kategorie, die als Dreh- und Angelpunkt nicht nur für eine Analyse des ‹Aggiornamento pastoral› der Kirche, sondern noch mehr der Erneuerung einer Theologie dienen wird, die sich der historischen Dimension ihres Ziels bewusst ist» (*Chenu*, Histoire 28).

71 Siehe dazu: *Dulles*, Lehramt; *Beinert*, Erwägungen.

Aufgaben delegiert. Theologen verkünden Inhalte des Lehramtes und verstehen sich als Exegeten lehramtlicher Verlautbarungen. Dieses Modell, streng monologisch konzipiert, entspricht dem Zueinander von Theologie und Lehramt, wie es das I. Vatikanum propagiert. Das gegenteilige Modell einer wechselseitigen Kommunikation geht von einer Interkommunikation verschiedener Gruppen innerhalb der Kirche aus. Das Lehramt ist hörend und lehrend zugleich. Ebenso sind wissenschaftliche Theologie und der «sensus fidei» der Gläubigen hörend und lehrend. Gegenseitig können sie sich Impulse geben. Das Interaktionsmodell ist dialogisch strukturiert. Lehramtlichen Äußerungen kommt eine wichtige Rolle zu, die lehramtliche Autorität ist jedoch nicht die letzte Instanz einer kirchlich-theologischen Entscheidungsfindung. Dieses Modell geht von einer beidseitigen Mitverantwortung von Lehramt und Theologie aus.[72] Alle Instanzen, die im theologischen Entscheidungsprozess beteiligt sind, unterstehen für Yves Congar nochmals einer anderen Größe:

> «Man hat zu viel von der Hierarchie oder dem Magisterium und Theologen gesprochen: Beim wahren Zustand der Dinge geht es nicht um zwei Begriffe, sondern um drei: Gott, das lebendige Wort und die Kirche als in Pastoren und Gläubige strukturiertes Volk. Die einen wie die anderen stehen unter dem Wort, dem Willen, wenn auch auf differenzierte Weise. Die Theologen gehören zu den Gläubigen und unterliegen in ihrem Bezug auf die Wahrheit der Regelung der kirchlichen Konfession des Glaubens durch jene, die mit dem Dienst der Superintendanz oder Überwachung (episkopé) betraut sind.»[73]

Die Theologen arbeiten zusammen, die einen zum Nutzen der anderen, an der Regelung des Diskurses, den sie produzieren. Sie kritisieren sich gegenseitig in dem Gefühl ihrer Verantwortung in Bezug auf das Wahre und in dem Gefühl, sich gegenseitig im Hinblick auf eine größere Wahrheit helfen zu müssen. Es ist klar, dass diese Regelung durch gegenseitige Kritik der Theologen ein Klima der Freiheit und des Vertrauens voraussetzt. Congar und Rahner plädieren beide für eine je zeitgemäße Form von Theologie. Chancen und Schwierigkeiten der Menschen von heute sind in den theologischen Diskurs aufzunehmen. Die Geschichtlichkeit von Kirche und Theologie erfordert eine stets neue Austarierung beider Größen, von Lehramt und Theologie. Das Zusammenspiel verlangt nach Rahner von den Theologen Treue, Klugheit und Mut. Die Treue gilt vor allem dem Herrn Jesus Christus, dem Lehramt gegenüber, insofern diesem Lehramt die Verheißung des Auferstandenen und der

---

72 Vgl. *Suenens*, corresponsabilité.
73 *Congar*, théologien 22.

Beistand des Hl. Geistes zugesagt sind. Rahners hermeneutischer Schlüssel für diese Vorgabe des depositum fidei heißt Respekt, Aufgeschlossenheit und gegebenenfalls Kritik. Treue aber auch gegenüber der persönlichen Forschungsfreiheit und der Freiheit der Meinungsäußerung.

Lehramt und Theologie bedürfen um ihrer selbst willen der Bereitschaft zum gegenseitigen Dialog. Zwischen Lehramt und Theologie obwaltet, so Karl Rahner, ein «sehr eigentümliches Verhältnis, das verbietet, das Lehramt als eine in sich selbst schwingende, sich selbst genügende Größe zu betrachten»[74].

Rahner führt für dieses Verhältnis einen «banalen Vergleich» an: Es waltet zwischen ihnen ein ähnliches Verhältnis, wie jenes zwischen den Knochen und den Muskeln eines Leibes. Beide sind verschieden in Wesen und Funktion und bedürfen doch einander, um gut und geist-voll miteinander verkehren zu können.[75]

8 Die nachkonziliare Phase

Lebte das Konzil in seinen glanzvollen Höhepunkten vom Interaktionsmodell, so haben sich bereits während des Konzils, unter Konzilsvätern wie Theologen, immer wieder Vertreter des Delegationsmodells zu Wort gemeldet. Diese Tendenz setzt sich in der nachkonziliaren Zeit weiter fort. Congar wie Rahner haben sich in ihrer theologischen Arbeit nach dem Konzil entsprechend geäußert. Beide unterschreiben den Aufruf für Freiheit in der theologischen Forschung, den die theologische Zeitschrift «Concilium» lancierte, um dem belgischen Dominikaner Eduard Schillebeeckx in seinem Verfahren mit der Glaubenskongregation beizustehen. 1972 wird unter der Ägide von Hans Urs von Balthasar die theologische Zeitschrift «Communio» gegründet, die sich als kritisches Korrektiv zu «Concilium» versteht.[76] Der Instruktion der

---

74 *Rahner*, Lehramt 91 f.

75 Vgl. ebd. 92. Siehe auch: «Wie sich konkret das Lehramt zur Theologie und die Theologie zum Lehramt verhalten muss, das ist nicht ein für allemal eindeutig gegeben, sondern muss immer aufs neue gefunden werden durch neue Erfahrungen in neuen Gestalten» (ebd. 80).

76 *Franz Greiner* schreibt im Editorial zur ersten Nummer von Communio, 1: «Wir stellen fest, dass das reiche, oft verwirrende Angebot des nachkonziliaren Katholizismus die Not vieler überzeugter Christen nicht behoben, sondern verschärft hat. Eine kritische Sichtung dieses Angebots muss daher gewagt werden. Wir erleben in der kirchlichen Gemeinschaft eine zunehmende Bildung von Fronten, eine Polarisierung nicht nur der Meinungen, sondern auch der Glaubenssichten und -haltungen, die den uns

Glaubenskongregation «Über die kirchliche Berufung des Theologen» aus dem Jahr 1990 wird «man eine Schlagseite zum Delegationsmodell gewiss nicht absprechen können, auch wenn sie Elemente des Interaktionsmodells enthält»[77]. Bei Lehramtsverfahren in neuerer Zeit lässt sich diese «Schlagseite» ebenfalls feststellen.[78]

In der nachkonziliaren Theologie findet sich im Diskurs um Lehramt und Theologie auch das interaktive Modell. 1994 spricht der Vorsitzende der Deutschen Bischofskonferenz, Kardinal Lehmann, in seinem Eröffnungsreferat vor der Herbstvollversammlung der Deutschen Bischofskonferenz vom Dialog als Form der Kommunikation und Wahrheitsfindung in der Kirche heute.[79] Verschiedene Bischofskonferenzen beteiligen Theologen an der Vernehmlassung zu bestimmten Verlautbarungen der jeweiligen Bischofskonferenz (z. B. Verlautbarungen zur kirchlichen Soziallehre in den USA, Deutschland, Österreich und der Schweiz). Jeder Bischof kann das interaktive Modell bei der Besetzung von Lehrstühlen in seinem Bistum anwenden (oder sich des Delegationsmodells bedienen). Ein theologischer Diskurs findet zwischen Kardinälen um die Frage nach der Zuordnung von Universal- und Ortskirche statt.[80] So greift man in eine virulente Diskussion ein, die das II. Vatikanische Konzil nur anfanghaft löste. Die im Jahr 2005 publizierte Erklärung der Schweizerischen Bischofskonferenz «Beauftragte Laien im kirchlichen Dienst»[81] ist Ausdruck des interaktiven Miteinanders von Lehramt und Theologie zum Wohl der Gläubigen einer ortskirchlichen Situation.

Abgeschlossen werden kann die Auflistung mit der Verlautbarung der französischen Bischofskonferenz «Proposer la foi dans la société actuelle»[82], einem Text, den eine Theologengruppe unter der Leitung des jetzigen Bischofs von

---

alle tragenden Grund des Glaubens gefährden. Wir sind nicht bereit, diese Entwicklung als einen unabwendbaren Vorgang hinzunehmen.»

77   *Koch*, Selbstverständnis 399.
78   Hier ist beispielsweise an das Lehrverfahren des belgischen Jesuiten Jacques Dupuis († 2004) zu denken. Wurde in der lehramtlichen Beurteilung seiner Theologie der Religionen die eigenständige Größe der theologischen Forschung berücksichtigt? Vgl. dazu *Dupuis*, théologie; *Müller*, Heilsuniversalität; *Waldenfels*, Theologie; *Ders.*, Jacques Dupuis; *Ratzinger*, Glaube 44 f. P. Jacques Dupuis hat über seine Causa eine Dokumentation verfasst, die er, hierin P. Congar mit seinen Tagebüchern vergleichbar, posthum veröffentlicht wissen will.
79   Vgl. *Lehmann*, Dialog.
80   Zu diesem Disput siehe: *Kehl*, Disput; *McDonnell*, Pentecost.
81   Hrsg. v. Sekretariat der Schweizer Bischofskonferenz, Freiburg.
82   *Les évêques de France*, foi.

Angoulême, Msgr. Claude Dagens, erstellt hat. Die deutsche Übersetzung «Den Glauben vorschlagen» klingt ungewohnt. Andere Länder, andere Sichtweisen – und dennoch: Diese Schrift schreibt in einer kerygmatischen Perspektive das interaktive Modell für Lehramt und Theologie in der nachkonziliaren Zeit fort. Jemandem etwas vorschlagen bedeutet, der anderen Person die Freiheit zu lassen, diesen Vorschlag anzunehmen oder abzulehnen. Das Vorschlagen impliziert einen Respekt vor der Freiheit des anderen. Jemandem etwas vorzuschlagen setzt jedoch zugleich eine Beziehung voraus, in der Vertrauen und Nähe grundsätzlich nicht fehlen dürfen. Der Vorschlag bedingt ein Überzeugtsein dessen, der etwas vorschlägt, und das Wissen darum, mit dem Vorschlag anderen helfen zu können. Die Schrift der französischen Bischöfe ist geprägt von der Einstellung, dass christlicher Glaube anderen einen echten Dienst erweisen kann.[83]

In diesem ekklesialen Vollzug hat die Theologie eine wesentliche Funktion als «Dienst am Volk Gottes».

9 Das Konzil – 40 Jahre später

Zum 40-jährigen Jubiläum des Konzils stehen wir in der Rezeption dieses Konzils; dieses Rezeptionsgeschehen wird u. a. durch das Verhältnis von Lehramt und Theologie mitbestimmt. Die Art und Weise der Rezeption des Konzils in der aktuellen kirchlichen Situation wird kontrovers diskutiert. Auf diese sehr lebendig geführte Diskussion der Rezeption des Konzils kann hier nicht eingegangen werden.[84] Der geschichtliche wie nachkonziliare Blick zeigt, dass dabei von verschiedenen Modellen der Zuordnung von Lehramt und Theologie ausgegangen wird. Die Konzilsväter haben sich durch ihr geschichtliches Ringen um eine adäquate Verkündigung des Evangeliums des interaktiven Modells der Zuordnung beider Größen bedient.

Die verschiedenartige Lesart des Konzils, die in der aktuellen Situation der Kirche feststellbar ist,[85] spiegelt sich in der Wertung der beiden vorgestellten

---

83 Vgl. *Neulinger*, Glauben.
84 Siehe dazu: *Alberigo/Wittstadt*, Geschichte I XXV–XXIX; *Hünermann*, Vatikanum. Einen Überblick bietet: *Wassilowsky*, Heilssakrament 15–80; *Ders.*, Erwartung.
85 So stehen sich beispielsweise heute Wertungen des Konzils diametral entgegen. Wird einerseits von Hans Küng ein «Verrat am Konzil» diagnostiziert (so Hans Küng in: *Ders.*, Geschichte 246–253), fordert Papst Benedikt XVI. andererseits, das wahre, tiefere Verständnis des Konzils zu entdecken (vgl. *Ratzinger*, Lage 25–43). Papst Benedikt

Theologen. Scheint kirchliches Engagement und theologisches Werk von P. Yves Congar in der – reichlich späten – Erhebung zum Kardinal von allen Kreisen in der Kirche gebilligt zu sein, unterliegt die Bewertung von Leben und Werk des deutschen Jesuiten immer noch heftigen Schwankungen. Parallel zur Rezeption des II. Vatikanums wird das Œuvre Karl Rahners kontrovers beurteilt: Gilt er für die meisten als herausragender theologisch-spekulativer Kopf der theologischen Szene des 20. Jahrhunderts, wird er – aus sehr konservativen bis traditionalistischen Kreise – immer wieder heftig angegriffen.[86]

Wo stehen wir heute? Pater Rahner kann in seiner Festansprache zum Abschluss (!) des II. Vatikanums im Herkulessaal der Residenz in München sagen: «Das Konzil – ein neuer Beginn»[87]. Die damals gemachten Aussagen besitzen auch heute noch ihre volle Berechtigung. Rahner nennt in seiner Festansprache rückblickend folgende Kriterien für eine Hermeneutik des Konzils:

– Das Konzil versteht sich als Initiative einer verfassten Gemeinschaft, die auf dem Konzil gepflegte Gesprächskultur vollzieht sich in Freiheit und Liebe.
– Das Konzil versteht sich als eine Versammlung der römisch-katholischen Kirche, und zugleich kennt es eine ökumenische Verantwortung.
– Das Kirchenverständnis wird nach innen (vgl. LG) und nach außen (vgl. GS) beleuchtet.

Diesen vorgestellten Kriterien Rahners ist noch die Verhältnisbestimmung von Lehramt und Theologie hinzuzufügen.

Das Konzil, so Rahner, versteht sich als «Anfang des Anfangs», in dessen Verlauf wir heute noch stehen:

> «Das Konzil hat einen Anfang für den aggiornamento, für die Erneuerung gesetzt, ja sogar für die immer fällige Buße und Bekehrung: den Anfang des Anfangs. Alles, fast alles ist noch Buchstabe. Buchstabe, aus dem Geist und Leben, Dienst, Glaube und Hoffnung werden können, aber nicht von selbst werden. Die Kirche hat sich zu einer Aufgabe bekannt, aber sie muss erst noch erfüllt werden. Und diese Kirche, das ist eine grundlegende Aussage aus Geist und Feuer, sind wir alle selber.»[88]

XVI. postuliert, «das Erbe des Zweiten Vatikanischen Konzils zu aktualisieren» (*Benedikt XVI. (Ratzinger)*, Kirche 9).

86 Vgl. dazu: *Rahner*, Stimmen; Theologisches: Katholische Monatszeitschrift – Sondernummer; *Vogels*, Rahner 2002 (vgl. dazu: *Splett*, Kreuz-Verhör).

87 Siehe dazu: *Rahner*, Konzil.

88 Vgl. ebd. 6.

Die Erinnerung an die Ereignisse des Konzils ist für das Verständnis des Konzils von Bedeutung. Die Rezeption des Konzils bleibt Aufgabe aller Glieder im Volk Gottes; dem Zusammenspiel von Lehramt und Theologie kommt dabei eine wichtige Funktion zu.

Literatur

Alberigo, Giuseppe: Johannes XXIII. und das II. Vatikanische Konzil. In: *Ders./Wittstadt, Klaus* (Hrsg.): Ein Blick zurück – nach vorn: Johannes XXIII. Spiritualität. Theologie. Wirken, Würzburg 1992, 137–176.

Ders./Wittstadt Klaus (Hrsg.): Geschichte des Zweiten Vatikanischen Konzils, 3 Bde., Mainz/Leuven 1997–2002.

Baraúna, Guilherme (Hrsg.): De Ecclesia. Beiträge zur Konstitution ‹Über die Kirche› des Zweiten Vatikanischen Konzils, 2 Bde., Freiburg i. Br./Basel/Wien 1966.

Beinert, Wolfgang: Systematische Erwägungen zum Verhältnis von Lehramt und Theologie. In: *Ders.*: Vom Finden und Verkünden der Wahrheit in der Kirche. Beiträge zur theologischen Erkenntnislehre, hrsg. v. *Georg Kraus*, Freiburg i. Br./Basel/Wien 1993, 211–233.

Benedikt XVI. (Ratzinger, Joseph): Kirche heute verstehen. Zur Gemeinschaft berufen, Freiburg i. Br./Basel/Wien 2005.

Brechenmacher, Thomas: Der Vatikan und die Juden. Geschichte einer unheiligen Beziehung, München 2005.

Bunnenberg, Johannes: Lebendige Treue zum Ursprung. Das Traditionsverständnis Yves Congars, Mainz 1989.

Chenu, Marie-Dominique: Histoire du salut et historicité de l'homme dans le renouveau de la théologie. In: *Shook, Laurence K./Bertrand, Guy-M.* (Hrsg.): La théologie du renouveau, Bd. 1, a. a. O., 21–32.

Ders.: Ein prophetisches Konzil. In: *Klinger, Elmar/Wittstadt, Klaus* (Hrsg.): Glaube im Prozess, a. a. O., 16–21.

Congar, Yves: Der Laie. Entwurf einer Theologie des Laientums, Stuttgart 1957.

Ders.: Erinnerungen an eine Episode auf dem II. Vatikanischen Konzil. In: *Klinger, Elmar/Wittstadt, Klaus* (Hrsg.), Glaube im Prozess, a. a. O., 22–32; Anhang: Zwei Schema-Entwürfe: ebd. 33–64.

Ders.: Erinnerungen an Karl Rahner auf dem Zweiten Vatikanum. In: *Imhof, Paul/Biallowons, Hubert* (Hrsg.), Karl Rahner, a. a. O., 65–78.

Ders.: Journal d'un théologien. 1946–1956. Edité et présenté par Etienne Fouilloux, Paris 2000.

Ders.: Konzil als Versammlung und grundsätzliche Konziliarität der Kirche. In: Gott in Welt. Festgabe für Karl Rahner, Bd. 2, Freiburg i. Br./Basel/Wien 1964, 135–165.

Ders.: Le théologien dans l'Eglise aujourd'hui. In: Les Quatres Fleuves 12 (1980) 7–27.

Ders.: La tradition et les traditions, Bd. I: Essai historique, Paris 1960.

Ders.: Le Concile au jour le jour, Paris 1963.

Ders.: Mon Journal du Concile, 2 Bde., Paris 2002.

Ders.: Pour une Eglise pauvre, Paris 1963.

Ders.: Vraie et fausse réforme dans l'Eglise, Paris 1950.

Conzemius, Victor: Otto Karrer (1888–1976) – Theologie des Aggiornamento. In: *Leimgruber, Stephan/Schoch, Max* (Hrsg.): Gegen die Gottvergessenheit. Schweizer Theologen im 19. und 20. Jahrhundert, Freiburg/Basel/Wien 1990, 576–590.

Due nodi: la libertà religiosa e le relazioni con gli ebrei. In: *Alberigo, Giuseppe/Melloni, Alberto* (Hrsg.): Storia del concilio vaticano II, Bd. 4: La chiesa come comunione, Bergamo 1999, 119–219.

Dulles, Avery: Lehramt und Unfehlbarkeit. In: HFTh 4, 153–178.

Dupuis, Jacques: Vers une théologie chrétienne du pluralisme religieux, Paris 1997.

Duquesne, Jacques: Jacques Duquesne interroge le Père Chenu: Un théologien en liberté, Paris 1975.

Duval, André: Le message au monde. In: *Fouilloux, Etienne* (Hrsg.): Vatican II commence, a. a. O., 104–118.

Fouilloux, Etienne (Hrsg.): Vatican II commence … Approches Francophones, Leuven 1993.

Gemeinsame Erklärung zur Rechtfertigungslehre. Ein Kommentar des Instituts für Ökumenische Forschung, Straßburg 1997.

Greiner, Franz: Editorial. In: IkaZ 1 (1972) 1–3.

Herder Theologischer Kommentar zum Zweiten Vatikanischen Konzil, Bde. 1–2, Freiburg i. Br./Basel/Wien 2004; Bd. 3, Freiburg i. Br./Basel/Wien 2005.

Höfer, Liselotte/Conzemius, Victor (Hrsg.): Otto Karrer: Kämpfen und Leiden für eine weltoffene Kirche. Freiburg i. Br./Basel/Wien 1985, 394–400.

Hünermann, Peter (Hrsg.): Das II. Vatikanum – christlicher Glaube im Horizont globaler Modernisierung. Einleitungsfragen, Paderborn 1998.

Imhof, Paul/Biallowons, Hubert (Hrsg.): Karl Rahner. Bilder eines Lebens, Freiburg i. Br./Basel/Wien 1985.

Jossua, Jean-Pierre: Le Père Congar. La théologie au service du peuple de Dieu par Jean-Pierre Jossua, Paris 1967.

Kehl, Medard: Zum jüngsten Disput um das Verhältnis von Universalkirche und Ortskirche. In: *Walter, Peter* u. a. (Hrsg.): Kirche, a. a. O., 81–101.

Klinger, Elmar/Wittstadt, Klaus (Hrsg.): Glaube im Prozess. Christsein nach dem II. Vatikanum. FS Karl Rahner zum 80. Geburtstag, Freiburg i. Br./Basel/Wien 1984.

Koch, Kurt: Selbstverständnis und Praxis des kirchlichen Lehramtes. In: StdZ 211(1993) 395–402.

König, Franz: Der Konzilstheologe. In: *Imhof, Paul/Biallowons, Hubert* (Hrsg.): Karl Rahner, a. a. O., 60–68.

Küng, Hans: Erkämpfte Freiheit. Erinnerungen, München/Zürich 2002.

Ders.: Kleine Geschichte der katholischen Kirche. Kleine Weltgeschichte, Berlin 2002.

Lehmann, Karl: Vom Dialog als Form der Kommunikation und Wahrheitsfindung in der Kirche heute (1994). Der Vorsitzende der Deutschen Bischofskonferenz, Nr. 17, Bonn, 1994.

Les évêques de France: Proposer la foi dans la société actuelle. Lettre aux catholiques de France. Le rapport rédigé par Msgr. Claude Dagens. Paris; dt. Übersetzung: Den Glauben anbieten in der heutigen Gesellschaft. Brief an die Katholiken Frankreichs. Bonn: Sekretariat der Deutschen Bischofskonferenz, 11. Juni 2000 (Stimmen der Weltkirche 37).

McDonnell, Kilian: Pentecost in Relation to the ontological and temporal Priority in the Universal Church: The Ratzinger/Kasper Debate. In: *Walter, Peter* u. a. (Hrsg.): Kirche, a. a. O., 102–114.

Müller, Gerhard L. (Hrsg.): Die Heilsuniversalität Christi und der Kirche. Originaltexte und Studien der römischen Glaubenskongregation zur Erklärung ‹Dominus Jesus›, Würzburg 2003.

Müller, Wolfgang W. (Hrsg.): Otto Karrer. Fundamente und Praxis der Ökumene gestern und heute, Berlin 2004.

Neufeld, Karl H.: Der Beitrag Karl Rahners zum II. Vatikanum. In: *Wittstadt, Klaus/ Verschooten, Wim* (Hrsg.): Der Beitrag der deutschsprachigen und osteuropäischen Länder zum Zweiten Vatikanischen Konzil, Leuven 1996, 108–119.

Ders.: Theologen und Konzil. Karl Rahners Beitrag zum Zweiten Vatikanischen Konzil. In: StdZ 202 (1984) 156–166.

Neulinger, Thomas: Den Glauben vorschlagen. Eine Initiative und ein Brief der französischen Bischöfe. In: StdZ 219 (2001) 356–358.

Pesch, Otto Hermann: Das Zweite Vatikanische Konzil. Vorgeschichte, Verlauf – Ergebnisse, Nachgeschichte, Würzburg ³1994.

Puyo, Jean: Jean Puyo interroge le Père Congar: Une vie pour la vérité, Paris 1975.

Rahner, Karl: Aus dem Konzilsgutachten für Kardinal König. In: *Ders.:* Sehnsucht nach dem geheimnisvollen Gott. Profil. Bilder. Texte, hrsg. v. *Herbert Vorgrimler,* Freiburg i. Br. 1990, 95–165.

Ders.: Das Konzil – ein neuer Beginn: In: Klerusblatt 46 (1966) 4–8.

Ders.: Diaconia in christo. Über die Erneuerung des Diakonats, Freiburg i. Br./Basel/ Wien 1962.

Ders.: Die bleibende Bedeutung des II. Vatikanischen Konzils: In: *Ders.,* Schriften zur Theologie, Bd. 14, 303–318.

Ders.: Glaubenskongregation und Theologenkommission. In: *Ders.,* Schriften zur Theologie, Bd. 10, 338–357.

Ders.: Lehramt und Theologie. In: *Ders.,* Schriften zur Theologie, Bd. 13, 9–92.

Ders.: Stimmen der Zeit: Spezial 1–2004: Karl Rahner – 100 Jahre, Freiburg i. Br. 2004.

Ders.: Theologische Grundinterpretation des II. Vatikanischen Konzils. In: *Ders.,* Schriften zur Theologie, Bd. 14, 287–302.

Ders.: Über die Schriftinspiration, Freiburg i. Br./Basel/Wien 1958 (QD 1).

Ders.: Zur Enzyklika ‹Humanae vitae›. In: StdZ 182 (1968) 193–210.

Ders./Schillebeeckx, Eduard: Vorwort. In: Concilium 1 (1965) 1–3.

Ratzinger, Joseph: Glaube, Wahrheit, Toleranz. Das Christentum und die Weltreligionen, Freiburg i. Br./Basel/Wien 2003.

Ders.: Zur Lage des Glaubens. Ein Gespräch mit Vittorio Messori, München/Zürich/ Wien 1985.

Rémond, René: Regards d'un historien sur Vatican II trente ans après. In: *Fouilloux, Etienne* (Hrsg.): Vatican II commence, a. a. O., 371–379.

Ruggieri, Giuseppe: Der erste Konflikt in der Lehre. In: *Alberigo, Giuseppe/Wittstadt, Klaus* (Hrsg.), Geschichte des Zweiten Vatikanischen Konzils, Bd. 2, a. a. O., 273–314.

Schmidt, Stjepan: Augustin Bea. Der Kardinal der Einheit, Graz 1989.

Seeber, David: Das Zweite Vaticanum, Freiburg 1966.

Sekretariat der Schweizer Bischofskonferenz (Hrsg.): Beauftragte Laien im kirchlichen Dienst, Freiburg 2005.

Shook, Laurence K./Bertrand, Guy-M. (Hrsg.): La théologie du renouveau, 2 Bde., Paris 1968.

Stock, Alex: Demonstratio catholica. Notizen zu einer poetischen Dogmatik. In: *Bottlogg, Andreas/Delgado, Mariano/Siebenrock, Roman A.* (Hrsg.): Was den Glauben in Bewegung bringt. Fundamentaltheologie in der Spur Jesu Christi, Freiburg i. Br./ Basel/Wien 2004, 328–337.

Splett, Jörg: Im Kreuz-Verhör? Zu einer Kritik von Karl Rahners ‹System›. In: ThPH 77 (2002) 556–560.

Suenens, Léon-Joseph: La corresponsabilité, idée maîtresse du concile et ses conséquences pastorales. In: *Shook, Laurence K./Bertrand, Guy-M.* (Hrsg.): La théologie du renouveau, Bd. 2, a. a. O., 7–15.

La tempesta di novembre: la ‹settimana nera›. In: *Alberigo, Giuseppe/Melloni, Alberto* (Hrsg.): Storia del concilio vaticano II, Bd. 4: La chiesa come comunione, Bergamo 1999, 417–482.

Theologisches: Katholische Monatszeitschrift – Sondernummer: Zum 100. Geburtstag und 20. Todestag Karl Rahners. April/Mai 2004, Siegburg 2004.

Vischer, Lukas: Il concilio come evento del movimento ecumenico. In: *Alberigo, Giuseppe/Melloni, Alberto* (Hrsg.): Storia del concilio vaticano II, Bd. 5: Concilio di transizione, Bergamo 2001, 493–546.

Vogels, Hans-Jürgen: Rahner im Kreuz-Verhör. Das System Karl Rahners zu Ende gedacht, Bonn 2002.

Vorgrimler, Herbert: Karl Rahner verstehen: Eine Einführung in sein Leben und Denken, Freiburg i. Br. 1985.

Waldenfels, Hans: Jacques Dupuis – Theologie unterwegs. In: StdZ 219 (2001) 217 f.

Ders.: Unterwegs zu einer christlichen Theologie des religiösen Pluralismus. Anmerkungen zum ‹Fall Dupuis›. In: StdZ 217 (1999) 597–610.

Walter, Peter u. a. (Hrsg.): Kirche in ökumenischer Sicht, Freiburg i. Br./Basel/Wien 2003.

Wassilowsky, Günther: Karl Rahners gerechte Erwartung ans II. Vatikanum. In: *Ders.* (Hrsg.), Zweites Vatikanum, a. a. O., 31–54.

Ders.: Universales Heilssakrament. Karl Rahners Beitrag zur Ekklesiologie des II. Vatikanums, Innsbruck 2001.

Ders. (Hrsg.): Zweites Vatikanum – vergessene Anstöße, gegenwärtige Fortschreibungen, Freiburg i. Br./Basel/Wien 2004.

Das Zweite Vatikanische Konzil. Konstitutionen, Dekrete und Erklärungen. Lateinisch – Deutsch. Kommentare, 3 Bde, Freiburg i. Br. 1966–1968 (LThK², Ergbde.).

Die Pastoralkonstitution Gaudium et spes.
Anliegen und bleibende Verpflichtung

Manfred Belok

Gaudium et spes, «die pastorale Konstitution über die Kirche in der Welt von heute», ist eines der vier konstitutiven und damit grundlegenden Dokumente des Zweiten Vatikanischen Konzils. Sich ihrer Zielrichtung und programmatischen Aussagen zu vergewissern und sich neu mit dem auseinanderzusetzen,[1] was in ihrer Zielperspektive, in ihren Richtungs- und Problemanzeigen und in ihrem methodischen Ansatz an bleibender Verpflichtung deutlich wird, ist Aufgabe für eine Kirche, die sich durch die Lebens- und Überlebensfragen der Menschen in einer globalisierten Welt in ihrem Selbstverständnis und Sendungsauftrag herausgefordert weiß und nach wie vor, global und lokal, vor allem eines sein will: «Kirche in der Welt von heute», *sacramentum mundi*, Zeichen der Gegenwart Gottes in unserer Zeit.

Hierbei kann die Erinnerung an das Zweite Vatikanische Konzil, das Papst Benedikt XVI. als eine «Kulturrevolution» in der römisch-katholischen Kirche bezeichnet hat, und die Besinnung auf eines seiner wichtigsten Dokumente anlässlich des 40. Jahrestages des Konzilsabschlusses ein geistiges und geistliches Erbe lebendig halten, das «die Wachheit und Bereitschaft, die Umkehrfähigkeit und die Sensibilität unseres Glaubens auf die Probe stellt. Gerade darum tut lebendige Erinnerung Not.»[2]

Die «Pastoralkonstitution über die Kirche in der Welt von heute» ist das umfangreichste Beschlussdokument des Zweiten Vatikanischen Konzils und

---

1 Wie z. B. die deutschsprachigen PastoraltheologInnen auf ihrem Kongress vom 19.–22. September 2005 in Augsburg: «Der halbierte Aufbruch – 40 Jahre Pastoralkonstitution Gaudium et spes.» Und gleichzeitig auch die Herbst-Vollversammlung der Deutschen Bischofskonferenz, 19.–22. September 2005 in Fulda, mit dem Eröffnungsreferat des Vorsitzenden der Deutschen Bischofskonferenz, Kardinal Karl Lehmann, zum Thema «Neue Zeichen der Zeit. Unterscheidungskriterien zur Diagnose der Situation der Kirche und zum kirchlichen Handeln».

2 *Lehmann*, Hermeneutik 74.

kam von den 16 vom Konzil verabschiedeten Dokumenten (4 Konstitutionen, 9 Dekrete, 3 Erklärungen) als letztes zur Abstimmung.

Die Methodologie von *Gaudium et spes* war so ungewohnt und neu, dass der Beratungsprozess und der Versuch einer Neubestimmung des Verhältnisses von Kirche und Welt besonders schwierig waren und heftige Kontroversen bereits in der Konzilsaula auslösten – und erst recht in der Zeit danach bis heute. Denn was als Methodenfrage begonnen hatte, wandelte sich zu einem neuen Ansatz der Theologie. Daher machen viele dieses Dokument, das einen grundlegenden Perspektivenwechsel von einer zeitlos gültigen axiomatischen Theologie hin zu einer sich geschichtlich verstehenden, kontextuellen Theologie vollzogen hat und in dem die «kopernikanische Wende» des Konzils am deutlichsten zum Ausdruck kommt, verantwortlich für die tiefgreifenden und nachhaltigen Veränderungen, die das Leben der Kirche in der Folgezeit geprägt, für manche gar zutiefst erschüttert haben. Andere wiederum sehen in der Pastoralkonstitution den Wendepunkt in der Kirche, weil sie die Tradition «vom Kopf auf die Füße» gestellt habe, die «Magna Charta», die die Fenster und Türen der Kirche zur Welt und den Menschen in ihr geöffnet habe.

Um die Wirkung von *Gaudium et spes* wahrnehmen und verstehen zu können, ist es hilfreich, sich auch nach 40 Jahren dieses Dokument in seinen Grundlinien erneut anzuschauen und daraus neue, für *heute* gültige Impulse zu entdecken. Es geht also nicht allein um eine *lecture*, sondern um eine *relecture* dieses so bahnbrechenden Dokumentes.

Hierfür soll zunächst (1) die geistige und innerkirchliche Ausgangslage des Konzils erinnert werden. Sie und (2) die Grundabsicht Johannes XXIII., seine Leitidee, die er mit der Einberufung des Zweiten Vatikanischen Konzils verfolgte, bilden die unabdingbare Hintergrundfolie für den Zugang zu *Gaudium et spes* und seinem Verständnis. Sodann wird (3) der mühsame Entstehungsprozess der Pastoralkonstitution in groben Zügen skizziert, um (4) die in *Gaudium et spes* erfolgte pastorale Ortsbestimmung kirchlicher Identität zu erläutern. In einem Ausblick sollen als notwendige Fortschreibung von *Gaudium et spes* schließlich (5) Themen, die die «Kirche in der Welt von heute» hier und jetzt herausfordern und Optionen für eine «Pastoral, die an der Zeit ist»/«Pastoral der Präsenz» sein können, zumindest benannt werden.

1 Zur geistigen Ausgangslage des Konzils: Eine auf Binnenorientierung fixierte Kirche

Die katholische Kirche verstand sich bis zum Zweiten Vatikanischen Konzil vor allem als die von Gott gewollte und legitimierte Ordnung, als «societas perfecta», die der «Welt» eigenständig gegenüber steht. Kirche als «perfekte Gesellschaft» meint, dass sie als hierarchisch verfasste, juridisch straff durchstrukturierte Kirche von Jesus Christus gewollt, gegründet und mit allem ausgestattet ist, was sie für ihre Sinnbestimmung als Kirche, für ihren Daseinszweck und ihre Lebensvollzüge braucht, um in der Welt, unabhängig von allen weltlichen Institutionen, Instrumenten und Strukturen als «vollkommene Gesellschaft» und als «Leib Christi» existieren zu können. Ihre Aufgabe sah die Kirche zum einen darin, sich den aufkommenden Themen und Sichtweisen der Moderne, die die bis dahin gültigen Ordnungsmuster radikal infrage zu stellen, zu verändern oder gar zu überwinden drohten, vehement entgegenzustemmen.[3] Zum anderen wollte sie – und sah sich geradezu dazu berufen und auch in der Lage – der «Welt» und der Gesellschaft, der «societas imperfecta», angesichts des in ihr herrschenden Chaos «Licht auf dem Berge» sein, Licht, das sowohl der Gesellschaft als auch dem Gemeinwohl überhaupt sichere Orientierung durch die vom Zeitgeist der Moderne verursachten Verdunkelungen der Wahrheit zu geben vermag. Die Grundfigur des Verhältnisses von Kirche und Welt zu dieser Zeit ist ein Dualismus zwischen einer sich sorgsam abschließenden Kirche und einer sich selbst überlassenen Welt. Karl Lehmann beschreibt das Selbstverständnis und die Selbstwahrnehmung der Kirche bis zum Zweiten Vatikanischen Konzil folgendermaßen:

> «Man musste von einer Kirche ausgehen, die sich in den Kämpfen und Schwierigkeiten der Neuzeit durch Verteidigungsstellung und Rückzug einigermaßen unversehrt bewahrt hatte, dafür aber die lebendige Begegnung mit der jeweiligen zeitgenössischen Kultur und den gesellschaftlichen Fragen eher eingebüßt hatte. Der neuzeitliche Katholizismus war eine feste Burg geworden, die im Inneren der Kirche den wahren Glauben und eine organisatorische Schlagkraft bewahrte, dennoch aber von den großen kontroversen Lebensproblemen der Moderne sich eher abgeschnitten empfinden musste. Im Grunde kann man fast alle großen Herausforderungen zwischen Glaube und Kultur, Kirche und Gesellschaft in der Neuzeit als elementare Konfliktsituationen zwischen Bewahrung der Identität und Dialogfähigkeit mit der Welt beschreiben, angefangen vom Galilei-Kon-

---

3 Noch bis 1967 mussten Priester bei der Übernahme einer neuen Aufgabe den sog. «Antimodernisteneid» ablegen.

flikt bis zu den erbitterten Kämpfen um das Heimatrecht der kritischen Methode in der Theologie während der Modernismus-Krise zu Beginn des 20. Jahrhunderts.

So hatten sich bis zum Zweiten Vatikanischen Konzil in immer neuen Schüben viele Konflikte angestaut: Verhältnis zur Demokratie, Gewährung von Religionsfreiheit, Antwort auf soziale Fragen, neue philosophische Probleme, Rolle des mündigen Laien, Naturwissenschaften und Theologie, Einschätzung der Technik und Verhältnis zur modernen Zivilisation. Wenn zwischen den verschiedenen Bereichen nicht mehr unmittelbare Feindschaft herrschte, so bestimmten Unwissenheit, Gleichgültigkeit und Misstrauen das Verhältnis.»[4]

Im Grunde war dies ganz unkatholisch, und Hans Urs von Balthasar hatte schon 1952 von einer «Schleifung der Bastionen»[5] gesprochen. Damit hatte er bereits zehn Jahre zuvor genau das Hauptproblem des geplanten Konzilsdokumentes benannt.

2   Das Konzilsprojekt Johannes' XXIII.: Theologisch-ekklesiologische Selbstvergewisserung und Öffnung zur Welt

In der Sicht Johannes' XXIII. stand die Welt in den 60er Jahren am Beginn einer neuen Epoche und damit vor gewaltigen Entwicklungen und Herausforderungen, die Gefahren, aber vor allem auch Chancen in sich trugen und insgesamt zur Hoffnung berechtigten. Zu dieser grundlegend veränderten Welt müsse die Kirche ihr Verhältnis neu bestimmen und könne nicht einfach wie bisher in einer Abwehrhaltung verharren. Sie müsse mit der Welt in einen *Dialog* kommen und auch selbst einen Beitrag zur Lösung der Probleme der Moderne leisten, müsse der Menschheit bei ihrer Suche nach Frieden, Gerechtigkeit und Einheit dienen und neue Wege einer glaubwürdigen Verkündigung und Bezeugung des Evangeliums finden. Deswegen bedürfe die Kirche einer tiefgreifenden Erneuerung. Das Schlüsselwort für Johannes XXIII. hierzu hieß «*Aggiornamento*». Diesen Begriff gebrauchte er zum ersten Mal 1953 zu Beginn seiner Amtszeit als Patriarch von Venedig, und seitdem gehörte er zu seinem bevorzugten Vokabular. «Aggiornamento» meint dabei keineswegs «Anpassung an den Zeitgeist» und Konformität, sondern das Bemü-

---

4   *Lehmann*, Christliche Weltverantwortung 298 f.
5   Vgl. *Balthasar*, Schleifung.

hen, die Kirche so auf die «Höhe des Tages» zu bringen, dass die Botschaft des Evangeliums die Menschen unserer Zeit erreichen kann. Johannes XXIII. sah die Kirche nicht primär als eine festgefügte, dem Wandel der Zeiten enthobene Institution an, sondern als eine lebendige Gemeinschaft, die immer neu auf die Anfragen und Erfordernisse der Gegenwart, eben auf die «Zeichen der Zeit», wie er es nannte, zu achten hat. «Wir sind nicht auf Erden, um ein Museum zu hüten, sondern um einen blühenden Garten voll von Leben zu pflegen»[6], charakterisierte er nach dem Tod Pius' XII. vor seinem Abschied aus Venedig auf dem Weg zum Konklave nach Rom die Aufgabe der Kirche aus seiner Sicht. Als ein weiteres wesentliches Ziel des Konzils sah er das Bemühen, der Einheit der Christen näher zu kommen.

Das Grundanliegen Johannes' XXIII war: Das, was die Kirche im Laufe ihrer 2000-jährigen Geschichte an Glaubenswahrheiten erkannt, bedacht, angenommen und auf Konzilien feierlich verkündet hat, soll unter bewusster und ausdrücklicher Wahrnehmung der Anfragen und Herausforderungen der Gegenwart und Zukunft als hilfreiches Glaubens- und Lebenswissen allen Menschen guten Willens dienlich werden und zugute kommen. Dies war angesichts der bisherigen Frontstellung von Kirche und Welt zueinander eine völlig neue Sicht der kirchlichen Leitungsaufgabe. Hierfür war ein Positionswechsel in der Hinsicht erforderlich, dass das kirchliche Lehramt sich nicht nur und vor allem weiterhin als «Lehrmeisterin» *(magistra)* und Hüterin der reinen Glaubenslehre verstehen durfte, vielmehr musste es ebenso eine gute «Mutter» *(mater)* und ein «guter Hirt» *(pastor bonus)* sein wollen. Als Weg für dieses Ziel eignete sich nicht länger die lehramtliche Verkündigung allein, die bisher einzig übliche und einseitige Form der «Kommunikation», falls man diese herkömmliche Vorgehensweise überhaupt mit dem anspruchsvollen Vorgang von Kommunikation vergleichen oder gar gleichsetzen will. Nötig wurde der Dialog mit der Welt von heute.

2.1 Die Vision: Kirche als «vornehmlich Kirche der Armen»

Genau einen Monat vor Konzilsbeginn wandte sich Papst Johannes XXIII. am 11. 9. 1962 in einer Radiobotschaft «an die Katholiken der Welt» und formulierte als Aufgabe des Konzils, den engen Zusammenhang zwischen der «inneren Struktur» der Kirche und ihren «Lebensäußerungen nach außen *(ad*

---

6 Zit. n. *Klein*, Aggiornamento 32.

extra)» deutlich zur Geltung zu bringen. Der Kirche Vitalität und «Lebenskraft nach innen *(ad intra)*» sei nicht trennbar von ihrem «Bezug auf die Bedürfnisse und Nöte der Völker»[7]. Diese Ausrichtung der Kirche auf die Welt war für Johannes XXIII. so konstitutiv, dass er sagen konnte, die Kirche sei angesichts der Armut vieler Völker und des sozialen Elends unter den Menschen «vornehmlich die Kirche der Armen»[8]. Das Konzil, so seine Hoffnung, werde eine Kirche zeigen, «die alle menschlichen Ereignisse aus der Nähe verfolgt» und die aufgrund dieser ihr wesentlichen Anteilnahme an der Welt «sich selbst im Ablauf der Jahrhunderte immer neu gestaltet»[9].

Da die in Rom zum Konzil versammelten Bischöfe aus der ganzen Welt kamen, brachten sie dementsprechend auch die Probleme der ganzen Welt mit und ergänzten die bis dahin weitgehend europäisch-nordamerikanische Sicht um die Wahrnehmung der Wirklichkeit in den Entwicklungsländern. So drängten die von dort kommenden Bischöfe darauf, dass sich die Kirchenversammlung nicht allein mit sich und ihrem dogmatischen Selbstverständnis befassen solle, sondern bereit sein müsse, sich mit den Nöten und Leiden der Menschen in ihren Herkunftsländern auseinanderzusetzen.

Dom Helder Camara (1909–1999), der spätere Erzbischof von Olinda und Recife, damals noch Weihbischof in Rio de Janeiro und zeitlebens ein engagierter und glaubwürdiger Verfechter der «Option für die Armen», griff den Aufruf und das Bekenntnis zur engagierten Anteilnahme am Geschick der Welt auf:

> «Sollen wir unsere ganze Zeit darauf verwenden, interne Probleme der Kirche zu diskutieren, während zwei Drittel der Menschheit Hungers sterben? Wird das Konzil seiner Sorge um die großen Probleme der Menschheit Ausdruck geben? Soll Papst Johannes in diesem Kampf allein bleiben?»[10]

Und später ergänzte Dom Helder Camara: «Ist das größte Problem Lateinamerikas der Priestermangel? Nein! Die Unterentwicklung.»[11]

---

7 *Johannes XXIII.*, Radiobotschaft 44.
8 Ebd. 45. Vgl. hierzu: *Chenu*, Kirche.
9 Eröffnungsbulle 226.
10 Zit. n. *Pesch*, Zweites Vatikanisches Konzil 319.
11 Ebd. 320.

2.2 Ein Konzil und Lehramt «von vorrangig pastoralem Charakter»

Das Ziel für Johannes XXIII. war die Öffnung der Kirche auf die moderne Welt hin. Anders als so manche «Unglückspropheten» in seiner unmittelbaren Umgebung sah Johannes XXIII. in dem, was in der Welt geschieht, nicht nur Negatives, sondern viel Positives, das er als Zeichen der Gegenwart Gottes deutete. Zugleich machte der Papst deutlich, inwieweit dieses Zweite Vatikanische Konzil sich in der Zielsetzung zu den bisherigen Konzilien unterscheiden solle: Es gehe nicht mehr «um einzelne Punkte der Doktrin oder der Disziplin», sondern darum, die «Substanz des menschlichen und christlichen Denkens und Lebens zur Geltung zu bringen», wie sie der Kirche durch die Jahrhunderte hindurch anvertraut sei, und deshalb erwarte er vom Konzil «ein Wiedererstarken des Glaubens». Die «eigentliche Aufgabe» des Konzils umriss er folgendermaßen:[12]

> «Das 21. Ökumenische Konzil … will die Glaubenslehre rein und unvermindert, ohne Abschwächung und Entstellung weitergeben. … Unsere Aufgabe ist es nicht nur, diesen kostbaren Schatz zu bewahren, als ob wir uns nur um Altertümer kümmern würden. Sondern wir wollen uns mit Eifer und ohne Furcht der Aufgabe widmen, die unsere Zeit fordert. So setzen wir den Weg fort, den die Kirche im Verlaufe von zwanzig Jahrhunderten gegangen ist.»[13]

Es ging Johannes XXIII. nicht um einen Traditionsbruch, sondern um einen Neuanfang. Dieser weiß sich nicht allein der dogmatischen Sicherung und Bewahrung der Reinheit von Glaubensinhalten verpflichtet, sondern der Frage der Veranschaulichung, der Konkretisierung, der Kontextualisierung und damit der Vermittelbarkeit des Glaubens, damit er Menschen der Gegenwart als christlich-kirchliches Glaubens- und Lebenswissen erreichen und von ihnen als wirkliche Hilfe für ihr Leben erfahren werden kann. Kontextualität ist nicht Anwendungsort, sondern Ermöglichungsgrund des Evangeliums.

> «Der springende Punkt für dieses Konzil ist also nicht, den einen oder den andern der grundlegenden Glaubensartikel zu diskutieren … Es wird vorausgesetzt, dass all dies hier wohl bekannt und vertraut ist. Dafür braucht es kein Konzil. Aber von einer wiedergewonnenen, nüchternen und gelassenen Zustimmung zur umfassenden Lehrtradition der Kirche … erwarten jene, die sich auf der ganzen Welt zum christlichen, katholischen und apostolischen Glauben bekennen, einen Sprung nach vorwärts, der einem vertieften Glaubensverständnis

---

12 Zit. n. *Klein*, Aggiornamento 34.
13 Zit. n. *Kaufmann/Klein*, Johannes XXIII. 133 f.

und der Gewissensbildung zugute kommt. Dies soll zu je größerer Übereinstimmung mit dem authentischen Glaubensgut führen, indem es mit wissenschaftlichen Methoden erforscht und mit den sprachlichen Ausdrucksformen des modernen Denkens dargelegt wird. Darauf ist – allenfalls braucht es Geduld – großes Gewicht zu legen»[14].

Diese Zielsetzung erforderte aus der Sicht Papst Johannes' XXIII. auch ein neues Verständnis seines eigenen Amtes und der Amtsausübung. So formulierte er, wie er selbst, in deutlich anderer Akzentsetzung als seine Vorgänger, die Aufgabe und Rolle des Lehramtes sieht und es wahrzunehmen gedenkt: «indem alles im Rahmen und mit den Mitteln eines Lehramtes von vorrangig pastoralem Charakter geprüft wird»[15].

Bisher galt die klare hierarchische Rangfolge: Die kirchliche Lehre («Doktrin») steht an erster Stelle und hat die höchste Autorität. Alles andere – Ableitungen und Handlungskonsequenzen aus der Lehre – ist «Anwendung auf die Praxis» und gehört zum Bereich «Disziplin». Mit «Pastoral» im Verständnis von Johannes XXIII. ist nicht, wie noch bis zum Konzil, die reine Umsetzung dogmatisch gesicherter Glaubensinhalte und lehramtlich verkündeter moralischer Normen auf die Praxis gemeint. Es geht also nicht um die den Priestern und Bischöfen (Hirten und Oberhirten) aufgetragene und vorbehaltene Aufgabe der Verkündung der «rechten Lehre» (Orthodoxie) und der Einschärfung einer kirchenamtlich formulierten Moral als Richtschnur für ein in Glaube und Sitte «rechtes Christenleben» (Orthopraxie). Es geht darum, das, was es zu verkünden und zu vermitteln gilt, in einer anderen Haltung zu tun. Johannes XXIII.: «Heutzutage zieht es die Braut Christi vor, eher das Heilmittel der Barmherzigkeit zu gebrauchen als das der Strenge.»[16]

Allerdings meint «Pastoral» im Sinne Johannes XXIII., darauf macht Norbert Mette zu Recht aufmerksam,

«nicht einfach eine Umkehrung dieser Rangordnung, so als solle das Disziplinäre dem Doktrinären vorgegeben werden. Sondern pastoral zu sein, d. h. dort zu sein und zu wirken, wo Gott ist und wirkt, nämlich wo die Menschen sind, und für sie da zu sein und so Gott die Ehre zu geben, macht das Wesen der Kirche insgesamt aus, also nicht nur ihre praktische Seite, sondern auch und gerade ihre lehrhafte. Genau dieses beinhaltet der programmatische Aufruf Johannes XXIII. zu einem *aggiornamento* der Kirche, womit er … auf eine Kirche [zielte], die es

---

14 Ebd. 135 f.
15 Ebd.
16 Zit. n. *Klein*, Aggiornamento 37.

versteht, den Glauben jeweils für die Menschen von heute als das, was er ist, also als heilend und befreiend erfahrbar werden zu lassen.»[17]

Was Papst Johannes XXIII. als Richtungsvorgabe für die Arbeit des Konzils vor Augen schwebte, war eine Erneuerung der Kirche in der Besinnung auf das Evangelium und im Blick auf die Fragen unserer Zeit, die Förderung der Einheit der Christen und der Beginn eines offenen Dialogs mit der modernen Welt. Zusammenfassend lässt sich mit Nikolaus Klein festhalten, dass

> «im Verständnis von Papst Johannes XXIII. der pastorale Charakter des Konzils und das Verständnis von ‹Aggiornamento› sich gegenseitig erklären. ‹Aggiornamento› bedeutet für ihn die Bereitschaft und die Offenheit für die Suche nach einer erneuten Belebung des Glaubens in der aktuellen Situation. Sie ist keine Reform der Disziplin und keine Modifikation im Bereich der Lehre, sondern ein vertieftes Verständnis der Glaubensüberlieferung, die zu einer Verjüngung des christlichen Glaubens und der Kirche führen soll. Das Lesen der ‹Zeichen der Zeit› soll deshalb in eine Wechselwirkung mit der Verkündigung des Evangeliums und dem Bekenntnis des Glaubens treten.»[18]

2.3 Struktur für die Arbeit des Konzils: Neuordnung der Themen in pastoraler Zielsetzung

Papst Johannes XXIII. hatte dem Konzil eine *pastorale* Zielsetzung gegeben, und die Konzilsversammlung hatte sich diese mit der Verabschiedung einer «Botschaft an die Welt» gleich zu Beginn der ersten Konzilssession zu Eigen gemacht. Jetzt galt es, diese pastorale Intention in den einzelnen zu erarbeitenden Dokumenten als grundlegende und durchlaufende Perspektive sichtbar zu machen.

Wichtige Anregungen und Anstöße zur inhaltlichen Entwicklung und zur Strukturierung der Konzilsarbeit gingen von Kardinal Leon-Joseph Suenens (Mecheln-Brüssel) und von Kardinal Giovanni Battista Montini (Mailand), dem späteren Papst Paul VI., aus. Beide machten gegen Ende der ersten Sitzungsperiode im Dezember 1962 den Vorschlag, die Arbeit des Konzils dahingehend zu strukturieren, dass die Vielfalt der Fragestellungen, die behandelt werden sollten, schwerpunktmäßig zwei Bereichen zugeordnet und um die beiden polaren Achsen «Ecclesia ad intra» und «Ecclesia ad extra» grup-

---

17 *Mette*, Pastorale Konstitution 282.
18 *Klein*, Aggiornamento 41.

piert werden: Zum ersten Themenfeld sollte die Reflexion über die Kirche, über ihr eigenes Wesen, gehören, zum zweiten das Nachdenken über die Öffnung der Kirche auf die Fragen und Nöte der gegenwärtigen Welt hin. Die fundamentale Korrelation zwischen beiden Bereichen war unübersehbar. Die beiden großen Themen «Ecclesia ad intra» und «Ecclesia ad extra» stellen wie in einer Ellipse zwei Brennpunkte eines Ganzen dar. Kardinal Suenens hatte es Johannes XXIII. bereits kurz vor der Eröffnung des Konzils schon im ersten Programmentwurf so vorgestellt und im Dezember 1962 gegen Ende der ersten Sitzungsperiode eingebracht.

Für beide, Suenens und Montini, stand die Kirche selbst im Zentrum der Konzilsarbeit. Der Vorschlag Kardinal Suenens' lag auf der Linie der verbindenden Unterscheidung zwischen der inneren Lebendigkeit der Kirche *(ad intra)* und ihren Lebensäußerungen *(ad extra)*, die Johannes XXIII. in seiner Radiobotschaft formuliert hatte. Kardinal Montini nahm zu diesen beiden Dimensionen – Mysterium der Kirche *(ad intra)* und Sendung der Kirche *(ad extra)* – noch die, im weitesten Sinne ökumenische, Dimension der Beziehung der Kirche zu den nicht zu ihr gehörenden Menschengruppen hinzu. Allerdings gab es für das Themenfeld «Ecclesia ad extra» keine im Vorfeld ausgearbeiteten Textvorlagen, auf die man hätte zurückgreifen können, wohl zu Einzelfragen, wie etwa zur Sozialordnung oder zum Kirche-Staat-Verhältnis. Hinzu kam, dass die zu diesen Einzelfragen vorliegenden Textentwürfe inhaltlich vollständig von der bis zum Konzil in der katholischen Kirche und Theologie vorherrschenden dualistischen Sichtweise geprägt waren.

3 Der lange Weg bis zur Verabschiedung von Gaudium et spes

Das als «pastorale Konstitution über die Kirche in der Welt von heute *Gaudium et spes*» mit 2309 Ja-Stimmen gegen 75 Nein-Stimmen in der 8. Textfassung[19] nach kontroversen Diskussionen und zahlreichen Änderungen am 7. Dezember 1965 verabschiedete Dokument ist das zeitlich letzte vom Konzil angenommene Dokument – einen Tag vor der feierlichen Schlusssitzung des Konzils. Von den ursprünglich 69 Entwürfen der Vorbereitungskommission

---

19 Zur Textgeschichte mit ihren vielen Stufen (es gab allein an die 20.000 Abänderungsanträge): vgl. u. a. *Möller*, Geschichte; *Pesch*, Zweites Vatikanisches Konzil 313–333; *Klinger*, Aggiornamento, bes. 175–179; *Gertler*, Mysterium, bes. 53–59.

blieben nur einige wenige übrig, sie wurden am Ende der ersten Sitzungsperiode im Dezember 1962 auf 17 reduziert, und das letzte Vorhaben «Über die wirksame Präsenz der Kirche in der Welt von heute» blieb lange Zeit namenlos und hieß in der Zwischenzeit schlicht «Schema XVII» und, da die Zahl der Beschlüsse nochmals reduziert werden musste, zuletzt «Schema XIII». Aus ihr ging die spätere Pastoralkonstitution hervor, wobei der Begriff «Pastoralkonstitution» erstmals im April 1965 auftauchte.

Von der Vorbereitungskommission des Konzils, allesamt Mitglieder der römischen Kurie, war eine Pastoralkonstitution überhaupt nicht vorgesehen, obwohl diese 69 Entwürfe für Konzilsdokumente erarbeitet hatte. Das Entstehen der Pastoralkonstitution hat, mehr als jedes andere Konzilsdokument, seinen Ursprung im Konzil selbst und ist das Ergebnis eines mühsamen Lernprozesses dieses Konzils. «Es ist das einzige Schema, das von Johannes XXIII. ausdrücklich gewünscht wurde.»[20]

Die ersten Textentwürfe hatte, wie gesagt, Kardinal Suenens vorgelegt. Zur Weiterarbeit wurde eine Gemischte Kommission eingesetzt, deren Sekretär Bernhard Häring war. Im Februar 1964 legte er in einer Arbeitssitzung in Zürich einen ausführlichen Text vor. Inhaltlich ging es um einen Entwurf zur christlichen Anthropologie und um konkrete Fragen wie Ehe und Familie, Krieg und Frieden, Sozial- und Gesellschaftsordnung und die Beziehung des Christen zur heutigen Welt. Der eingeschlagene Weg wurde begrüßt, die Art der Darstellung jedoch heftig kritisiert, da sie weder biblisch exakt sei noch dem modernen Denken gerecht werde. Neben dieser weiterführenden Kritik wurden von einer kleinen, engagierten konservativen Gruppe heftige Angriffe gegen die allgemeine Ausrichtung des Textes vorgebracht, auch gegen Bernhard Häring persönlich. Zu dieser Gruppe gehörten z. B. Erzbischof Lefebvre und die Kardinäle Ruffini und Heenan; ihnen war Häring in Ehefragen zu liberal.

Im Januar 1965 traf sich die Arbeitsgruppe in Ariccia bei Rom. Häring war inzwischen, auch wegen der wachsenden Kritik an seiner Person, als Sekretär zurückgetreten, blieb aber weiterhin Mitglied der Kommission. In Arricia legte Prälat Haubtmann, Sekretär für Pressefragen der Französischen Bischofskonferenz, einen neuen Text vor, den vor allem französische Theologen ausgearbeitet hatten. Dieser wurde einem gleichfalls vorliegenden polnischen Entwurf vorgezogen. Wieder ging es um eine christliche Anthropologie, die

---

20 So Erzbischof Garrone auf einer Pressekonferenz gegen Ende der ersten Konzilsperiode. Zit n. *Barauna*, Kirche 15.

Würde des Menschen, seinen sozialen Aspekt, die Dynamik seines Schaffens und seine Entfaltung im Leben, im zweiten Teil auch um Ehe und Familie.

4 Gaudium et spes – Die pastorale Ortsbestimmung kirchlicher Identität

Fragt man nach dem, was die Pastoralkonstitution von den anderen Konzils-dokumenten unterscheidet und an Neuem hervorgebracht hat, so lässt sich ein Vierfaches festhalten: Sie richtet sich (1) ausdrücklich an alle Menschen, trägt (2) eine christliche Anthropologie vor, verknüpft (3) bewusst lehrhafte, also dogmatisch reflektierte und verbindliche Aussagen mit pastoralen, also den je besonderen Situationen angepassten und somit veränderlichen Aus-sagen, und will als erklärtes Ziel (4) aus der Mitte des kirchlichen Glaubens zum Wohl der Menschen in der jeweiligen Zeit ihren Beitrag leisten, d. h. un-ter Berücksichtigung der historischen, geographischen, soziokulturellen, wirt-schaftlichen und politischen Kontexte, in denen Menschen zeit- und orts-bedingt jeweils leben. So heißt es in *Gaudium et spes*:

> «Im Lichte Christi also, des Bildes des unsichtbaren Gottes, des Erstgeborenen vor aller Schöpfung, will das Konzil alle Menschen ansprechen, um das Geheim-nis des Menschen zu erhellen und mitzuwirken dabei, dass für die dringlichsten Fragen unserer Zeit eine Lösung gefunden wird.» (GS 10).

Damit setzt sich die Pastoralkonstitution zur Welt ihrer Zeit ins Verhältnis und bezieht einen Ort in der eigenen Zeit, nimmt also bewusst eine Orts-bestimmung vor – damals gegenüber einer modernen Welt mit all ihrer Dia-lektik, heute in einer von Wirtschafts- und Gentechnikfragen dominierten globalisierten Welt, morgen wiederum in einer Welt mit vermutlich neuen Fragestellungen und Herausforderungen. Entscheidend für die pastorale Orts-bestimmung als konstitutives Kriterium für die kirchliche Identität ist ihr Sich-Einlassen (Wollen und Können) auf die Menschen der jeweiligen Gegen-wart, bis hin zur Identifizierung mit den Menschen der jeweiligen Zeit:

> «Freude und Hoffnung, Trauer und Angst der Menschen von heute, besonders der Armen und Bedrängten aller Art, sind auch Freude und Hoffnung, Trauer und Angst der Jünger [und Jüngerinnen] Christi. Und es gibt nichts wahrhaft Menschliches, das nicht in ihren Herzen seinen Widerhall fände. Ist doch ihre eigene Gemeinschaft aus Menschen gebildet, die, in Christus geeint, vom Heili-gen Geist auf ihrer Pilgerschaft zum Reich des Vaters geleitet werden und eine

Heilsbotschaft empfangen haben, die allen auszurichten ist. Darum erfährt diese Gemeinschaft sich mit der Menschheit und ihrer Geschichte wirklich engstens verbunden.» (GS 1).

Die Kirche begreift damit ihre Sendung als eine Sendung für die Welt, ihren Dienst als einen Dienst am Menschen. Papst Johannes Paul II. griff diese Grundoption später in seiner ersten Enzyklika *Redemptor hominis* (3. 4. 1979) auf und verwies ausdrücklich auf den Menschen, zu dem alle Wege der Kirche führen müssen:

> «Dieser Mensch ist der erste Weg, den die Kirche bei der Erfüllung ihres Auftrages beschreiten muss: er ist der erste und grundlegende Weg der Kirche, ein Weg, der von Christus selbst vorgezeichnet ist ...» (*Redemptor hominis* 14).

Norbert Mette weist nachdrücklich auf die kriteriologische Funktion hin, die in *Gaudium et spes* gerade den Armen und Bedrängten zukommt:

> «Ihr Wohlergehen ist entscheidend für das Wohlergehen aller anderen – eine klare Absage an jene neoliberalistischen und sozialdarwinistischen Vorstellungsmuster, wie sie seit einiger Zeit immer unverhohlener propagiert und praktiziert werden.»[21]

Im Umkehrschluss kann der programmatische Einleitungssatz im Hinblick auf das Christ/in-Sein und Kirche-Sein dann auch bedeuten:

> «Wer sich nicht mit den Menschen um sich herum – nah und fern – freut und mit ihnen hofft, wer nicht mit ihnen trauert und sich mit ihnen ängstigt, der mag sich zwar für fromm und tugendhaft halten und mag dies auch sein; er oder sie kann allerdings nicht für sich in Anspruch nehmen, Jünger oder Jüngerin Christi zu sein. Und eine Gemeinschaft von so eingestellten Menschen ist durchaus eine religiöse Gemeinschaft, aber keine, die in der Nachfolge Jesu Christi steht.»[22]

So ist mit der Aussage «Es gibt nichts wahrhaft Menschliches, das nicht in ihren [der Jünger und Jüngerinnen] Herzen seinen Widerhall fände» (GS 1) jede Weltfremdheit oder gar Weltverachtung zurückgewiesen. Zur Verwirklichung der Nachfolge Christi bedarf es nicht des Auszugs aus der Welt oder eines Rückzugs in eine weltfremde Innerlichkeit, sondern vielmehr der Bereitschaft, die Realität des Lebens, «besonders der Armen und Bedrängten aller Art», wahrzunehmen und zu teilen. Diese Zugehörigkeit zur Welt und das Eingebundensein in sie bedeutet dabei keineswegs, dass ein Christ und eine

---

21 *Mette*, Pastorale Konstitution 292.
22 Ebd.

Christin die Maßstäbe des eigenen Denkens und Handelns allein von der Welt beziehen kann. Denn nicht das ist ungeprüft und per se richtig, was die Mehrheit denkt und tut, sondern was dem Sinn Gottes und damit dem Sinn des Lebens entspricht. In diesem Sinn ist ein Christ/eine Christin «nicht von der Welt» (Joh 17,17). Wie der Menschensohn keinen Ort hat, wo er sein Haupt hinlegen könnte (Lk 9,58), letztlich keine andere Heimat als die «am Herzen des Vaters» (Joh 1,18), so auch der Christ und die Christin. In diesem Sinne ist das christliche Leben «utopisch», ortlos, weil ein Christ/eine Christin seine/ihre Lebensorientierung von anderswoher nimmt, nämlich von Gott. Dies bedeutet aber nicht, dass man sich «der Welt» entziehen könnte. Denn das Evangelium existiert nur in konkreten Kontexten. Die Aufgabe ist, sich für alles einzusetzen, was Gott geschaffen hat. «Denn Gott hat die Welt so sehr geliebt, dass er seinen einzigen Sohn hingab» (Joh 3,16). Diese Liebe zur Welt, die aus dem Abstand dessen geschieht, der nicht von der Welt ist, ist eine «kritische» Liebe. Um des Menschen willen weist sie alles zurück, was unmenschlich ist, und liebt den Menschen und die Welt so, dass er ihre ursprüngliche Herkunft von Gott, dessen Bild alles Geschaffene ist, gewissermaßen «aus ihr herausliebt» und ans Licht bringt. In diesem Dreiklang besteht das Verhältnis des Christen/der Christin und damit auch der Kirche als Ganzes zur Welt: in der Welt, aber nicht von der Welt, sondern für die Welt.

4.1 Die Methodenfrage als Ansatz für eine neue Art des Theologietreibens

Mit den drei Vorentscheidungen, (1) sich mit den Fragen und Problemen der Menschen in der heutigen Welt zu identifizieren und sich für sie verausgaben zu wollen, (2) alle Menschen guten Willens ohne Ausnahme anzusprechen und (3) mit einer Bestandsaufnahme und Analyse *(conspectus generalis)* der heutigen Welt, der Welt in dieser Zeit, zu beginnen, vollzog sich ein Paradigmenwechsel. Es war nun nicht mehr möglich, wie bislang üblich, ekklesiologisch mit der Kirche «als solcher» zu beginnen, vielmehr wurde der Mensch und seine Welt, seine Lebensrealitäten, zum Ausgangspunkt und Thema. Erkenntnistheoretischer Einsicht folgend, dass die Wahrnehmung von Wirklichkeit nie voraussetzungslos, unter dem Anspruch von Objektivität, erfolgen kann, sondern die in der Person liegenden Voraussetzungen des Betrachters mit bedacht und mit benannt werden müssen, formulierte *Gaudium et spes* die Weltwahrnehmung aus der Perspektive von Menschen, die als an Christus

Glaubende in ihrer Wirklichkeitswahrnehmung in dem Sinne «objektiv» zu sein versuchen, dass sie möglichst vorurteilsfrei und möglichst am eigenen Wahrheitsgewissen orientiert sind:

> «Zur Erfüllung dieses ihres Auftrags obliegt der Kirche allzeit die Pflicht, nach den Zeichen der Zeit zu forschen und sie im Licht des Evangeliums zu deuten. So kann sie dann in einer jeweils einer Generation angemessenen Weise auf die bleibenden Fragen der Menschen nach dem Sinn des gegenwärtigen und zukünftigen Lebens und nach dem Verhältnis beider zueinander Antwort geben. Es gilt also, die Welt, in der wir leben, ihre Erwartungen, Bestrebungen und ihren oft dramatischen Charakter zu erfassen und zu verstehen.» (GS 4).

Es stellen sich hier zwei Fragen, zum einen, was ist mit «Zeichen der Zeit» gemeint, und zum anderen, was ist das geeignete Instrument, um Zeitzeichen angemessen erkennen zu können?

4.2 Die «Zeichen der Zeit» als Prinzip der theologischen Deutung von Wirklichkeit

4.2.1 Die biblische Kategorie der «Zeichen der Zeit» – christologisch und pneumatologisch

Das Wort von den Zeichen der Zeit findet sich im Neuen Testament und wird in zweifacher Weise gebraucht. Zum einen ist mit der Rede von den «Zeichen der Zeit» die Aufforderung verbunden, auf die je eigene Gegenwart aufmerksam zu werden, ihre kairologische Qualität wahrzunehmen und im Licht des Evangeliums zu deuten:

> «Sobald ihr im Westen Wolken aufsteigen seht, sagt ihr: Es gibt Regen. Und es kommt so. Und wenn der Südwind weht, dann sagt ihr: Es wird heiß. Und es trifft ein. Ihr Heuchler! Das Aussehen der Erde und des Himmels könnt ihr deuten. Warum könnt ihr dann die Zeichen dieser Zeit nicht deuten? Warum findet ihr nicht schon von selbst das richtige Urteil?» (Lk 12, 54–57; Mt 16,3).

Papst Johannes XXIII. hatte die glaubensrelevante Kategorie der «Zeichen der Zeit», diesen Begriff, der ihm aus der französischen Theologie und Pastoral vertraut war, in seiner Enzyklika *Pacem in terris* (11. 3. 1963) in den kirchenamtlichen Sprachgebrauch eingeführt und damit auf die Notwendigkeit einer Sensibilisierung für die Probleme der Gegenwart hingewiesen, die es geradezu seismographisch zu erfassen gelte.

Zum anderen bezieht sich «Zeichen der Zeit» auf das Christusereignis und meint das Auftreten Jesu als *das* Zeichen der Zeit schlechthin, das es wahrzunehmen gilt:

«Da kamen die Pharisäer und Sadduzäer zu Jesus, um ihn auf die Probe zu stellen. Sie baten ihn: Lass uns ein Zeichen vom Himmel sehen. Er antwortete ihnen: Diese böse und treulose Generation fordert ein Zeichen, aber es wird ihr kein anderes gegeben werden als das Zeichen des Jona. Und er ließ sie stehen und ging weg.» (Mt 16,1–4).

Während das Neue Testament «Zeichen der Zeit» hier eindeutig *christologisch* auslegt, wird in *Gaudium et spes* der Akzent *pneumatologisch* gesetzt. Der Geist, von Jesus nach der Auferweckung in die Welt gesandt und in ihr gegenwärtig, muss in seinem Handeln in der Welt erkannt und unterschieden werden:

«Im Glauben daran, dass es vom Geist des Herrn geführt wird, der den Erdkreis erfüllt, bemüht sich das Volk Gottes, in den Ereignissen, Bedürfnissen und Wünschen, die es zusammen mit den übrigen Menschen unserer Zeit teilt, zu unterscheiden, was darin wahre Zeichen der Gegenwart oder der Absicht Gottes sind. ... Das Konzil beabsichtigt vor allem jene Werte, die heute besonders in Geltung sind, in diesem Licht zu beurteilen und auf ihren göttlichen Ursprung zurückzuführen.» (GS 11).

Die Pastoralkonstitution ruft somit im Aufgreifen des Wortes von der «Unterscheidung» der Geister, wie sie in der Schrift («Der eine Geist und die vielen Gaben», vgl. 1 Kor 12,10) und in der Tradition (z. B. in den Geistlichen Übungen des Ignatius von Loyola) geläufig ist, dazu auf, die Welt und das, was in ihr empirisch wahrnehmbar ist, in einem geistlichen Unterscheidungsprozess zu betrachten. Paul Michael Zulehner:

«‹Zeitgerecht› handeln bedeutet freilich nicht, ‹zeitangepasst›. Die Kirche dient dem Kyrios, nicht dem Kairos, dem Herrn, nicht dem Heute, so der heilige Athanasius. Es kann dieses durchaus richtige Axiom für das Handeln der Kirche für heute etwas modifiziert und damit vor einem Missverständnis bewahrt werden: Die Kirche dient dem Kyrios im Kairos, dem Herrn im Heute.»[23]

---

23 *Zulehner*, Kirche umbauen 63.

4.2.2 Kriterien des Zeichenhaften nach Marie-Dominique Chenu (1895–1990)

Johannes XXIII. hat die biblische Kategorie der «Zeichen der Zeit» in seiner Enzyklika *Pacem in terris* zur strukturierenden Leitidee gemacht, und in der Pastoralkonstitution ist sie das Prinzip der theologischen Deutung von Wirklichkeit geworden, zum *locus theologicus* kirchlicher Identität, weil von ihm her sowohl das Selbstverständnis der Kirche als auch ihre Bezogenheit zur Welt in der Zeit Gestalt gewinnen. Dies bedeutet allerdings noch nicht, dass das, was mit der Redeweise von den «Zeichen der Zeit» gemeint ist, auch begrifflich präzise zu fassen ist.

Nach Marie-Dominique Chenu, einem der bedeutenden und bekannten französischen Konzilstheologen, ist ein Zeichen der Zeit «eine aufschlussreiche Tatsache, eine Tatsache, die etwas offenbart»[24]. Chenu, der diese hermeneutische Kategorie – wenn auch nicht dem Begriffe, so doch der Sache nach – bereits seit den 30er Jahren geltend gemacht hat, nennt in einem Beitrag von 1968, in dem er sich mit der Arbeit des Konzils am Begriff «Zeichen der Zeit» befasst[25], zwei Kriterien des Zeichenhaften:

1. Die Phänomene haben eine kollektive Bedeutung bzw. eine gesellschaftliche Tragweite: «Sie beruhen auf etwas, das wie eine Ansteckung nach und nach eine ganze Generation, ein Volk, eine Zivilisation ergriffen hat.»[26] Als Beispiele führt er die in *Pacem in terris* 1963 genannten drei «Zeichen der Zeit» an: den Aufstieg der Arbeiterklasse, die Emanzipation der Frau sowie das Freiheitsstreben der Kolonialvölker.
2. Kriterium des Zeichenhaften ist die bewusstseinsbildende bzw. -verändernde Wirkung einer solchen Entwicklung, insofern sie mit einem Bruch bzw. einer «Erschütterung» der bisherigen Geschichte einhergeht und zu einer langfristigen Veränderung des bisherigen Denkens und Handelns führt. Marianne Heimbach-Steins:

«Die Ereignisse als ‹Zeichen der Zeit› zu deuten, bedeutet demnach, sie zu durchleuchten auf einen ihnen innewohnenden Sinn, der sich im Licht des Evangeliums (GS 4) – unter dem Anspruch Gottes – erschließt. In den Ereignissen, die nicht vorschnell mystifiziert, sondern nach ihren eigenen Gesetzen entschlüsselt und dann in einer behutsamen Annäherung als ‹Zeichen der Zeit›

---

24 Zit. n. *Heimbach-Steins*, «Erschütterung» 115.
25 Vgl. *Chenu*, Volk.
26 Zit. n. *Heimbach-Steins*, «Erschütterung» 116 f.

gedeutet werden, leuchtet demnach die jeweilige geschichtliche Neuheit des Evangeliums auf.»[27]

Die Konsequenz, die daraus zu ziehen ist, formuliert Ludwig Kaufmann so:

> «Der Christ, die Christen in der Kirche sollen mit aller Kraft des Verstandes und des Herzens *in der Erschütterung durch das ‹Ereignis›* in seiner unberechenbaren Neuheit die ‹Zeichen› der Zeit Gottes erkennen, die der profanen Wirklichkeit eingeprägt sind. … Die Aktualität des Evangeliums besteht ja gerade darin, sich der echt menschlichen Fragen anzunehmen.»[28]

4.2.3 Die Zeichen der Zeit nach Pacem in terris

Aus der Vielfalt der Phänomene hob Johannes XXIII. in seiner Enzyklika *Pacem in terris* folgende (vgl. *Pacem in terris* 40–44; 126–129) ausdrücklich als «Zeichen der Zeit» hervor:
- das Ringen der Arbeiter um wirtschaftlichen und sozialen Aufstieg,
- die Emanzipationsbewegung der Frauen,
- den Selbstbestimmungswillen der Kolonialvölker,
- die Forderung nach institutionell-juristischer Verankerung und Wahrung der Menschenrechte sowie
- die Entlarvung des Rüstungswahnsinns.

4.2.4 Die Zeichen der Zeit nach Gaudium et spes

In ihrer anthropologischen Skizze, im ersten Teil von *Gaudium et spes,* versucht die Pastoralkonstitution die menschliche Existenz im soziohistorischen Kontext der sich allmählich globalisierenden spätmodernen Gesellschaft zu verstehen und sieht Kirche und Theologie mit den folgenden «Zeichen der Zeit» konfrontiert und herausgefordert, auf die eine Antwort gefunden werden muss:
- Die Menschenrechtsbewegung, auf die das erste anthropologische Kapitel von GS eingeht. Die Kirche weiß sich solidarisch mit der ganzen Menschheitsfamilie («erfährt sich mit der Menschheit und ihrer Geschichte wirklich engstens verbunden» GS 1), würdigt die gemeinsame Anstrengung aller Menschen guten Willens um die «Menschenrechte» und spricht sich gegen «jede Art von Knechtschaft» (GS 41) aus.

---

27 Ebd. 117.
28 Ebd.

– Die Kirche darf und soll unbefangen auch Leistungen der modernen Welt (etwa im Blick auf eine immer größere Einheit der Menschheit) anerkennen (GS 42, auch 44). Die Einswerdung der Welt infolge wirtschaftlicher Verflechtungen und kommunikationstechnologischer Vernetzungen thematisiert das Konzil im zweiten Kapitel als Zeitzeichen, «indem es auf die tieferen, religiösen, letztlich in die Trinität weisenden Dimensionen der menschlichen Gemeinschaft aufmerksam macht»[29].

– Die naturwissenschaftlich-technische Revolution benennt das Konzil als Zeichen der Zeit, «indem es die Berufung des Menschen, sich die Erde untertan zu machen, und die Berufung des Menschen zu einer eschatologischen Zukunft in Einklang zu bringen sucht»[30].

– Weitsichtig, als wäre die Pastoralkonstitution nicht bereits 1965, sondern erst heute geschrieben worden, werden bereits damals die zunehmenden und in immer weitere Bereiche vordringenden Veränderungen im sozialen und persönlichen Lebensvollzug als «Gleichgewichtsstörungen in der heutigen Welt» (GS 8) diagnostiziert. Die erforderliche Reifung der Person und die Förderung interpersonaler Beziehungen – vom Konzil «Personalisation» genannt – haben bislang nicht Schritt gehalten mit dem Anstieg der sozialen Verflechtungen, die den Rahmen überschaubarer Nahbeziehungen sprengen, und den daraus erwachsenen Abhängigkeiten – vom Konzil «Socialisation»[31] genannt. So entsteht das genannte Ungleichgewicht zwischen den beiden Prozessen der «Socialisation» und der «Personalisation» (vgl. GS 6).[32]

Die Pastoralkonstitution enthält in ihrem zweiten Hauptteil Themen, die klassisch eigentlich von der Christlichen Soziallehre behandelt werden, da sie die politische und die soziale Ordnung betreffen. Im Einzelnen ist wenigstens stichwortartig zu erinnern an:

– Die Freiheit der Kirche, die in ihrem Wirken an «kein politisches, wirtschaftliches oder gesellschaftliches System gebunden ist» (GS 42).

– Die irdischen Pflichten, die für Christen und Christinnen von großer Wichtigkeit sind. Sie stehen nicht im Gegensatz zu den religiösen Pflichten (GS 43).

---

29 *Gertler*, Mysterium 64.
30 Ebd.
31 «Socialisation» meint hier den Prozess der Entwicklung gesellschaftlichen Werdens, nicht «Sozialisation» im entwicklungspsychologischen Sinne.
32 Die Begrifflichkeit knüpft an *Mater et magistra* 59–67 an.

- Die Legitimation zu unterschiedlichen Antworten von Christen und Christinnen bei der Suche nach Lösungen konkreter Fragen, die dieser Weltordnung zugehören, bei Anerkennung gleicher Gewissenhaftigkeit aller am Suchprozess Beteiligten (GS 43). «Niemand hat in solchen Fällen das Recht..., die Autorität der Kirche ausschließlich für sich und seine eigene Meinung in Anspruch zu nehmen» (GS 43).
- Die Eigenkompetenz der Christen in der Welt, der sog. «Laien», wird (im Hinblick auf ihr Wirken in der Welt) positiv anerkannt. Ihr Welteinsatz ist echte, von Gott her kommende «Berufung» (GS 43).
- Die Schuld der Christen, von «Klerikern und Laien» (GS 43), bezogen auf ihre Untreue gegen den Geist Gottes, wird ausdrücklich benannt.
- Die Förderung der Würde der Ehe und der Familie wird herausgestellt (GS 47–52). Die Frage der Empfängnisregelung wurde bewusst ausgeklammert und einem späteren Papstwort vorbehalten (Enzyklika von Papst Paul VI.: *Humanae vitae*, 1968).
- Die angemessene Förderung des kulturellen Fortschritts (GS 53–62) wird angemahnt, die Autonomie der Einzelbereiche (Naturwissenschaft, Technik usw.) anerkannt und zugleich auf die Gefahr hingewiesen, «dass der Mensch in allzu großem Vertrauen auf die heutigen Errungenschaften sich selbst zu genügen glaubt und darüber nicht mehr sucht» (GS 57). Dieses Problem des Nicht-mehr-Zueinanderkommens von Wissenschaftserkenntnis und Evangeliumsanspruch hat Papst Paul VI. später in seiner Enzyklika *Evangelii nuntiandi* (1974) «Bruch zwischen Evangelium und Kultur» genannt.
- Die Bedeutung und Eigengesetzlichkeit des Wirtschaftslebens (GS 63–72) und darin der Vorrang des Menschen wird betont: «Auch im Wirtschaftsleben sind die Würde der menschlichen Person und ihre ungeschmälerte Berufung wie auch das Wohl der gesamten Gesellschaft zu achten und zu fördern, ist doch der Mensch Urheber, Mittelpunkt und Ziel aller Wirtschaft» (GS 63).
- Das Leben der politischen Gemeinschaft (GS 73–76) wird deutlich unterschieden von der kirchlichen: «Die Kirche, die in keiner Weise hinsichtlich ihrer Aufgabe und Zuständigkeit mit der politischen Gemeinschaft verwechselt werden darf noch auch an irgendein politisches System gebunden ist, ist zugleich Zeichen und Schutz der Transzendenz der menschlichen Person» (GS 76).
- Die Förderung des Friedens, der Aufbau der Völkergemeinschaft und die Bereitschaft zur internationalen Zusammenarbeit (GS 77–90) wird geradezu beschworen, Krieg und Rüstungswettlauf werden geächtet.

4.3 Das Instrument zur Erforschung der Zeichen der Zeit: «Sehen – Urteilen – Handeln»

Für die Zeitanalyse, die Ermittlung und Deutung der «Zeichen der Zeit» in der Gegenwartswelt, wählte *Gaudium et spes*, im Unterschied zur traditionell deduktiv argumentierenden Vorgehensweise, bewusst den empirisch-induktiven Weg, den methodischen Dreischritt «Sehen – Urteilen – Handeln». Er geht auf den Gründer der Christlichen Arbeiterjugend (CAJ), den belgischen Priester und späteren Kardinal Joseph Cardijn (1882–1967) zurück und hat sich bis heute bewährt. Papst Johannes XXIII. hat ihn als geeignete und angemessene Vorgehensweise zur Umsetzung der kirchlichen Soziallehre anerkannt und in seine Enzyklika *Mater et magistra* übernommen.[33]

– Im ersten Schritt «Sehen» geht es um eine möglichst umfassende Analyse des Handlungsfeldes mit all seinen individuellen, sozialen, institutionellen Bedingungsfaktoren, und zwar unter Zuhilfenahme anerkannter Methoden der empirischen Sozialforschung.
– Im zweiten Schritt «Urteilen» gilt es, das empirisch nüchtern und möglichst vorurteilsfrei Wahrgenommene im Lichte des Evangeliums zu deuten, um daraus
– im dritten Schritt «Handeln» entsprechende Handlungsorientierungen zu gewinnen.

Im Vollzug können die Einzelschritte dabei keineswegs säuberlich voneinander getrennt werden, vielmehr durchdringen sie sich gegenseitig. Norbert Mette:

> «So sehr etwa die vorgenommene Analyse methodisch nachprüfbar sein muss, so erfolgt sie niemals neutral, sondern ist sie bereits interesse- bzw. optionsgeleitet. Hinzu kommt, dass der Dreischritt nicht einfach mit dem letzten Schritt abgeschlossen ist, sondern dass er sich gewissermaßen spiralförmig immer weiter entwickelt, so dass der dritte Schritt des durchgeführten Dreischritts zum ersten Schritt des neuen Dreischritts wird.»[34]

Der Dreischritt «Sehen – Urteilen – Handeln» war für die Erstellung der einzelnen Kapitel der Pastoralkonstitution als verbindlich vorgegeben worden und wurde so zum Modell für eine Reihe von nachkonziliaren Dokumenten aus der ganzen Weltkirche, insbesondere für die Schlussdokumente der lateinamerikanischen Bischofsversammlungen von Medellin (1968) und Puebla

---

33 Vgl. MM 236.
34 *Mette*, Pastorale Konstitution 295; vgl. *Ders.*, Sehen; *Füssel*, Zeichen.

(1979) und auch für «Das gemeinsame Wort der Kirchen zur wirtschaftlichen und sozialen Lage in Deutschland» (1997). Vor allem innerhalb der Theologie der Befreiung ist der Dreischritt «Sehen – Urteilen – Handeln» methodologisch fundiert und weiterentwickelt worden. Der brasilianische Befreiungstheologe Leonardo Boff:

> «Theologie der Befreiung wird in Übereinstimmung mit einem Methodenschema erarbeitet, das in *Gaudium et Spes* erstmals benutzt und in Medellin offiziell anerkannt wurde. Gleichsam wie ein Ritual kehrt dieses Schema paradigmatisch in jeder Art von lateinamerikanischer theologischer Reflexion wieder: Analyse der Wirklichkeit – theologische Reflexion – Perspektiven für die pastorale Arbeit.»[35]

4.4 «Pastoral-Konstitution» – eine neue Textgattung konziliarer Beschlüsse

Das Konzil nennt *Gaudium et spes* eine «Pastoral-Konstitution». Die Kombination von «Pastoral» und «Konstitution» ist ein literarisches Genus, das für Konzilsverlautbarungen bisher nicht gebräuchlich und somit absolut neu war. Üblicherweise fallen unter den Begriff «Konstitutionen» dogmatische Beschlüsse und Lehrentscheide, in denen Glaubenswahrheiten festgehalten und Irrtümer abgewehrt werden. Nähere Ausführungsbestimmungen und disziplinäre Regelungen und Weisungen zu Einzelfragen eines Lehrentscheides werden in «Dekreten» behandelt. Für die Darlegung und Entfaltung des Verhältnisses der Kirche zur «Welt dieser Zeit», der die Wechselwirkung von Lebensrealitäten und Glaubenswahrheiten in einem bestimmten historischen Kontext, der sich natürlicherweise laufend ändert, thematisiert, waren die bisher gewohnten Typen konziliarer Verlautbarungen ungeeignet. So musste eine Textgattung gefunden werden, die beidem gerecht werden konnte, einerseits eine hohe Autorität des Textes und damit einen großen Verbindlichkeitsgrad sicherzustellen und anderseits zugleich die prinzipielle Aufnahme einer soziologischen Perspektive in der Theologie zu ermöglichen. Dies führte zum Begriff: «constitutio pastoralis».

Da das Konzil für diesen neuen Begriff «Pastoralkonstitution» selbst einen Erklärungsbedarf sah, fügte es eigens die Anmerkung an:

---

35 *Boff*, Theologie 46.

«Die Pastoralkonstitution über die Kirche in der Welt von heute besteht zwar aus zwei Teilen, bildet jedoch ein Ganzes. Sie wird ‹pastoral› genannt, weil sie, gestützt auf Prinzipien der Lehre, das Verhältnis der Kirche zur Welt und zu den Menschen von heute darzustellen beabsichtigt. So fehlt weder im ersten Teil die pastorale Zielsetzung noch im zweiten Teil die lehrhafte Zielsetzung. Im ersten Teil entwickelt die Kirche ihre Lehre vom Menschen, von der Welt, in die der Mensch eingefügt ist, und von ihrem Verhältnis zu beiden. Im zweiten Teil betrachtet sie näher die verschiedenen Aspekte des heutigen Lebens und der menschlichen Gesellschaft, vor allem Fragen und Probleme, die dabei für unsere Gegenwart besonders dringlich erscheinen. Daher kommt es, dass in diesem zweiten Teil die Thematik zwar den Prinzipien der Lehre unterstellt bleibt, aber nicht nur unwandelbare, sondern auch geschichtlich bedingte Elemente enthält.» (GS 1, Anmerkung).

Damit wird mehreres klar:

1. Lehre und Pastoral stehen nicht in einem Über- bzw. Unterordnungsverhältnis zueinander, sondern bedingen und durchdringen sich gegenseitig. Hans-Joachim Sander:

   «… geschichtlich bedingte Elemente gehören zur Lehre der Kirche. Das Dogma besteht nicht nur aus Prinzipien, sondern hat zugleich Orte seiner Existenz. Es ist pastoraler Natur, weil es vom Verhältnis der Kirche zu den Menschen von heute geleitet ist.»[36]

2. Der konstitutive Charakter des Dokumentes wird dabei keineswegs geleugnet oder gar aufgegeben, wenn zu seiner Interpretation gesagt wird, dass sie nach den allgemeinen theologischen Regeln zu erfolgen habe, wobei der «Wechsel der Umstände» zu berücksichtigen sei, dem die behandelten Frage- und Problemstellungen unterworfen seien:

   «Die konstitutive Kraft des Textes zu interpretieren, hängt an der Fähigkeit zum Perspektivenwechsel. Mit den Augen der anderen zu sehen, schmälert nicht die Konstitutionsmacht der Glaubensaussagen, sondern gehört zu ihrem Charakter. Ohne dies ist ihre Bedeutung in der Welt von heute nicht zu verstehen.»[37]

3. Die Pastoralkonstitution kann und darf nicht ein einmal formulierter und damit abgeschlossener Text bleiben, sondern bedarf einer ständigen Fortschreibung. Dies ergibt sich sowohl aus dem ständig weitergehenden geschichtlichen Wandel als auch aus der Notwendigkeit, die allgemein gehal-

---

36 *Sander*, Zeichen 95.
37 Ebd.

tenen Aussagen nochmals auf den jeweiligen Kontext, also «die Situation und Denkweisen der einzelnen Völker», hin zu konkretisieren:

> «… obwohl sie eine Lehre vorträgt, die in der Kirche schon anerkannt ist, wird sie noch zu vervollkommnen und zu ergänzen sein, da oft von Dingen die Rede ist, die einer ständigen Entwicklung unterworfen sind» (GS 91).

4. Die Verhältnisbestimmung der Kirche zur (übrigen) Welt kann nicht einseitig von ihr aus erfolgen, sondern muss im «aufrichtigen Dialog» gewonnen werden, und zwar mit allen Menschen guten Willens innerhalb und außerhalb der Kirche. Dies jedoch erfordert den gegenseitigen Respekt und einen Umgang «auf Augenhöhe» miteinander:

> «Das aber verlangt von uns, dass wir vor allem in der Kirche selbst, bei Anerkennung aller rechtmäßigen Verschiedenheit, gegenseitige Hochachtung, Ehrfurcht und Eintracht pflegen, um ein fruchtbares Gespräch zwischen allen in Gang zu bringen, die das eine Volk Gottes bilden, Geistliche und Laien. Stärker ist, was die Gläubigen eint als was sie trennt.» (GS 92).

5. Hinzu kommt: Lernen ist kein einseitiges, sondern ein wechselseitiges Geschehen:

> «Zugleich ist sie [die Kirche] der festen Überzeugung, dass sie selbst von der Welt, sei es von einzelnen Menschen, sei es von der menschlichen Gesellschaft, durch deren Möglichkeiten und Bemühungen viele und mannigfache Hilfe zur Wegbereitung für das Evangelium erfahren kann.» (GS 40).

Hierfür muss die Kirche zuerst auf die Welt hören, bevor sie zu ihr sprechen kann. Das ist ein neues Prinzip ihrer Lehre, gewonnen aus ihrem Verständnis von Erlösung. Das Hören auf die «anderen Stimmen», das Sichten der Zeitströmungen, das Fragen nach den Zeichen der Gegenwart oder der Absicht Gottes steht unter der Prämisse, das gegenwärtige Weltgeschehen als Ort der Offenbarung Gottes zu verstehen. Darin artikuliert sich eine grundsätzliche Bejahung der modernen Gesellschaft. Deren zu entdeckende Ambivalenzen geben dann nicht Grund zu Fundamentalopposition oder doktrinärer Abschottung; sie erschließen sich vielmehr als Provokation zur Entdeckung des göttlichen Wirkens und zum Dienst an der Humanisierung der Gesellschaft – in dem Sinne, wie dies schon im Konzil selbst (vgl. z. B. GS 57), aber auch in nachkonziliaren Positionsbestimmungen zum Ausdruck kommt. Und weiter:

> «Wir wenden uns dann auch allen zu, die Gott anerkennen und in ihren Traditionen wertvolle Elemente der Religion und Humanität bewahren, und wün-

schen, dass ein offener Dialog uns alle dazu bringt, die Anregungen des Geistes treulich aufzunehmen und mit Eifer zu erfüllen. Der Wunsch nach einem solchen Dialog, geführt einzig aus Liebe zur Wahrheit…, schließt unsererseits niemanden aus …, weder jene, die hohe Güter der Humanität pflegen … noch jene, die Gegner der Kirche sind und sie auf verschiedene Weise verfolgen. Da Gott der Vater Ursprung und Ziel aller ist, sind wir alle dazu berufen, Brüder [und Schwestern] zu sein. Und darum können und müssen wir aus derselben menschlichen und göttlichen Berufung ohne Gewalt und ohne Hintergedanken zum Aufbau einer wahrhaft friedlichen Welt zusammenarbeiten.» (GS 92).

Alle vier Konstitutionen des Konzils befassen sich, und zwar unter einem je eigenen Fokus, mit der Frage, wie die Kirche sich selbst sieht, im eigenen Selbstverständnis nach innen und in ihrem Bezug nach außen, also im Blick auf die Menschen, zu denen sie sich gesandt sieht. Von den vier Konstitutionen sind zwei *dogmatischer* Natur, jene über die Offenbarung *(Dei verbum)* und jene über die Kirche *(Lumen gentium)*, und zwei sind *pastoraler* Natur, jene über die Liturgie *(Sacrosanctum concilium)* und die Pastoralkonstitution über die Kirche in der Welt von heute *(Gaudium et spes)*. Alle vier Konstitutionen, darauf weist der Fundamentaltheologe Elmar Klinger hin, durchdringen sich wechselseitig:

«In beiden Schwerpunktreihen finden sich Themen, die inhaltlich zur jeweils anderen gehören. So wird in *Dei verbum* z. B. über den spirituellen Sinn der Heiligen Schrift für das Leben der Kirche gesprochen und in *Lumen gentium* über die evangelischen Räte und über Maria als Zeichen der Hoffnung und des Trostes für das wandernde Volk Gottes. Umgekehrt finden sich in den pastoralen Konstitutionen härteste dogmatische Aussagen, z. B. in der Liturgiekonstitution über die Realpräsenz *Christi* im eucharistischen Geschehen und in *Gaudium et spes* über die Offenbarung als Inbegriff des Sinns und der Bedeutung menschlicher Existenz. Am offensichtlichsten ist diese wechselseitige Durchdringung von Dogmatik und Pastoral in den beiden Konstitutionen über die Kirche selbst. Sie bilden die Achse des Konzils. Sie sind der Kern seiner ursprünglichen Konzeption und der Mittelpunkt des Gesamtprogramms.»[38]

Im modernen Staatsrecht sind Konstitutionen verfassungsgebende Texte und bestimmen ein Gemeinwesen in seiner Struktur, sie geben eine Rahmenordnung vor, die es gestattet, aber auch erforderlich macht, einen neuen Anfang zu setzen und sich im Sinne dieses Anfangs zu verhalten. Somit wird deutlich, dass das Konzil das Kirche-Welt-Verhältnis für so wichtig erachtet, dass es für

---

38 *Klinger*, Kirche 75.

die Kirche selbst konstitutiv ist und daher seinen Text zur Pastoral eine Konstitution nennt. «Konstitutiv» heißt: nicht wegzudenken. «Pastoral» ist somit für die Kirche etwas, ohne das es Kirche als Kirche nicht geben kann. Mit *Gaudium et spes* wird damit das herkömmliche Verhältnis von Kirche und Pastoral umgekehrt: Die Kirche baut sich von der Pastoral her auf, nicht die Pastoral von der Kirche her.

5 Ausblick: Eine «Pastoral, die an der Zeit ist», eine «Pastoral der Präsenz»

5.1 Noch einmal: Was meint Pastoral und wer ist das Subjekt der Pastoral?

5.1.1 Was meint «Pastoral» nach Gaudium et spes?

In der Pastoral geht es um das Verhältnis der Kirche zur «Gesamtheit der Wirklichkeiten», zur Welt als «Schauplatz der Geschichte der Menschheit» (GS 2). Es wird deutlich, dass es Kirche nicht als Selbstzweck geben kann, sie also nicht für sich selbst da ist, sondern allein um der Menschen, und zwar um aller Menschen willen *(propter homines)*; Kirche ist dazu da, um – wie Christus – «zu retten, nicht zu richten; zu dienen, nicht sich bedienen zu lassen» (GS 3). Das aber heißt, so pointiert Rainer Bucher:

> «Kirche existiert nicht im Himmel, sondern auf Erden, in der Geschichte von Mensch und Welt. Diese Geschichte wird ausdrücklich als Ort der Kirche erwähnt: Kirche wird nicht länger als eine rein übergeschichtliche Tatsache gesehen, die sich von den relativistischen Abgründen der Geschichte fernzuhalten hat, sondern sie zeigt ihre Gegenwart in der Geschichte – oder sie ist eben nicht gegenwärtig.»[39]

Wie Kirche wahrgenommen wird, entscheidet sich in dem, was sie tut oder unterlässt, ob es ihr wirklich «um die Rettung der menschlichen Person [geht], um den rechten Aufbau der menschlichen Gesellschaft» (GS 3) – und zwar bedingungslos, also unabhängig davon, wie Gesellschaft und Menschen ihr Verhältnis zur Kirche definieren. Rainer Bucher:

> «Kirchliches Handeln hat nicht Institutionsinteressen zu vertreten, sondern eine Botschaft zur Rettung der menschlichen Person und zum rechten Aufbau der menschlichen Gesellschaft einzubringen. Damit ist aber auch klar: Es geht in

---

39 *Bucher*, Pastorale Konstitution 37.

der Pastoral nicht nur um den Menschen als religiöses Wesen, sondern um ihn als einen und ganzen Menschen. Seelsorge ist damit nicht mehr nur Sorge um die Seele, sondern – als Pastoral des Volkes Gottes – Sorge um den ganzen Menschen. Pastoral geht es in dieser Sorge um die Rettung der menschlichen Person und um den rechten Aufbau der Gesellschaft tatsächlich um nichts weniger als um die Fortführung des Werkes Christi.»[40]

In einer solchen Praxis der Pro-Existenz der Kirche, die sich die «Freude und Hoffnung, Trauer und Angst der Menschen von heute, besonders der Armen und Bedrängten aller Art» (GS 1), zu Eigen macht, sie also zu ihrer eigenen Freude und Hoffnung, Trauer und Angst werden lässt, kann deutlich werden, dass «die Kirche», so das Konzil in dieser Selbstverpflichtung, «kein irdischer Machtwille [leitet], sondern nur dies eine: unter Führung des Geistes, des Trösters, das Werk Christi selbst weiterzuführen» (GS 3). Zugleich ist sich die Kirche in *Gaudium et spes* klar geworden, dass sie ihren eigenen Glauben und ihre eigene Tradition nicht *gegen* die Menschen von heute, sondern *von ihnen her* verstehen muss, wenn sie wirklich mit ihnen in einen Dialog treten können will. Dies geht wiederum nur, wenn die Kirche, das gesamte Volk Gottes, sich auf diese Welt «hier und heute» konkret einlässt. Denn wer von der «Welt von heute», ihren Lebens-, Frage- und Deutekontexten, nichts versteht, kann auch nichts von der «Kirche in der Welt von heute» verstehen und somit dieser Welt das Evangelium nicht erschließen, da er es nicht von den Menschen dieser Welt her, aus ihrer Sicht und mit ihren Augen, entdecken kann. Das aber ist gerade die Aufgabe der Kirche und aller Pastoral:

«Kirche wird das Volk Gottes, wenn sie in Wort und Tat das Evangelium vom Leben der Menschen her eröffnet und das Leben vom Evangelium her befreit. Das ist die konziliare wechselseitige Durchdringung von Leben und Lehre als Prinzip der Pastoral. Sie markiert eine wirkliche Neustrukturierung des religiösen Sinnsystems selbst, denn es wird in den Horizont heutiger menschlicher Existenz und seiner konstitutiven Handlungsbezüge gestellt. Die Notwendigkeit zur Außenperspektive, zum ständigen Perspektivenwechsel heißt aber auch: Was das Evangelium heute bedeutet, muss die Kirche immer wieder selbst lernen. Die Kirche besitzt mit der Offenbarung in Schrift und Tradition eine authentische Geschichte der Entdeckung des Glaubens, aber ihr wurde damit nicht die Aufgabe abgenommen, diese Entdeckungen heute selbst machen zu müssen. Pastoral ist nicht zuletzt dieses Entdeckungsgeschehen, und zwar in Wort und Tat.»[41]

---

40 Ebd.
41 Ebd., 40 f.

Oder, in der Formulierung von Klaus Hemmerle, Bischof von Aachen (1929–1994): «Die Pastoral muss die Haltung haben: Lass mich dich lernen, also dich, Jugendliche, dich, Mutter, dich, Alleinerziehende, dich Industriearbeiter …. Lass mich dich lernen, dein Denken und Sprechen, dein Dasein. Damit ich daraus die Botschaft neu lernen kann, die ich dir zu überliefern habe.»

5.1.2 Wer ist das Subjekt der Pastoral nach Gaudium et spes?

Wenn das Grundlegende des neuen Verständnisses von Pastoral nach *Gaudium et spes* das Handlungs-Verhältnis der Kirche zur Welt und zu den Menschen von heute meint, dann kann unter «Pastoral» nicht – wie noch bis zum Zweiten Vatikanischen Konzil – das alleinige Handeln von Klerikern an Laien verstanden werden, sondern es ist ein Handeln der ganzen Kirche, des ganzen Volkes Gottes, also Kleriker wie Laien, in und an der Welt.

Hier zeigt sich, wie hinderlich und irreführend es auch heute noch ist, dass der Begriff «Laie» nicht von seiner etymologischen Herkunft, abgeleitet vom Griechischen «laos», «das Volk», im kirchlichen Bewusstsein wirksam geworden und präsent ist, sondern von seiner kirchenrechtlichen Abgrenzung: Laie gleich «Nicht-Kleriker»[42]. Beide Kirchenkonstitutionen aber, sowohl *Lumen gentium* als auch *Gaudium et spes,* haben deutlich gemacht, dass alle Christgläubigen *(christifideles*[43]*),* also Kleriker wie «Laien»[44], das Volk Gottes sind, zu dem Gott beruft. Und *in* diesem Volk Gottes gibt es das hierarchisch verfasste Amt, dessen Aufgabe darin besteht, das gesamte Volk Gottes, und darin auch sich selber, immer wieder an den «heiligen Ursprung» (Hierarchä) zu erinnern und diese wichtige Korrektur-Funktion so wahrzunehmen, dass erkennbar wird, dass Amtsträger «nicht Herren über euren Glauben, sondern Diener zu eurer Freude» (2 Kor 1,24) sein wollen. Die Funktion des Ordinierten Dienstamtes ist es somit, an die Grundstruktur von Kirche/Gemeinde zu erinnern, die nicht aus sich selbst lebt und die nicht für sich selbst da ist. So heißt es in der ökumenischen Konvergenzerklärung von Lima (Amt, Nr. 8):

---

42 CIC (1983), can. 207 § 1: «Kraft göttlicher Weisung gibt es in der Kirche unter den Gläubigen geistliche Amtsträger, die im Recht auch Kleriker genannt werden; die übrigen dagegen heißen auch Laien.»

43 Vgl. *Johannes Paul II.*: Christifideles Laici.

44 Eine eigene Problematik stellt die Bezeichnung «LaientheologInnen» für theologisch voll ausgebildete Frauen und Männer dar, da diese eben keine Laien sind im Sinne der umgangssprachlichen Unterscheidung von Fachmann/Fachfrau und Laie in einem bestimmten Fachgebiet. Siehe hierzu: *Karrer,* Die Stunde der Laien.

«Um ihre Sendung zu erfüllen, braucht die Kirche Personen, die öffentlich und ständig dafür verantwortlich sind, auf ihre fundamentale Abhängigkeit von Jesus Christus hinzuweisen, und die dadurch innerhalb der vielfältigen Gaben einen Bezugspunkt ihrer Einheit darstellen. Das Amt solcher Personen, die seit sehr früher Zeit ordiniert wurden, ist konstitutiv für das Leben und Zeugnis der Kirche.»[45]

Folgende Aspekte verdienen dabei hervorgehoben zu werden:

– Das Amt ist nicht Selbstzweck, genauso wenig wie die Kirche/Gemeinde für sich selbst da ist. Deshalb setzt der Text markant ein: *Um ihre Sendung zu erfüllen …*
– Der Ordinierte Dienst ist unverzichtbar für die Kirche, er ist für sie *konstitutiv,* und zwar nach innen wie nach außen: *für das Leben und Zeugnis der Kirche.*
– Die Funktion von Ordinierten Diensten ist eine amtliche, sie ist *öffentlich* und *ständig* wahrzunehmen.
– Inhaltlich gesehen handelt es sich um eine Doppelfunktion mit einem spezifischen Gefälle: An erster Stelle steht die Aufgabe, *auf die fundamentale Abhängigkeit von Jesus Christus hinzuweisen.* Der Ordinierte Dienst hat die Gemeinde (und darin sich selbst) ständig und gemeindeöffentlich darauf hinzuweisen, dass Gemeinde nicht aus sich selbst lebt, sondern von dem her, was Gott in Jesus Christus für sie und alle Menschen getan hat und im Heiligen Geist für alle präsent hält. Die Funktion ist der Verweis auf Christus und sein Evangelium. Dadurch, dass der Ordinierte Dienst diese Funktion wahrnimmt, dient er der Einheit der Gemeinde, nicht durch Organisation, sondern als *Bezugspunkt innerhalb der vielfältigen Gaben,* im Ausrichten auf den Herrn und das Zeugnis der Gemeinde in der Welt.
– Dieser Ordinierte Dienst ist ein *Amt,* weil er ständig und öffentlich von identifizierbaren Personen wahrgenommen wird. Er bleibt aber *Dienst,* zu dem Christus im Geist beruft. Weil dieser Dienst konstitutiv ist für die Gemeinde, wird er durch *Ordination* übertragen.

Da der pfingstliche Geist durch Taufe und Firmung alle bewegt, können in der Kirche auch alle mitwirken und als Botschafter/innen und Übersetzer/innen des Evangeliums tätig werden. «Eure Söhne und eure Töchter werden Propheten sein, eure jungen Männer Visionen und eure Alten Träume haben», zitiert Petrus in seiner Pfingstpredigt aus dem Propheten Joel (Apg 2,17;

---

45 Kommission für Glauben und Kirchenverfassung, 569.

Joel 3,1). Die Gegenwart des Heiligen Geistes, der seit Anfang der Schöpfung wirkt, erinnert daran, dass der Geist weht, wo er will, selbst dort, wo wir nicht (mehr) mit seinem Wehen rechnen. «Die Gegenwart und das Handeln des Geistes berühren nicht nur einzelne Menschen, sondern auch die Gesellschaft und die Geschichte, die Völker, die Kulturen, die Religionen» (*Redemptoris missio* 28). Die reale Präsenz Christi in Wort und Sakrament und die stärkende Gegenwart des Heiligen Geistes sind somit die Vor-Gaben aller pastoralen Bemühungen. Der heilenden Gegenwart Christi und dem tröstlichen Wehen des Geistes durch die Kommunikation des Evangeliums Raum zu geben, das ist für die Pastoral die eine Aufgabe in den vielen Diensten.

5.2 «Kirche in der Welt von heute» – Optionen einer «Pastoral, die an der Zeit ist»

Pastoral im Verständnis von *Gaudium et spes* geht über den klassischen Seelsorgebegriff[46] hinaus und steht als Gesamtbegriff für das evangeliumsgemäße Handeln der Kirche in ihrer Gegenwart – einer Kirche, die in einer Zeit des freiheitlichen Pluralismus ihre Monopolstellung verloren hat und sich zunehmend als Kirche «auf dem Markt» sieht, auf dem Menschen sich die Freiheit nehmen, auszuwählen, was (zu) ihnen passt. Als ein «Anbieter» unter anderen auf dem Markt der Sinnangebote muss «Kirche in der Welt von heute» somit beides kennen: ihre «Kundinnen und Kunden» und ihre «Kunde». Also einerseits: Welche Fragen bedrängen die Menschen? Aber anderseits eben auch: Was ist ihre eigene, der Kirche, «Kunde»? Was macht ihre «Produktidentität» und «Produktqualität» aus, was bestimmt ihre Corporate Identity, für was steht sie eigentlich und für wen geht sie letztlich? Wer will sie in Zukunft für sich und für andere sein, woran will sie erkannt und in Anspruch genommen werden und für wen will sie sich verausgaben? Was würde fehlen, wenn es Kirche nicht (mehr) gäbe?

Es gilt, gerade in einer Umbruchzeit die Chance der Krise (Priester- und Finanzmangel, Mangel an überzeugten und überzeugenden Christinnen und Christen sowie Bedeutungsverlust von Kirche in der öffentlichen Wahrnehmung) als Entscheidungssituation anzunehmen und die Weichen neu zu stellen, d. h., der Versuchung zu widerstehen, mit lediglich kosmetischen Operationen auf der Strukturebene (Errichtung von pastoralen Megaräumen und

---

46 Vgl. *Nauer*, Seelsorgekonzepte.

Erzeugung von Synergieeffekten durch eine Personalpolitik, die eine Seelsorge «mit Namen und Gesicht» geradezu verunmöglicht) letztlich doch die bisherige Erfassungs- und Versorgungspastoral fortsetzen zu wollen. Vielmehr darf sich eine Kirche, die die ständige Erneuerung in ihrem Selbstverständnis verankert hat *(ecclesia semper reformanda)* als «lernende Organisation» und als «lernender Organismus» verstehen, für die und für den Säkularität und religiöse Pluralität keine Bedrohung ihrer Pastoral darstellen, sondern Orte der Bewährung und des Kirchewerdens, der Ekklesiogenesis sind. Und weil nichts so viel Treue fordert wie lebendiger Wandel, gilt es, miteinander in eine neue Ziel- und Inhaltsdiskussion einzutreten und zu neuen Zielvereinbarungen zu kommen. Diese Ziel- und Inhaltsfrage ist vorrangig, erst in ihrem Gefolge stellt sich dann die Frage nach der angemessenen Kirchengestalt und -struktur, die Frage nach der Sozialform, die es hierfür braucht.[47] Zu fragen ist daher, wie die Kirche im Dialog mit den Zeichen der Zeit, also an der Schnittstelle von Tradition und Situation, ihren ererbten Auftrag, Anwalt der Menschen und des Lebens zu sein, neu justieren kann, also Leitbilder für ihr Handeln entwickeln und in missionarischen Projekten[48] operationalisieren und konkretisieren kann.

Was lässt sich also, in Fortschreibung von *Gaudium et spes*, an Themen und Aufgaben benennen, die für eine «Pastoral, die an der Zeit ist» in den Blick zu nehmen sind? Auf welche Zeitsignaturen hat eine «Kirche in der Welt von heute» in kritischer und dialogfähiger Zeitgenossenschaft einzugehen? Die Frage ist: Was treibt die Menschen in der Welt von heute um? Was ist ihre Trauer, was ihre Hoffnung? Was sind die Herausforderungen («challenges») hierzulande und heutzutage, zum Beispiel in den Gesellschaften Europas, von denen sich eine lebensdienliche Pastoral in Anspruch nehmen lassen muss?

Zwei große Herausforderungen, die auf der Tagesordnung stehen[49], sollen im Anschluss an Paul M. Zulehner zumindest als Stichworte benannt werden:

---

47 Vgl. *Belok*, Zwischen Vision und Planung. – Zu den Grundprinzipen, die im Hinblick auf den Planungs*weg*, auf die Pastoral-*Konzept*-Entwicklung, auf die Pastoral-*Struktur*-Entwicklung und auf die Pastoral-*Personal*-Entwicklung für die Planung zu beachten sind, siehe: ebd. 363–370. *Ders.*, Kooperative Pastoral. *Ders.*, Leitbilder.

48 Vgl. Sekretariat der Deutschen Bischofskonferenz (Hrsg.), «Zeit zur Aussaat»; Dass. (Hrsg.): «Auf der Spur...».

49 Eine weitere wichtige Herausforderung ist zum Beispiel die Rolle der Frau in der Kirche, siehe hierzu u. a.: *Aigner, Maria E./Bucher, Rainer*: «Nicht länger Planeten um männliche Fixsterne ...» Warum verlassen die Frauen die Kirche?, in: *Bucher, Rainer* (Hrsg.): Die Provokation der Krise. Zwölf Fragen und Antworten zur Lage der Kirche, Würzburg 2004, 63–85.

der Zusammenhang von Gerechtigkeit (Solidarität) und Freiheit und der von Spiritualität (Transzendenz) und Säkularität.[50] Dies umso mehr, als diese beiden Themen gerade das «Kerngeschäft» und zugleich die Kernkompetenz der Kirche ausmachen. Sie besteht darin, «Gottes- und Menschennähe in einem zu leben und zu fördern»[51] und ist, so Paul Michael Zulehner,

> «letztlich zeitlos und keinem Wandel unterworfen. … Es ist der Kirche verwehrt, sich von der Nächstenliebe auf die Gottesliebe zurückzuziehen, von der Diakonie auf die Liturgie. … Hinsichtlich ihres Kerngeschäfts erweist sich damit die Kirche als höchst stabil und antiquiert. Was aber ihre Sozialgestalt betrifft, hat sie die Möglichkeit, höchst mobil und modern zu sein.»[52]

5.2.1 Die Frage nach der Gerechtigkeit (Solidarität) inmitten der Freiheit

Der Literat und Kulturkritiker Hans Magnus Enzensberger stellt fest: «Selbst in reichen Gesellschaften kann morgen jeder von uns überflüssig werden. Wohin mit ihm?»[53] Ausgehend davon lässt sich bereits in der Begriffswahl, mit der sich die westlichen Gesellschaften beschreiben und kennzeichnen, ausmachen, wer in ihnen «überflüssig» ist:

- In einer *Arbeitsgesellschaft* wird überflüssig, wer aufgrund fehlender, mangelnder oder gering qualifizierter Ausbildung oder aufgrund von Alter und Krankheit keinen Zugang zur Erwerbsarbeit hat – überhaupt nicht oder nicht mehr.
- In einer *Konsumgesellschaft* wird überflüssig, wer keine Kaufkraft besitzt – noch nicht oder nicht mehr.
- In einer *Erlebnis-*, *Fun-* und *Spaßgesellschaft* wird überflüssig, wer sich am Fun und Spaß der Gesellschaft nicht (mehr) hinlänglich beteiligen kann oder will.
- In einer *Wissensgesellschaft* wird überflüssig, wer sein Wissen nicht schnell genug durch lebenslange Fort- und Weiterbildung erneuert («updatet»).
- In einer Gesellschaft, in der die *Biowissenschaften* vorherrschend sind, wird überflüssig, wer langfristig nicht die richtigen Gene hat; er bzw. sie «fällt» dann bei der Präimplantationsdiagnostik «durch», wird «weggescreent». Hinzu kommt die Befürchtung, dass, wer eine Arbeit sucht oder eine Krankenversicherung abschließen möchte, bereits im Vorfeld genetisch gescreent

---

50 Siehe zum Folgenden: *Zulehner*, EuroVision; *Ders.*, Kirche im Umbau; *Ders.*, Kirche umbauen.
51 *Zulehner*, Kirche umbauen 49.
52 Ebd. 52.
53 Zit. n. *Zulehner*, Kirche im Umbau 121.

und die Höhe der Krankenversicherungsbeiträge entsprechend der Krankheitsprognose festgesetzt und die Arbeitsplätze ebenso unter diesem Gesichtspunkt vergeben oder verweigert werden.

Werden diese fünf Kriterien angewandt, so ist leicht vorstellbar, welche Personengruppen in den marktförmig durchstrukturierten Gesellschaften des Westens, in denen die Bewusstseinslagen zunehmend von einem ökonomisierten Kosten-Nutzen-Denken und -Verhalten bestimmt werden, schlicht «überflüssig» werden bzw. bereits sind: Es sind besonders Menschen am Ende und am Anfang des Lebens.

– *Überflüssig sind die Schwer- und Schwerstkranken mit einer langen Sterbedauer.* Die moderne «Apparate-Medizin» und die gestiegene Lebenserwartung ermöglichen auch bei Schwerst- und Sterbenskranken Maßnahmen, die zwar nicht in jedem Fall zur Heilung führen, wohl aber zu einer Verlangsamung des Krankheitsverlaufes beitragen können. Diese lebensverlängernden Maßnahmen verlängern damit oft auch die Leidenszeit und kosten die Solidargemeinschaft zudem viel Geld.[54] Dies führt dazu, dass Sozial- und Gesundheitspolitiker über ein «sozialverträgliches Frühableben»[55] nachdenken. Dies fördert eine Euthanasie-freundliche Kultur, der es nicht allein darum zu gehen scheint, dem einzelnen ein selbstbestimmtes Sterben zu ermöglichen, um unerträglichen Schmerzen selbst ein Ende setzen zu können. Vielmehr drängt sich der Verdacht auf, dass «die Gesunden» sich der mühevollen Pflege von Alten und schwerstbehinderten Langzeitkranken entziehen wollen. Damit aber entziehen sie diesen Menschen ihre Fürsorge und ent-sorgen sie, anstatt in die Möglichkeiten der schmerzlindernden Palliativmedizin zu investieren und diese auszubauen. Desgleichen wäre denkbar, die häusliche Pflege durch die in der Regel berufstätigen Angehörigen dahingehend zu ermöglichen, dass den pflegenden Frauen und Männern, wie in Österreich bereits eingeführt, in der Zeit, in der sie die Pflege und die Sterbebegleitung von Angehörigen wahrnehmen, eine Arbeitsplatzsicherung gesetzlich garantiert wird. Es könnte dann eingelöst werden, was Kardinal Martini 1989 in Rom bei einem Symposium der europäischen Bischöfe in seiner Schlussrede verlangt hat, dass «so wie die Eltern die Kinder

---

54 Berechnungen der Krankenversicherungsanstalten zufolge werden ca. 43 % von dem, was ein Beitragspflichtiger während seines ganzen Erwerbslebens einbezahlt, in den letzten sechs Lebenswochen aufgebraucht.

55 Es war in Deutschland das «Unwort» des Jahres 1998.

zur Welt bringen, künftig die Kinder die Eltern aus der Welt begleiten können»[56].

– *Überflüssig sind Kinder,* weil sie vor allem Zeit und Geld kosten und Erwachsene in der Verfolgung ihrer Berufslaufbahnentwicklung und in ihrer Lebensplanung insgesamt stark einschränken. Sie stören «das Lifedesign von Männern und Frauen zunehmend, weil [diese] mit der Optimierung maximal leidfreien Glücks in knapper Zeit so beschäftigt sind, dass sie füreinander und für Kinder immer weniger (im energetischen Sinn) ‹übrig haben›.»[57] So ist es auch kaum verwunderlich, dass in der Stadtplanentwicklung vieler Städte «Autofreundlichkeit» deutlich vor «Kinderfreundlichkeit» rangiert und dass in manchen Planungsvorgaben für die Errichtung eines neuen Stadtteils Kinderspielplätze nicht vorgesehen und schlicht «vergessen» werden.

Zu denen, die in Gefahr sind, als Modernisierungsverlierer überflüssig zu werden, gehören neben den Kindern, den Alten und Hochbetagten, den pflegebedürftigen Langzeitkranken und Sterbenden auch die Behinderten sowie die Langzeitarbeitslosen. Bei ihnen, insbesondere bei den erwerbslosen 40- bis 55-jährigen Männern, ist mittlerweile eine sprunghaft angestiegene Suizidrate festzustellen, da Männer in der Regel ihr Selbstwertgefühl und ihre soziale Anerkennung, mehr noch als Frauen, über ihre Arbeit definieren.

Paul M. Zulehner sieht angesichts dieser «Zeichen der Zeit», im Aufgreifen der Forderung des Pariser Sozialethikers Jean B. Lacordaire aus der Frühzeit der alten Sozialen Frage des 19. Jahrhunderts – «man muss der Freiheit immer Gerechtigkeit abringen» –, die Kirchen angesichts der Neuen Sozialen Frage zu einer «klugen Diakonisierung» herausgefordert.

> «Ins visionäre Leitbild der christlichen Kirchen gehört daher, dass sie eine der verlässlichsten Anwältinnen der vom Überflüssigwerden Bedrohten sind und dazu helfende und politische diakonale Projekte entwickeln.»[58]

In der Wahrnehmung der vielfältigen Bedrohungen von Menschen in Gesellschaften mit hohen Solidaritätsdefiziten darf allerdings nicht übersehen werden, im Gegenteil, es ist vielmehr ausdrücklich dankbar anzuerkennen, wie viel an ehelicher, familialer, nachbarschaftlicher Diakonie «lautlos» gelebt wird, und dass sich darüber hinaus neue solidarische Vorgänge in unserer Kul-

---

56 Zit. n. *Zulehner,* EuroVision 324.
57 *Ders.,* Kirche im Umbau 121.
58 Ebd.

tur abzeichnen wie etwa die Hospizbewegung, Initiativen mit Behinderten, Einsatz für internationale Solidarität und vieles andere mehr. Hier wird deutlich, was das christliche Doppelgebot der Gottes- *und* Nächstenliebe, das untrennbare polare Verhältnis, meint: «Wer in Gott eintaucht, taucht unweigerlich neben den Armen/den Armgemachten auf.»[59] Und im Umkehrschluss: «Wer bei den Armen/den Armgemachten eintaucht, ist bei Gott angekommen.»[60] Gustavo Gutierrez, «Vater» der lateinamerikanischen Befreiungstheologie:

> «Wir stellen uns auf die Seite der Armen, weil wir wissen, dass sich zuvor schon Gott auf ihre Seite gestellt hat. Und wenn wir es nicht tun, lösen wir uns von Gott, werden also gott-los.»[61]

Vom Evangelium her gibt es einen unabweisbaren Auftrag, für all jene Modernisierungsverlierer einzutreten, die mit den Standards und Rollenerwartungen einer Gesellschaft, die sich vorwiegend an den Richtwerten «unbegrenzte Leistungsfähigkeit», «ausdauernde Gesundheit» und «immerwährende Jugendlichkeit» orientiert, nicht mithalten können oder wollen. Gefragt ist eine Kirche, die sich einmischt und deren Präsenz und Engagement in der Welt von einer tiefen solidarischen Liebe getragen wird. Eine zeitgerechte und auftragstreue Pastoral kann daher nur eine sein, die nahe bei den Menschen ist und in ihrem Interesse an den Menschen und deren Fragen glaubhaft Gottes Interesse an ihnen zu bezeugen vermag.

5.2.2 Die Frage nach der Spiritualität (Transzendenz) inmitten der Säkularität

Eine weitere Herausforderung in hochmodernen Gesellschaften der Gegenwart ist das Thema Spiritualität (Transzendenz) inmitten der Säkularität. Lange Zeit sprach man von einem Verdunsten religiöser Traditionen, festgemacht an der Verdunstung des Christlichen und dem Plausibilitätsverlust der Institution Kirche, als einem unaufhaltsamen Prozess der Säkularisierung. Die rationale Durchdringung der Welt führe zu einer «Entzauberung» der Welt, die Modernisierung zum Verschwinden der Religion. Fragte man früher «Wie hältst du's mit der Religion?», so haben sich die kulturpessimistischen Prognosen der 90er Jahre des letzten Jahrhunderts – «je moderner, desto säkularer, also bleibend gottlos» – dennoch nicht bewahrheitet, Religion ist nicht

---

59 *Zulehner*, Aufbrechen 47.
60 *Ders.*, EuroVision 333.
61 Zit. n. *Zulehner*, Aufbrechen 47.

verschwunden. Vielmehr orten Sozial- und Trendforscher gerade in Europa einen wachsenden Bedarf an Religiosität und Spiritualität, nicht zuletzt als Reaktion auf die spirituelle Leere konsumistischer Gesellschaften, und sprechen vom «Megatrend Religion». Die Frage heute heißt also nicht mehr «Wie hältst du's mit der Religion?», sondern «Mit welcher Religion hältst du es?» Die Moderne erweist sich als geradezu «religionsproduktiv». Dies kommt allerdings nicht den christlichen Kirchen zugute, im Gegenteil, «die Sehnsucht boomt, aber die Kirchen schrumpfen»[62].

Was genau gesucht wird, ist dabei unterschiedlich – von der spirituellen Reise ins Innere bis zur spirituellen Reise ins Weite, von der individuellen Suche nach heilenden Ritualen bis zur Suche nach glaubhaften spirituellen Gemeinschaften «mit einer Ethik der Liebe, die eine Art Avantgarde einer neuen Welt darstellen»[63] –, auf jeden Fall geht es nicht um die Suche nach dem, was wahr ist, nicht nach Dogmatik oder Katechismus, sondern um das, was subjektiv leben und überleben hilft. Dazu gehören esoterische Lebenshilfen und das Interesse an fernöstlichen Ritualen, das Aufblühen von Mythos und Magie, psychoreligiöse Therapien und nicht zuletzt der Wunsch nach «Wiederverzauberung» der Welt, der in literarischen Welterfolgen wie *Der kleine Prinz* oder *Harry Potter* zu Tage tritt.

> «Die ‹neue Religiosität› ist individualisiert und privatisiert: persönliche Themen werden zu Themen von letzter Bedeutung; sie ist wissenschaftsgläubig und säkular, hat gnostische und apokalyptische Merkmale, setzt auf Selbsterlösung und sucht ihr Glück im Hier und Jetzt. Auf dem Markt der religiösen Angebote bastelt man sich seine eigene Religion. Dabei kann jede/r die Intensität und Dauer seines ‹religiösen Engagements› selbst bestimmen, sich seinen ‹religiösen Cocktail› selbst mixen und jederzeit wieder ändern. Das Resultat ist ein Patchwork aus Religiösem und Magischem, ein Glaubens-Supermarkt mit schnellen Wechseln und unzähligen Kombinationen.»[64]

Der Kulturwandel in der Gegenwart führt zu einer neuen Suche nach spirituellen Quellen der Identität und der Heilung, nach transzendenter Beheimatung und nach neuen Formen religiöser Gemeinschaft. Es gilt, diese Suchbewegungen positiv aufzugreifen, etwa in der Art, wie es die französischen Bischöfe mit ihrem Brief an die Katholiken in Frankreich (1996) «Den Glauben anbieten in der heutigen Gesellschaft» tun:

---

62 Günther Nenning, zit. n. *Zulehner*, Kirche im Umbau 122.
63 Ebd.
64 *Friesl/Polak*, Der Zwang 77.

«Wie können wir verstehen, dass der Ewige und All-Mächtige so sehr solidarisch wird mit der menschlichen Schwäche, dass er durch diese Verbindung mit dem Menschen seine eigene Sache aufs Spiel setzt? Und warum sollen wir uns wundern, dass die Menschen, die dieses Geheimnis ahnen, seine Lösung in so vielen Richtungen suchen, die bisweilen dunkel und gefährlich sind? ... Zum Glauben gehört dieses Staunen angesichts der verborgenen Gegenwart Gottes im Herzen des Geheimnisses des Menschen.»[65]

Der «Megatrend» der «Respiritualisierung» als «Zeichen der Zeit» ist für die Kirchen Herausforderung und Chance zugleich, in der Wahrnehmung der religiösen Bedürfnisse der «Kundinnen und Kunden» auf dem Markt der Weltanschauungen die mancherorts erfolgte «Selbstsäkularisierung» (Bischof Wolfgang Huber, Vorsitzender des Rates der Evangelischen Kirche in Deutschland) zu überwinden und sich neu ihrer eigenen «Kunde» zu erinnern, sich dessen zu vergewissern, woraus sie selbst lebt. Das spirituelle Erbe der Kirche, das sich in einen Fächer geistlicher Stile entfaltet, bietet eine unschätzbare Ressource für die religiös Suchenden, aber auch für areligiöse oder religiös «unmusikalische» Menschen. Das zunehmende Interesse an mystischen und asketischen Erscheinungsformen der Spiritualität zeugt davon. «Ins visionäre Leitbild der Kirchen gehört demnach in den nächsten Jahren, dass sie für die spirituell Suchenden und Wandernden eine der besten gesellschaftlichen Adressen sein werden.»[66]

«Diakonisierung» und «Spiritualisierung» sind die beiden Richtungsanzeigen für die Neuausrichtung des Handelns einer zukunftsfähigen Kirche in der Welt von heute. Welteinsatz und Kirchenreform sind dabei die zwei Seiten der einen Medaille.

5.2.3 Die bleibende Verpflichtung von Gaudium et spes

Das Zweite Vatikanische Konzil hat eine Neubestimmung des Verhältnisses der Kirche zur Welt, zu anderen Religionen und zur Gegenwartskultur vorgenommen. Weder Abschottung noch Anpassung sind seither Maßstab und Ziel, sondern das «pastorale Prinzip», nach dem sich die Kirche «mit der Menschheit und ihrer Geschichte wirklich engstens verbunden» weiß und deshalb ein positives und produktives Verhältnis sucht (GS 1). Über die Brücke der Inkarnationstheologie findet die Kirche den Weg zum Selbstverständnis der modernen Menschen.

---

65 Sekretariat der Deutschen Bischofskonferenz (Hrsg.), Glauben anbieten 37 (franz. Titel: «Proposer la foi dans la société actuelle»).
66 *Zulehner*, Kirche im Umbau 122.

Eine «Pastoral, die an der Zeit ist», eine «Pastoral der Präsenz» weiß sich daher der bleibenden und jeweils neuen Aufgabe der Inkulturation in die Gegenwartskultur verpflichtet, die ohne Berührungsängste auf die Menschen zugeht und in ihre Situationen hineingeht: in die Jugendkultur und in die Medien, in die Betriebe und in die *scientific community*, in die bürgerlichen Milieus und in die sozialen Bewegungen, in lokale Gremien und in internationale Foren. Angesichts der vielen Sprach- und Symbolwelten fordert die Zeitgenossenschaft vom Gottesvolk, und insbesondere von denen, die in der Pastoral tätig sind, auf die «verschiedenen Sprachen unserer Zeit zu hören, sie zu unterscheiden, zu deuten und im Licht des Gotteswortes zu beurteilen.»(GS 44). Es gilt daher in kritischer und konstruktiver Zeitgenossenschaft die Werte des Evangeliums mit dem jeweils Neuen zu einer «Synthese» zu bringen. Dies setzt die Fähigkeit voraus, «nach den Zeichen der Zeit zu forschen und sie im Licht des Evangeliums zu deuten» (lat.: «signa temporis perscrutandi et sub Evangelii luce interpretandi», GS 4), also die kairologische Qualität des Heute entdecken zu können.

Die bleibende Verpflichtung, die von *Gaudium et spes* ausgeht, besteht zum einen in seiner Fortschreibung. Es geht nicht um eine reine Übernahme der Texte, um *lecture*, sondern um *relecture*. Es geht darum zu klären, was aus der Perspektive von morgen für das Handeln einer zukunftsfähigen Kirche in der Welt von heute ansteht. Zukunftsfähigkeit meint die Fähigkeit der Kirche, an der Gestaltung der Zukunft, wie sie von Gott her auf uns zukommt, mitzuwirken – aus Gottes unbedingtem Interesse am Menschen *(propter hominem)*. In der Ausrichtung auf die Belange der Menschen in der jeweiligen Zeit und im jeweiligen Kontext konstituiert sich Kirche so jeweils neu als Kirche «in der Zeit». Hierfür ist als Voraussetzung allerdings ihre Bereitschaft und Fähigkeit notwendig, immer wieder neu zu prüfen, ob im Hinblick auf ihren Auftrag die gewachsenen, bisherigen Strukturen noch angemessen, oder ob sie dementsprechend zu verändern und zu erneuern sind. Erst dann wird sie für die jeweiligen Zeitgenossen neu als *sacramentum mundi* erfahrbar werden können, indem sie ganz nahe bei den Menschen ist, ihre Kultur mit den Werten des Evangeliums zu prägen vermag und darin das Geheimnis Gottes in der jeweiligen Zeit authentisch und anschaulich vergegenwärtigt. Verstärkte Weltpräsenz und Kirchenreform gehören somit zusammen.

Daher besteht die bleibende Verpflichtung von *Gaudium et spes* zum anderen darin, dass Kirche und Theologie nicht mehr hinter die folgenden vier Kriterien zurückfallen und sich davon dispensieren:

1. *Die Pflicht (officium) zur Deutung der Zeichen der Zeit* – damit zur zeitge-nössischen Inkulturation. Die Kirche hat dem *Kyrios* im *Kairos*, dem Herrn im Heute, zu dienen.

2. *Eine neue Befähigung (scrutinium), die Zeichen der Zeit deuten zu können* – damit die Pflicht, «Lesekompetenz» als eine Grundqualifikation einzufor-dern und zu einem wichtigen Kriterium für die Auswahl und Aufnahme in den kirchlichen Dienst zu machen und hierfür auch aus- und fortzubil-den.[67]

3. *Der Mensch ist Dreh- und Angelpunkt (cardo) von Lehre und Verkündigung* – damit ist die Grundoption der Kirche ihr Dienst am Menschen in der je-weiligen Zeit (GS 1).

4. *Kirche ist von ihrer Berufung[68] (vocatio) her zu einer umfassenden Pastoral bestimmt* – damit ist Menschen die sie frei machende Botschaft von der Liebe Gottes nahe zu bringen als auch mitzuhelfen, ihre je eigene Berufung zum Christ/in-Sein zu entdecken.

Literaturverzeichnis

Alberigo, Giuseppe (Hrsg.)/*Wittstadt, Klaus* (Hrsg. der dt. Ausgabe): Geschichte des Zweiten Vatikanischen Konzils (1959–1965), Bd. 1: Die katholische Kirche auf dem Weg in ein neues Zeitalter. Die Ankündigung und Vorbereitung des Zweiten Vatikanischen Konzils (Januar 1959 bis Oktober 1962), Mainz/Leuven 1997.

Barauna, Guilherme (Hrsg.): Die Kirche in der Welt von heute. Untersuchungen und Kommentare zur Pastoralkonstitution «Gaudium et Spes» des II. Vatikanischen Konzils, Salzburg 1967.

Belok, Manfred: Pastorale Fort- bzw. Weiterbildung im Wandel. Wahrnehmungen, Anfragen, Aufgabenstellungen, in: *Tebartz-van Elst, Franz-Peter* (Hrsg.): Katechese im Umbruch. Positionen und Perspektiven. FS Dieter Emeis, Freiburg 1998, 491–504.

Ders.: Kooperative Pastoral. Zauberwort oder pastoraler Paradigmenwechsel?, in: Pas-toralblatt 54 (2002) 300–309.

Ders.: Welche Leitbilder geben die Diözesen vor?, in: Lebendige Seelsorge 54 (2003) 305–311.

---

67 Vgl. *Belok*, Pastorale Fort- bzw. Weiterbildung.
68 Vgl. *Feeser-Lichterfeld*, Berufung.

Ders.: (Hrsg.), Zwischen Vision und Planung. Auf dem Weg zu einer kooperativen und lebensweltorientierten Pastoral. Ansätze und Erfahrungen aus 11 Bistümern in Deutschland, Paderborn 2002.

Boff, Leonardo: Theologie der Befreiung – die hermeneutischen Voraussetzungen, in: *Rahner, Karl/Modehn, Christian/Zwiefelhofer, H.* (Hrsg.): Befreiende Theologie, Stuttgart 1977, 46–61.

Bucher, Rainer: Die pastorale Konstitution der Kirche. Was soll Kirche eigentlich?, in: *Ders.* (Hrsg.): Die Provokation der Krise. Zwölf Fragen und Antworten zur Lage der Kirche, Würzburg 2004, 30–44.

Chenu, Marie-Dominique: Kirche der Armen auf dem Zweiten Vatikanischen Konzil, in: Conc 13 (1977) 232–235.

Ders.: Volk Gottes in der Welt, Paderborn 1968.

Eröffnungsbulle «Humanae salutis», deutsche Übersetzung in: HerKorr 16 (1961/62), 225–228.

Feeser-Lichterfeld, Ulrich: Berufung. Eine praktisch-theologische Studie zur Revitalisierung einer pastoralen Grunddimension, Münster 2005.

Friesl, Christian/Polak, Regina: Der Zwang zur Reform. Gestaltwandel der Kirche aus katholischer Sicht, in: *Hofmeister, Klaus/Bauerochse, Lothar* (Hrsg.): Die Zukunft der Religion. Spurensicherung an der Schwelle zum 21. Jahrhundert, Würzburg 1999, 73–84.

Fuchs, Gotthard/Lienkamp, Andreas (Hrsg.): Visionen des Konzils. 30 Jahre Pastoralkonstitution «Die Kirche in der Welt von heute», Münster 1997.

Füssel, Kuno: Die Zeichen der Zeit als locus theologicus, in: ZPhTh 30 (1983) 259–274.

Gertler, Thomas: Mysterium hominis in luce Christi, in: *Fuchs, Gotthard/Lienkamp, Andreas* (Hrsg.): Visionen des Konzils, a. a. O., 51–71.

Heimbach-Steins, Marianne: «Erschütterung durch das Ereignis» (M.-D. Chenu). Die Entdeckung der Geschichte als Ort des Glaubens und der Theologie, in: *Fuchs, Gotthard/Lienkamp, Andreas* (Hrsg.): Visionen des Konzils, a. a. O., 103–121.

Johannes XXIII: Radiobotschaft vom 11. 9. 1962. Deutsche Übersetzung in: HerKorr 17 (1962/63) 43–46.

Johannes Paul II.: Christifideles Laici. Nachsynodales Apostolisches Schreiben über die Berufung und Sendung der Laien in Kirche und Welt, hrsg. v. Sekretariat der Deutschen Bischofskonferenz, Bonn 1988.

Karrer, Leo: Die Stunde der Laien. Von der Würde eines namenlosen Standes, Freiburg i. Br. 1999.

Kaufmann, Ludwig/Klein, Nikolaus: Johannes XXIII. Prophetie im Vermächtnis, Fribourg/Brig 1990.

Klein, Nikolaus: Aggiornamento und «Zeichen der Zeit», in: *Fuchs, Gotthard/Lienkamp, Andreas* (Hrsg.): Visionen des Konzils, a. a. O., 28–25.

Klinger, Elmar: Kirche – die Praxis des Volkes Gottes, in: *Fuchs, Gotthard/Lienkamp, Andreas* (Hrsg.): Visionen des Konzils, a. a. O., 73–83.

Ders.: Das Aggiornamento der Pastoralkonstitution, in: *Kaufmann, Franz-Xaver/Zingerle, Arnold* (Hrsg.): Vatikanum II und Modernisierung. Historische, theologische und soziologische Perspektiven, Paderborn 1996, 171–187.

Kommission für Glauben und Kirchenverfassung des ÖRK: Taufe, Eucharistie und Amt («Lima-Dokument» 1982), in: *Meyer, Harding/Urban, Hans Jörg/Vischer, Lukas* (Hrsg.): Dokumente wachsender Übereinstimmung (DwÜ). Sämtliche Berichte und Konsenstexte interkonfessioneller Gespräch auf Weltebene. Bd. 1: 1931–1982, Paderborn/Frankfurt/M. 1983, 545–585.

Lehmann, Karl: Christliche Weltverantwortung zwischen Getto und Anpassung. Vierzig Jahre Pastoralkonstitution «Gaudium et spes», in: ThPQ 153 (2005) 297–310.

Ders.: Hermeneutik für einen künftigen Umgang mit dem Konzil, in: *Hierold, Alfred E.* (Hrsg.): Zweites Vatikanisches Konzil – Ende oder Anfang?, Münster 2004, 57–74.

Mette, Norbert: Die pastorale Konstitution über die Kirche in der Welt von heute *Gaudium et spes*, in: *Bischof, Franz-Xaver/Leimgruber, Stephan* (Hrsg.): Vierzig Jahre II. Vatikanum. Zur Wirkungsgeschichte der Konzilstexte, Würzburg 2004, 280–296.

Ders.: Sehen – Urteilen – Handeln. Zur Methodik pastoraler Praxis, in: Diakonia 20 (1989) 23–29.

Möller, Christian: Die Geschichte der Pastoralkonstitution, in: LThK.E 3, 242–278.

Nauer, Doris: Seelsorgekonzepte im Widerstreit. Ein Kompendium, Stuttgart 2001.

Pesch, Otto H.: Das Zweite Vatikanische Konzil (1962–1965). Vorgeschichte, Verlauf, Ergebnisse, Nachgeschichte, Würzburg [5]2001.

Sander, Hans-Joachim: Zeichen der Zeit, in: *Fuchs, Gotthard/Lienkamp, Andreas:* Visionen des Konzils, a. a. O., 85–102.

Sekretariat der Deutschen Bischofskonferenz (Hrsg.): «Auf der Spur...». Berichte und Beispiele missionarischer Seelsorge (Arbeitshilfen 159), Bonn 2001.

Dass. (Hrsg.): Den Glauben anbieten in der heutigen Gesellschaft. Brief an die Katholiken Frankreichs von 1996 (Stimmen der Weltkirche 37), Bonn 2000.

Dass. (Hrsg.): «Zeit zur Aussaat. Missionarisch Kirche sein», Bonn 2000

Wenzel, Knut: Kleine Geschichte des Zweiten Vatikanischen Konzils, Freiburg 2005.

Zulehner, Paul M.: Aufbrechen oder untergehen. So geht Kirchenentwicklung. Das Beispiel des Passauer Pastoralplans, Ostfildern 2003.

Ders.: EuroVision – Zukunftsbilder des Christlichen in Europa, in: «Leben aus Gottes Kraft»: 95. Deutscher Katholikentag 16.–20. Juni 2004 in Ulm. Dokumentation, hrsg. v. Zentralkomitee der Deutschen Katholiken, Kevelaer 2005, 321–335.

Ders.: Kirche im Umbau. Für eine Erneuerung im Geiste des Evangeliums, in: Her-Korr 58 (2004) 119–124.

Ders.: Kirche umbauen – nicht totsparen, Ostfildern 2004.

Das neue Bild von der Kirche
Im Streit und Widerstreit – damals und heute*

Otto Hermann Pesch

1   «50 Jahre Rezeption»

Der Jesuitenpater Roberto Tucci, Chefredakteur der halb-offiziösen Zeitschrift *Civiltà Cattolica* und in dieser Eigenschaft betraut mit der Koordination der Öffentlichkeitsarbeit für das Konzil über das Pressebüro des Konzilssekretariates hinaus[1], hatte eines Tages Audienz bei Papst Johannes XXIII. Er traf den Papst mit einem Zentimetermaß in der Hand. Auf dem Tisch eine der Vorlagen für das Konzil. «Sehen Sie, in diesem Schema dreißig Zentimeter Verurteilungen!», sagte der Papst. Er hatte tatsächlich in den Entwürfen für das Konzil die Länge der Verurteilungen abgemessen.[2]

Wir wissen, dass der Papst mit vielem, was in den Erstentwürfen zu lesen stand, seltsam zufrieden war[3] – obwohl sie zu 90 % in der Kritik des Konzils untergingen und neu erarbeitet werden mussten. Mit manchem war er jedoch gar nicht zufrieden und hat beißende Kritik geäußert.[4] Eines aber wollte Johannes XXIII. auf keinen Fall: ein Konzil, das Verurteilungen aussprach. Das ist geradezu die Signatur des Zweiten Vatikanischen Konzils – mit den beiden Ausnahmen, die aber nicht in der feierlichen Form eines *canons* ausgesprochen wurden: der Verurteilung der Abtreibung (GS 51; vgl. 27) und der Verurteilung des Krieges, auch des konventionellen (GS 80; 82). Aber wie

---

*   Der Text greift teilweise zurück auf meinen Beitrag: Das Zweite Vatikanische Konzil. 40 Jahre nach der Ankündigung – 34 Jahre Rezeption, in: *Autiero, Antonio* (Hrsg.): Herausforderung Aggiornamento. Zur Rezeption des Zweiten Vatikanischen Konzils, Altenberge 2000, 37–79.

1   Vgl. *Beozzo*, Klima 406 f.

2   Diese Notiz bei *Rouquette*, Geheimnis 259. Es handelt sich vermutlich um die Audienz für Tucci vom 27. Juli 1962; vgl. *Komonchak*, Kampf 391, Anm. 624.

3   Vgl. *Hebblethwaite*, Johannes XXIII. 469–488; *Komonchak*, Kampf 394–401.

4   Beispiele bei *Wittstadt*, Vorabend 489, 495.

soll ein solches Konzil in kirchliche Wirklichkeit umgesetzt werden, wenn es bewusst *keine* klaren, abgrenzenden Aussagen machen soll und will?

Mindestens 50 Jahre, so lehrt die geschichtliche Erfahrung, muss man für die «Rezeption» eines Konzils veranschlagen, also für seine Umsetzung in kirchliche Wirklichkeit, nicht nur bei Theologen und Amtsträgern, sondern auch beim sogenannten «Kirchenvolk».[5] In dieser Regel steckt ein tiefes Paradox. 50 Jahre nach einem Konzil sind die, die es getragen haben, in aller Regel tot. Rezeption kann dann nur gelingen, wenn die dann Lebenden sich im kirchlichen *Gehorsam* verpflichtet sehen, das Konzil durchzuführen. Ist das schon bei «normalen» Konzilien ein Problem – wie nicht zuletzt die Rezeptionsgeschichte des Konzils von Trient im 16. und 17. Jahrhundert beweist –, so erst recht bei einem Konzil, das ausdrücklich nicht auf bloßen *Gehorsam* setzt, sondern auf die befreiende Kraft überzeugender Einsichten.[6] Deshalb ist gegenüber dem Zweiten Vatikanischen Konzil möglich, was gegenüber anderen Konzilien nur um den Preis der Selbstausgrenzung möglich war: Kritik, sogar radikale Kritik von Gläubigen, die ebenso wie die Freunde des Konzils *in* der Kirche bleiben und auch bleiben wollen. Die 50-Jahre-Regel bekommt damit ein anderes Gesicht. Sie bezeichnet nicht die Zeit, die man braucht, um die «Tücke des Objekts», die Schwerfälligkeit eingeschliffener Denk- und Verhaltensmuster zu überwinden, sondern die Zeit, in der sich erweist, ob sich die Überzeugungskraft des Konzils *generationsübergreifend* durchsetzt. Unter diesen Voraussetzungen fragen wir hier nach dem «neuen Bild von der Kirche»

---

5 Diese Erfahrung wurde zum ersten Mal gemacht mit dem Glaubensbekenntnis des Konzils von Nizäa (325) und seiner ergänzenden Erweiterung durch das Konzil von Konstantinopel (381). Vgl. *Jedin*, Sicht 591. Das Konzil von Chalkedon (451) hat erstmals die bleibende Gültigkeit des Nizänums und des Konstantinopolitanums festgestellt (DS/DH 300) und die eigene Lehrentscheidung als Erläuterung der vorausgehenden Konzilien verstanden («Folgend den heiligen Vätern…»: DS/DH 301). Aus Anlass sowohl des 10jährigen wie des 20jährigen «Jubiläums» des Abschlusses des II. Vatikanums wurde denn auch mehrfach das Urteil geäußert, die Rezeption des Konzils habe gerade erst begonnen, ja die eigentliche Rezeption stehe noch aus. Nur zwei Stimmen für viele: *Jedin*, Konziliengeschichte 175; *Ders.*, Zweite Vatikanische Konzil 147; *Kasper*, Zukunft 54 und 109; *Ders.*, Herausforderung 290 f.

6 *Krätzl*, Sprung 190–194, macht darauf aufmerksam, dass die Bischöfe, die selbst noch Konzilsväter waren, in ihren Diözesen das Konzil getreulich durchführten – dabei teilweise geradezu echte «Bekehrungen» durchmachten. Heute, 40 Jahre danach, sind Bischöfe im Amt, die das Konzil nicht mehr erlebt haben, jedenfalls nicht als Erwachsene und Amtsträger – und nicht selten schon vor ihrer Ernennung ihren Widerwillen gegen das Konzil öffentlich bekundet haben. Krätzl, zur Konzilszeit Sekretär von Kardinal König, heute Weihbischof in Wien, war beim Konzil als Stenograph tätig.

auf dem Zweiten Vatikanischen Konzil und bedenken seine schon erfolgte und noch ausstehende Umsetzung, seine «Rezeption». Um das Gewicht der Frage verständlich zu machen, nehmen wir uns die Zeit für einen kurzen Rückblick auf die Ausgangslage – für die Älteren unter uns gewiss manchmal ein beklemmender, zuweilen aber auch ein nostalgischer Rückblick, für die Jüngeren zweifellos der Rückblick in eine schon unbegreiflich fremde Welt.[7]

2 Die Ausgangslage: eine «monolithische» Kirche mit viel Bewegung

2.1 Der Starrkrampf des Antimodernismus[8]

Wenn man eines Tages die Geschichte der katholischen Theologie des 20. Jahrhunderts schreibt, wird man sie darstellen als Geschichte der fortschreitenden, erst sehr vorsichtigen und indirekten, dann immer deutlicheren und schließlich offenen Emanzipation der katholischen Theologie von den Blockaden und Denkverboten im Gefolge der kirchlichen Entscheidungen gegen den sogenannten «Modernismus» vom Anfang dieses Jahrhunderts. Womöglich allerdings auch – das ist eine Frage der Einschätzung der gegenwärtigen Lage! – als eine Geschichte unter der Überschrift: «Vom ersten zum zweiten Antimodernismus»[9]. In der Tat, die konzessionslose römische Zurückweisung des «Modernismus» – Schimpfwort der Gegner für eine in sich

---

7 Es kann nicht der Sinn dieses kurzen Rückblicks sein, ihn mit einer umfangreichen Bibliographie auszustatten. Hinreichend ausführliche Darstellung und Literatur zum Folgenden findet sich bei *Jedin* (Hrsg.), Handbuch Bd. 7. Wo es geboten scheint, verzeichne ich ergänzend jüngste Titel mit weiterführender Literatur.

8 Die jüngere Literatur ist verzeichnet bei *Pesch*, Konzil 293 f.; die jüngste Literatur jetzt bei *Weiss*, Modernismus.

9 Vgl. zum Beispiel *Berger*, Geschichtsschreibung; siehe dort auch das Nachwort des Herausgebers, ebd. 13–16. Nach Berger – renommierter Thomasforscher, Fachmann für die thomistische Schule, Mitglied der päpstlichen Akademie des hl. Thomas und inzwischen selbst Herausgeber von «Theologisches» – hat die Konzilsmehrheit unter dem Einfluss neomodernistischer Strömungen in Exegese und Dogmatik die traditionstreu und seriös ausgearbeiteten Erstentwürfe verworfen und Beschlüsse erreicht, die, weil nahe bei der Häresie, von Rom korrigiert werden müssen und dürfen. Das «Alberigo-Projekt» erscheint ihm daher als Produkt der Angst vor einem neuen Antimodernismus. Vgl. auch *Ders.* (Hrsg.), Enzyklika; in fair vorgetragener Kritik, aber auf der gleichen Linie liegt das kleine Buch von *Teuffenbach*, Liebe.

durchaus uneinheitliche theologische Strömung –, abgesichert durch den «Antimodernisteneid»[10], befiel die Kirche wie ein Wundstarrkrampf. Hauptsächlich natürlich die Theologie und die Theologen – weshalb die überwältigende Mehrheit des Kirchenvolkes in ihrem all- und sonntäglichen kirchlichen Leben damit höchstens in den Fernwirkungen zu tun bekam. Für die Theologie aber bedeutete es für mindestens eine Theologengeneration die perfekte Lähmung. Wer auszubrechen versuchte, wurde zur tragischen Existenz. Man kennt die Namen – z. B. Josef Wittig, Joseph Bernhart, Josef Thomé in Deutschland, Ernesto Buonaiuti in Italien, William Sullivan in den USA. Wer nicht ausbrach, aber das Fragen und Nachdenken abzustellen weder fähig noch willens war, lebte gefährlich. Ich selbst habe in meiner theologischen Ausbildung noch «gebrannte Kinder» als Lehrer gehabt. Bibelwissenschaftler wichen in die Philologie oder die Religionsgeschichte aus, Kirchengeschichtler in die reine Faktengeschichte – und sagten, wenn es «gefährlich» wurde: «Ich habe einen *rein historischen* Vortrag gehalten», auch wenn sie deutlichst fühlbar unter der Verkleidung der Historie die Gegenwart meinten.[11] Systematiker flüchteten sich in die «Nischen», die vom Streit nicht berührt waren. Wo sie weitergingen und in den engen Grenzen der kirchlichen Entscheidungen vorsichtige Neuorientierungen versuchten, etwa auf dem so empfindlichen Gebiet der Christologie oder der Sakramentenlehre[12], konnten die Entwürfe nicht gemäß ihrer Eigendynamik ausreifen, stießen an die Grenzen des Dogmas bzw. seiner geltenden Interpretation – und die Autoren fanden sich unter den Ketzerhüten wieder, die beflissene Kollegen ihnen aufgesetzt hatten. Wer das vermeiden wollte, achtete genau auf die jeweils neueste Ansprache des Papstes, die jeweils jüngste Erklärung des damals noch so genannten *Sanctum Officium* und bezog sie konstruktiv in das eigene Denken ein – auch dafür bekam ich in meiner Ausbildung noch anschauliche Beispiele. Die Liste der Verletzten wäre lang, wollten wir sie bis in die Vorkonzils-

---

10 DS/DH 3537–3550.

11 Ein bezeichnendes Beispiel: die Vorbemerkung bei *Vries*, Entwicklung 114.

12 Man denke an die Versuche von Déodat de Basly, im Rahmen der neuscholastisch interpretierten Zwei-Naturen-Lehre die Unverkürztheit der Menschennatur Christi neu zu denken («Baslismus»), die noch 1951 in der Enzyklika *Sempiternus Rex* ohne Namensnennung zurückgewiesen wurden (DS/DH 3905) und gar noch Gegenstand von verurteilenden Definitionsanträgen auf dem II. Vatikanum waren; oder an die Neubestimmung der Sakramente als Verkündigungshandlung (Michael Schmaus) und der neuen Frage nach dem Verhältnis von Mahl und Opfer in der Eucharistie (Joseph Pascher), denen die Enzyklika *Mediator Dei* (1947) misstrauisch gegenübersteht (DS/DH 3847–3855).

zeit ausdehnen. Kein Geringerer als Angelo Roncalli, der spätere Papst Johannes XXIII., geriet in den 20er Jahren aus nichtigem Anlass – ein Kartengruß seines Freundes Ernesto Buonaiuti, den man des Modernismus beschuldigte – selbst in den Verdacht des Modernismus, wurde nicht zuletzt deshalb von Rom weg und als päpstlicher Diplomat in den Orient beordert und blieb so – Humor der göttlichen Vorsehung! – der Kirche erhalten für das Werk der letzten fünf Jahre seines Lebens! Jedenfalls, wenn wir Jüngeren und heute schon nicht mehr Jungen ein freches Mundwerk riskieren, so können wir es nur, weil unsere Altvorderen uns diese Freiheit buchstäblich erlitten haben.

Die Starre in der Theologie – besser: in den theologischen Vorgaben – färbte ab auf das gesamte kirchliche Leben, und hier bekamen auch die «einfachen Gläubigen» damit zu tun.[13] So uniform wie die Theologie musste auch das kirchliche Leben sein: von den Mechanismen der kirchlichen Verwaltung über das weltweit ohne Rücksicht auf unterschiedliche kulturelle Kontexte geltende Eherecht bis zur Liturgie, bei der noch der Zentimeterabstand der Hände beim Priestergruß *Dominus vobiscum* ebenso vorgeschrieben war wie die Länge der Schleppen der Kardinäle (die Paul VI. dann von 7 auf 3 m kürzte). Ernstere Beispiele? Es bedurfte ausdrücklicher Dispens von Rom, damit in Deutschland die Priester den unauffälligen dunklen Anzug, den sie sich – nicht zuletzt zum Schutz vor Anpöbeleien durch die Nazis – in den Kriegsjahren zu tragen angewöhnt hatten, auch nach dem Krieg beibehalten durften, weil es schließlich nach dem Krieg keine Möglichkeit gab, sich sofort wieder die eigentlich vorgeschriebene Priestertracht (Soutane und/oder den halblangen Mantel) zu beschaffen. Es bedurfte ausdrücklicher Dispens, dass die durch die Jugendbewegung gefestigten Errungenschaften der liturgischen Bewegung, die Gemeinschaftsmesse und das sogenannte Deutsche Hochamt, beibehalten werden konnten. Selbstverständlich wurde der Index der verbotenen Bücher streng beachtet: Ich selbst musste, als ich 1960 anfing, für meine Dissertation Luther und evangelisch-theologische Literatur zu lesen, die schriftliche Genehmigung des Generalvikars einholen – und wurde in dem lateinischen Schreiben (ein Vordruck) ermahnt, alles zu vermeiden, was die Gefahr mit sich brächte, vom katholischen Glauben abzufallen.

Und noch ein Beispiel aus der Konzilszeit: Wie ein Überraschungscoup – dessen Vorgeschichte zu erzählen hier zu weit führen würde[14] – erschien im Februar 1962 die Apostolische Konstitution *Veterum Sapientia*. Deren Anord-

---

13 Ich erlaube mir, die folgenden Beispiele als «oral history» zu berichten.
14 Vgl. dazu jetzt *Komonchak*, Kampf 238–256.

nung, ab sofort seien an den kirchlichen theologischen Fakultäten – die Universitätsfakultäten, weil staatlich, haben das nicht mitbekommen – alle Vorlesungen mit Ausnahme der Pastoraltheologie wieder in lateinischer Sprache zu halten, hat man tatsächlich ein halbes Semester zu befolgen versucht – bis diese wahre Gaudi mit augenzwinkernder Toleranz der kirchlichen Oberen wieder abgebrochen wurde. Es war wie das letzte Aufbäumen der «monolithischen» Kirche, in der die Katholizität der Kirche gleichgesetzt wurde mit zentral gesteuerter und überwachter weltweiter Einheitlichkeit in Lehre und Lebensform.[15]

2.2   Fernwirkungen des Ersten Vatikanischen Konzils (1869/70)[16]

Dies alles ist nun nicht Folge eines bestimmten, etwa diktatorischen Stils der päpstlichen Regierung. Obwohl man Männern wie Pius XI. und Pius XII. wahrhaftig keine Scheu vor dem Umgang mit der Macht ihres Amtes nachsagen kann, so ist eben dies nicht (nur) ein persönlicher Charakterzug, vielmehr die konsequente Befolgung des 1870 auf dem Ersten Vatikanischen Konzil verkündeten Dogmas vom Primat und dem unfehlbaren Lehramt des Römischen Bischofs. Dieses Dogma, an dem Teile der katholischen Christenheit im 19. Jahrhundert ein verständliches Interesse hatten, auf das aber keineswegs die ganze Kirchengeschichte dieses Jahrhunderts unausweichlich zulief, konnte überhaupt nur verkündet werden, weil eine kleine «Pressure Group» Papst Pius IX. erfolgreich drängte, die Primatsfrage auf der Tagesordnung des Konzils vorzuziehen. Denn nach der dogmatischen Konstitution *Dei Filius* über Offenbarung und Glaube[17] sollte nach dem ursprünglichen Plan eine umfassende Konstitution über die Kirche erarbeitet werden. Darin, nicht isoliert von ihr, sollte das Petrusamt des Bischofs von Rom und sein Ver-

---

15 Ebenso absurd in der Sache wie bezeichnend für diese Überzeugung war damals der offenkundig mit *Veterum Sapientia* im Zusammenhang stehende Artikel von *Staffa*, L'unità. Nach Staffa hat die Einheit der Kirche drei konstitutive Faktoren: den Thomismus, die juridische Struktur, konkretisiert durch den *Codex Iuris Canonici*, und die lateinische Sprache. Da vor 250 in der Kirche Roms vorwiegend griechisch gesprochen wurde, der Thomismus erst seit dem 13. Jahrhundert existiert und der (alte) CIC erst seit 1918 in Kraft ist, ist also die Einheit der Kirche erst seit 1918 vollendet – und die unierten Ostkirchen gehören nicht dazu!

16 Umfassend dazu jetzt *Schatz*, Vatikanum I. Wichtige ältere Literatur bei *Pesch*, Konzil 48, dort Leseempfehlungen zu III. und IV.

17 DS/DH 3000–3045.

hältnis zu den anderen Bischöfen geklärt werden. Dazu kam es bekanntlich nicht mehr, weil der deutsch-französische Krieg ausbrach, Rom und der Kirchenstaat von den italienischen Truppen eingenommen wurden und das Konzil auf unbestimmte Zeit vertagt werden musste.

Das somit außerhalb seines theologischen Zusammenhangs zustande gekommene Primatsdogma hat allerdings ausgereicht, jenen zentralistischen Leitungsstil der römischen Kurie – und abbildlich dann der bischöflichen Kurien in aller Welt –, der sich im Zuge der Erholung der Kirche nach der napoleonischen Zeit schon in den Jahrzehnten vor dem Konzil ausgebildet hatte, dogmatisch aufs wirkungsvollste abzusichern. Während die Anhänger der Minderheit auf dem Konzil – französische, deutsche, österreichische Bischöfe und Theologen – sich freuten über jedes Detail, das die Majorität der «Infallibilisten» *nicht* hatte durchsetzen können, auf die Fortsetzung des Konzils hofften, solange noch Hoffnung bestand, und so die Grundlage legten für die bis heute in der Fachtheologie übliche «minimalistische» oder besser: gemäßigte Auslegung der Beschlüsse des Ersten Vatikanums, praktizierte «Rom» von Anfang an eine «maximalistische», besser: eine die Grenzziehungen des Dogmas ausdehnende, ja überschreitende Interpretation. Das hat einen einfachen und sogar in gewisser Hinsicht plausiblen Grund: Das Dogma spricht nur dem Papst Primat und unfehlbares Lehramt zu. Das schließt Zuarbeit seiner Behörden und Mitarbeiter nicht aus – wohl aber eigenständige Entscheidungen in dem Bereich, den Primat und Lehramt des Papstes umfassen. Eben solche sind jedoch unvermeidlich – weil der Papst unmöglich alles allein entscheiden kann. So geht denn *faktisch* – nicht theoretisch reflektiert – ein Stückchen Primat und ein Stückchen Unfehlbarkeit auf alle römischen Behörden über, besonders auf ihre Präfekten bzw. Präsidenten, aber im Grunde schon auf die einflussreichen Vorarbeiter, und ganz besonders dort, wo Fragen der Lehre und der theologisch bedeutsamen Disziplin anstehen. Welche Versuchung, die je eigene Theologie zur «Lehre der Kirche» hochzustilisieren! Es entstand eine bis heute weiterwirkende Grauzone der Lehrentscheidungen auf dem Verwaltungswege – mit uneingeschränkter Gehorsamsforderung wie bei einem Dogma.[18] Im Motuproprio *Ad tuendam fidem* von 1998[19] hat diese

---

18 Vgl. *Pesch*, Unfehlbarkeit. – Dies alles ist das Endstadium einer Entwicklung, die mit der päpstlichen Reaktion auf die Reformation einsetzt und das Ziel verfolgt, durch immer genauere Verfahrensregeln für die Entscheidungen und Weisungen des Papstes und der römischen Behörden ein solches Maß an Verbindlichkeit und Sicherheit zu gewährleisten, dass gemäß diesen Verfahrensregeln jede kritische Rückfrage, zu schweigen von einer rechtlichen Anfechtung, ausgeschlossen ist – wie sie im Spätmittelalter

Grauzone inzwischen eine keineswegs erstmalige, aber durch Einschärfung verstärkte theologisch-kirchenrechtliche Absicherung erhalten. Kritische Katholikinnen und Katholiken hatten und haben darum auch bis heute Anlass zu dem Stoßseufzer: «Würde ‹Rom› sich doch nur an die Grenzziehungen des *Ersten* Vatikanischen Konzils halten – wir hätten einige Probleme weniger!»

Das Hauptmittel päpstlicher Kirchenleitung wurden nun die Enzykliken der Päpste und die «Instruktionen» der römischen Behörden, insbesondere des *Sanctum Officium* und der Ritenkongregation. Seit Leo XIII., dem Nachfolger des Konzilspapstes Pius IX., steigt die Zahl der Enzykliken sprunghaft an – bis heute. Darunter – wer wollte das nicht dankbar anerkennen? – Lehrschreiben von bleibender Bedeutung und Nachwirkung, etwa die Sozialenzykliken Leos XIII., Pius' XI. bis hin zu Johannes Paul II., die Kirchenenzyklika Pius' XII., seine Bibelenzyklika, seine Liturgieenzyklika – aber eben auch die Enzyklika Pius' X. *Pascendi Dominici gregis* gegen die «Modernisten», die Enzyklika Pius' XII. *Humani generis* gegen alle damaligen neuen Ansätze in der Theologie. Formelle Dogmen gab es nach 1870 nur noch eines: das Dogma von der leiblichen Aufnahme Mariens in den Himmel, verkündet am 1. November 1950.[20] Man musste aber auch nicht eigens neue Dogmen erlassen, denn der kirchliche Gehorsam konnte auch so problemlos erwartet werden – und diese Erwartung ist nicht erst seit *Ad tuendam fidem* «strafbewehrt».[21] Das Dogma vom unfehlbaren Lehramt des Papstes blieb, boshaft gesagt, so etwas wie eine «Abschreckungsdoktrin», die zur Erleichterung aller nicht angewandt werden musste. 1917 wurde das neue kirchliche Gesetzbuch, der *Codex Iuris Canonici* veröffentlicht und 1918 in Kraft gesetzt – und dieser

---

noch denkbar war bis hin zur eingeräumten Möglichkeit eines häretischen Papstes. Vgl. dazu den erhellenden Aufsatz von *Horst*, Kirchenkonstitution. Vor diesem Hintergrund wird begreiflich, dass viele «konservative» Konzilsväter die werdende Kirchenkonstitution, insbesondere die Aussagen über die Kollegialität der Bischöfe und über die Teilhabe des ganzen Volkes Gottes am prophetischen Amt Christi als Revolution empfanden.

19 AAS 90 (1998) 457–461; die Formel der *Professio fidei* ebd. 542–544, gefolgt von der *Nota doctrinalis* von Kardinal Ratzinger und Erzbischof Bertone, ebd. 544–551. Alle Dokumente in deutscher Übersetzung in: Sekretariat der Deutschen Bischofskonferenz (Hrsg.), Verlautbarungen des Apostolischen Stuhls Nr. 144. Zu den kirchenrechtlichen Auswirkungen vgl. *Lüdecke*, Codex, bes. 216–219. Zur theologischen Beurteilung des Treueids – der ja schon vorher eingeführt worden war – vgl. *Thils/Schneider*, Glaubensbekenntnis.

20 DS/DH 3900–3904.

21 Vgl. CIC 1983, can. 1371.

setzte natürlich lückenlos das Erste Vatikanische Konzil in kirchliche Gesetzgebung um. Anschließend hat Rom diese Gesetzgebung durch eine zielstrebige und klug verfolgte Konkordatspolitik so weit wie möglich auch staatskir-
chenrechtlich abgesichert.

2.3 Ein Konzil?

Was konnte unter solchen Voraussetzungen noch der Sinn eines Konzils sein?
Das neue Kirchenrecht von 1917 enthielt natürlich die nötigen Bestimmungen
über das Ökumenische Konzil (can. 222–229), und diese entblößen für den
Kundigen tiefe Narben der Kirchengeschichte. Aber immerhin übt das Konzil
nach dem Kirchenrecht zusammen mit und unter dem Papst die oberste Voll-
macht in der Kirche aus *(suprema potestas in ecclesia)*. Doch wirkt das wie ein
Restposten aus versunkener Vergangenheit. Nachrichten, dieser oder jener
Theologe habe als – leider nicht verwirklichten – Traum seines Lebens den
Wunsch gehegt, einmal Konzilstheologe werden zu können, haben wir Theo-
logiestudenten der 50er Jahre als Symptom von Realitätsverlust registriert.

Aber wir wissen inzwischen, dass die Konzilstradition auch im 20. Jahrhundert noch lebendig war.[22] Schon Pius XI. hat Überlegungen angestellt, das nie
abgeschlossene Erste Vatikanische Konzil formell fortzusetzen und abzuschließen. Pius XII. gab regelrecht Vorarbeiten dazu in Auftrag – die natürlich völlig geheim blieben. Er hat diese Pläne nicht weiter verfolgt, als er sich darüber
klar wurde, welche Schwierigkeiten dabei zu erwarten seien. Statt dessen –
und es kennzeichnet wiederum die Ausgangslage – kamen 1950 die Enzyklika
Humani generis und das Mariendogma – und lassen die Beschlüsse mutma-
ßen, die ein Konzil unter Pius XII. verabschiedet hätte.

Ein Konzil jedenfalls hätte nichts zu tun gehabt, was nicht der Papst, effi-
zient unterstützt von der Kurie und durchaus im Kontakt mit dem Weltepiskopat, hätte allein tun können, und zwar, mit Verlaub, viel weniger auf-
wendig und billiger. Die Einheit des Weltepiskopates mit und unter dem
Nachfolger Petri, seit 1870 gegen Missverständnisse und Missdeutungen immer wieder herausgestellt, war faktisch gegeben und wirksam. Ein Konzil
fügte dem nichts hinzu – es sei denn, die Päpste wollten sich unbeschadet ihrer Primatsvollmacht auf offener Szene den Argumenten und dann auch den
kritischen Bedenken der Bischöfe der Welt stellen. Sie hätten damit freilich

---

22 Vgl. jetzt *Fouilloux*, Phase 67–80.

über das Juridische hinaus ganz neu die Frage zulassen müssen, was denn ein Konzil überhaupt sei und zu tun habe – eine Frage, die denn auch im Umfeld des Zweiten Vatikanums gestellt und diskutiert wurde.[23] Die Pius-Päpste wollten das mit Sicherheit nicht. Dann aber hätte ein Konzil nur den Sinn haben können, die ohnehin gegebene und wirksame Einheit der Bischöfe mit dem Petrusamt und damit die Einheit der Weltkirche öffentlich *darzustellen* – wie es später die Kirchenkonstitution ausdrücklich formuliert (LG 22). Aber stand dazu der dann erforderliche Aufwand noch in einem vertretbaren Verhältnis?

So gab es zwar einen gewissen optimistischen Zeitgeist zugunsten von Wandel und Bewegung und ein wachsendes «Unbehagen» an der römischen «Starrheit».[24] Aber ein Konzil «lag nicht in der Luft», weder beim Kirchenvolk noch bei den Bischöfen noch bei der römischen Kurie. Die Kirche blieb zentralistisch regiert. Aber sie war dennoch nicht unbeweglich – dank der Weisheit der Päpste, die dieses zentralistische System handhaben.

2.4 Bewegungen im geordneten Haus

Zu diesem Thema müssen wir nur Stichworte nennen.[25] Da ist zunächst seit dem Ende des 19. Jahrhunderts die *Liturgische Bewegung*. Unter Führung vor allem französischer, belgischer und deutscher Benediktiner-Abteien und Liturgiewissenschaftler weckte sie neues Verständnis für den Sinn der Liturgie, die aus lauter antireformatorischen Abgrenzungsängsten mittlerweile seit Jahrhunderten in der Form reiner Klerikerliturgie erstarrt war, der das «Kirchenvolk» gehorsam «beiwohnte», an der es aber nicht wirklich «teilnahm». Nichts kennzeichnet die Lage deutlicher als die vielen Paraliturgien, in denen das «Volk» sich für die unverstandene Messliturgie schadlos hielt: von der «Andacht» am Sonntagnachmittag bis zur «Auferstehungsfeier» am Nachmittag des Karsamstag und der «Krippenfeier» vor der Weihnachtsmesse. Die liturgische Bewegung legte in Theorie und Praxis die Gestalt der Liturgie wieder so frei, dass sie mitvollziehbar wurde. Das kam zwar zunächst nur der vorgegebenen und unantastbaren *lateinischen* Liturgie zugute. Wie sehr aber die mut-

---

23 Vgl. *Sieben*, Konzilsidee, und die erhellenden Überlegungen von *Hünermann*, Kategorien. Beide Autoren beziehen sich auf die einschlägigen Publikationen von Yves Congar, Hans Küng, Karl Rahner, Joseph Ratzinger.
24 Vgl. *Fouilloux*, Phase 61–70 und 81–101.
25 Mehr dazu sowie Literatur bei *Pesch*, Konzil 112–116; 135–137; 274 f.

tersprachliche Liturgie damals schon im Blick stand, zeigt die Entwicklung zweisprachiger Messbücher (der «Schott») für den Gebrauch der Gläubigen und das Vordringen der «Gemeinschaftsmesse», das heißt einer wenigstens in Bezug auf die Haupttexte durch «Vorbeter» verdolmetschten Messe, die dann vor allem durch die katholische Jugendbewegung binnen einer Generation zu *einer* Normalform der vorkonziliaren Gemeindemesse wurde.

Die andere breitenwirksame Bewegung ist die *Bibelbewegung.* Auch sie fiel auf fruchtbaren Boden in der Jugendbewegung, in der es zuzeiten Ehrenpflicht war, täglich eine Viertelstunde die Bibel zu lesen, und in der die zumindest monatliche Bibelmeditation des geistlichen Leiters («Christuskreis» und ähnlich genannt) fester Programmpunkt war. Mit einer kirchenkritischen Bibellesung, wie sie heute eher selbstverständlich ist, hatte das noch nichts zu tun. Niemand dachte im Ernst daran, Lehre und Leben der Kirche könnten von der Bibel nicht gedeckt sein. Dennoch konnte es auf die Dauer zum «Risiko» werden, eine wachsende Mehrheit der Gläubigen so unmittelbar mit dem Bibeltext zu konfrontieren – zum Risiko jedenfalls, wenn man die Gefahr ebenso schlichter wie ins Schwarze treffender Fragen ausschalten wollte.

Ein drittes Phänomen muss erwähnt werden: die *neue Kirchenfrömmigkeit.* Zum geflügelten Wort wurde Romano Guardinis Satz aus seinem Buch «Vom Sinn der Kirche» (1922): «Die Kirche erwacht in den Seelen.»[26] Ja, in den *Seelen.* Denn im Äußeren, in allem, was juridisch zu regeln war, war das kirchliche Leben ja festgezurrt, ohne Spielraum. Aber die Frage nach dem inneren *Wesen* der Kirche war ja durch das Erste Vatikanische Konzil noch gar nicht beantwortet worden. An sie heftete sich das Nachdenken der Theologen, und ihm folgte die Frömmigkeit des Kirchenvolkes, nicht zuletzt der katholischen Intellektuellen, die für ihr Selbstverständnis als Katholikinnen und Katholiken in oftmals säkularer und kirchenfeindlicher Umgebung eine andere geistliche Nahrung brauchten als die Beschlüsse von 1870.

Und so orientierten sie sich denn zum Beispiel an Karl Adams Buch von 1924 «Das Wesen des Katholizismus»[27], oder an den Büchern von Romano Guardini und anderen. So entstand ein eigenartiges Paradox: Während die Theologen unter dem zentralistischen päpstlichen Regiment stöhnten, wuchs im Kirchenvolk einschließlich der katholischen Akademikerschaft eine Kirchenfrömmigkeit und gar eine Papstbegeisterung, die vielen Katholikinnen und Katholiken heute schier unverständlich scheinen mag. Sie wurde gera-

---

26 *Guardini,* Sinn 1.
27 Das Buch wurde immer wieder aufgelegt, zuletzt in 13. Auflage 1957.

dezu weltöffentlich im «Heiligen Jahr» 1950 und hielt noch lange vor bis in die unmittelbare Vorkonzilszeit.

Es war also viel Bewegung in der vorkonziliaren Kirche. Wo sie das Juridische und die Kompetenz des Amtes nicht berührten, sie vielmehr fraglos voraussetzten, waren die Spielräume größer, als man von außen vermuten sollte. Die Päpste haben diese Bewegungen klug gefördert – allen voran Pius X., der so harsch gegen die «Modernisten» vorgegangen war, und ohne den doch der Durchbruch der liturgischen und der Bibelbewegung zu einer gesamtkirchlichen Sache nicht denkbar gewesen wäre. Und die neue Kirchenfrömmigkeit erbaute sich an den unkonventionellen Heilig- und Seligsprechungen Pius' XI.: Johannes Vianney (der «Pfarrer von Ars»), Jeanne d'Arc, Theresia von Lisieux, Albertus Magnus...

Zugleich zeigt sich hier das Grundmuster: Es war trotz allem viel Bewegung in einer *monolithischen* Kirche. Es war eine Bewegung, die zwar «von unten» aufbrach, aber so lange ungeschützt und ohne Recht in der Kirche war, solange die Päpste sie nicht zu ihrer Sache machten. Weil und soweit sie dies taten, ist vor dem Konzil schon viel verändert worden. Vor allem seit Mitte der 50er Jahre folgte eine kleine Reform auf die andere. Aber sie kamen alle «von oben». Kritiker des Zweiten Vatikanischen Konzils meinen, dabei hätte es bleiben sollen. Es wäre nach ihrer Meinung weiser gewesen, diesen Kurs der vorsichtigen Reformen weiterzuführen, statt sich auf das unkontrollierbare Risiko eines Konzils einzulassen, das nach Lage der Dinge eine unkalkulierbare Massenveranstaltung werden musste. Es ist anders gekommen. Und das hängt nun doch mit einem Tatbestand zusammen, den wir als letzten Punkt der Ausgangslage kurz streifen müssen.

2.5   Pius XII. und Johannes XXIII.

Nicht Männer allein machen die Geschichte, aber manchmal hängt doch einiges entscheidend von ihnen ab. Der Versuchung zur Ausführlichkeit bei der Gegenüberstellung von Pius XII. und Johannes XXIII. müssen wir hier widerstehen.[28] Aber soviel immerhin: Pius XII. war kein Mann, der Wandlun-

---

28 Vgl. die Biographie von *Hebblethwaite*, Johannes XXIII.; *Alberigo*, Johannes XXIII.; Kurzbiographie in *Seppelt/Schwaiger*, Geschichte 520–538. Vgl. auch *Pesch*, Johannes XXIII. Speziell zum Papst des Konzils vgl. *Wittstadt*, Vorabend 483–519 und *Kaufmann/Klein*, Johannes XXIII.

gen der Welt und notwendige Reaktionen der Kirche darauf übersah. Viel vom Starrkrampf des Antimodernismus hatte sich unter ihm schon lösen können. Aber das geschah mit der ihm eigenen Vorsicht: Als ausgebildeter Kirchenrechtler und Diplomat – mit Erfahrungen als päpstlicher Nuntius in Deutschland – suchte er die Kirche durch die Gefahren der Zeit zu steuern und vorsichtige Anpassungen vorzunehmen, wo das unumgänglich, sinnvoll und vor allem: kontrollierbar blieb. *Dialog* mit der Welt war das nicht, und zu fragen hatte die Welt nichts, sie sollte auf die Kirche *hören*. Johannes XXIII. war ausgebildeter Kirchenhistoriker, hatte im Unterschied zu Pius XII. Seelsorgserfahrung, war dazu ein weitgereister Mann, erfahren auch in nicht-katholischen, nicht-christlichen Ländern, und war tief davon durchdrungen, dass die Kirche sich nicht zur Festung ausbauen dürfe, sondern der Welt eine hilfreiche Antwort schuldig war in den Nöten, unter denen sie litt. Mit Johannes war der Gedanke nicht mehr geradezu obszön, dass die Kirche eine in Frage gestellte ist. Für Pius XII. war die Welt, alles in allem, Gegnerin, Gefahr, für Johannes war sie Dialogpartnerin.

Mit dieser Grundeinstellung verwarf Johannes vorhandene Konzilspläne und konzipierte grundlegend in wenigen Monaten, in den Einzelheiten bis zum Eröffnungstag eine eigene Konzilsidee: das Zweite Vatikanische Konzil – das gewiss auch lehren, spruchreife Sachfragen entscheiden, aber nicht verurteilen, sondern helfen sollte.[29] Einigen Schwerpunkten wenden wir uns nun zu und fragen, wie es mit «Streit und Widerstreit» steht.

3 Aufbruch zu neuen Ufern: Das neue Bild von der Kirche[30]

3.1 Das Wesen der Kirche

Das Konzil hat seine Arbeit mit einer wochenlangen intensiven Diskussion um die Vorlage zur Liturgiekonstitution begonnen – und tatsächlich ist diese auch das erste Dokument, welches das Konzil in der zweiten Tagungsperiode

---

29 Die Entstehung der Eröffnungsansprache – deren offizieller und auch vorgetragener Text gegenüber dem italienischen Original einige Abschwächungen enthält – ist sozusagen eine innere Geschichte der Zielsetzung und Vorbereitung des Konzils, und eine innere Biographie des Papstes dazu. Vgl. jetzt die literarkritische Dokumentation bei *Kaufmann/Klein*, Johannes XXIII. 107–150.

30 Das Folgende stützt sich auf *Pesch*, Konzil 105–350. Dort weitere Einzelheiten und Literatur, die neuere vor allem in der 5. Auflage. Weitere Literaturangaben im Folgenden

verabschiedet hat. Das darf aber nicht zu falschen Schlüssen verleiten – etwa dem, das zeige das Gespür des Konzils für die richtigen Prioritäten. Es waren vielmehr rein pragmatische Gründe, mit dem Thema «Liturgie» zu beginnen. In Wahrheit war von Anfang an klar, dass das Thema «Kirche» im Mittelpunkt stehen müsse, und zwar sowohl hinsichtlich ihres inneren Lebens wie hinsichtlich ihrer Beziehung zur «Welt» (*ad intra* und *ad extra*, wie bald im Anschluss an einen Vorschlag von Kardinal Suenens, Brüssel, die Stichworte lauteten). Der erste Themenbereich führte zur Kirchenkonstitution, der zweite – unter schwierigsten Geburtswehen – zur Pastoralkonstitution «Über die Kirche in der Welt von heute». Was ist neu am Bild des Konzils von der Kirche?

Das vorkonziliare Kirchenbild hatte, wie skizziert, zwei Brennpunkte: die Kirche als hierarchisch verfasste, juridisch straff durchstrukturierte «vollkommene Gesellschaft» (*societas perfecta*), und die Kirche als «Leib Christi». «Vollkommene Gesellschaft» bedeutet: Die Kirche hat in sich selbst alles, was sie für ihren Daseinszweck und ihre Lebensvollzüge braucht und ist auf äußere Hilfe nicht angewiesen – modern ausgedrückt: sie ist kein Sub-System, sondern selbst ein voll sich selbst genügendes System. Ihrer juridischen Struktur nach ist sie von Christus gewollt und gegründet, damit jeder kritischen Befragung von außen entzogen. Sie hat von der «Welt» nichts zu empfangen, wohl aber ihr etwas zu geben: den Glauben an Gottes Selbstoffenbarung in Jesus Christus und den Weg zum Heil durch die Sakramente und das Leben unter der Leitung des von Christus gestifteten Amtes. Mit «Leib Christi» ist das verborgene Innengeheimnis dieser «vollkommenen Gesellschaft» bezeichnet – in einem Bildbegriff zwar, wie Papst Pius XII. in seiner Enzyklika zum Thema, *Mystici Corporis* von 1943, ausdrücklich feststellt[31], aber doch so, dass klar wird: Das Wesen der Kirche erschöpft sich nicht in der äußeren Dimension des Gesellschaftlichen und Juridischen. Diese ist vielmehr nur die Außenseite dessen, was durch Glaube, Sakrament und Amt im Verhältnis zwischen den Gläubigen und Christus, den Menschen und Gott wirklich wird. Aber was ist das im Klartext?

Nach Diskussionen, deren hohes theologisches Niveau auf dem Konzil seinesgleichen sucht, in denen es aber auch an Überrumpelungsmanövern,

---

daher nur aus besonderem Anlass, vorwiegend aus später erschienenen Veröffentlichungen, oder zu Belegzwecken.
31 DS/DH 3816.

Tricks und halben Ketzerhüten nicht fehlte, fasst das Konzil das Wesen der Kirche in drei Kernbegriffen zusammen:

Sakrament – genauer: universales Sakrament der Gemeinschaft zwischen Gott und den Menschen und untereinander –, Volk Gottes, und *communio*, Gemeinschaft. «Leib Christi» wird unter die *Bilder* für die Kirche eingeordnet – an hervorragender Stelle, aber eben unter die Bilder (LG 7).

Sakrament (SC 5; 26; LG 1; 9; 48; 59; GS 42; 45): Damit nimmt das Konzil einen Diskussionsfaden auf, der ursprünglich vor allem zu dem Zweck gesponnen wurde, ein begrenztes Problem zu lösen: die nicht in allen Fällen sichere historische Einsetzung der sieben Sakramente durch Jesus. Das ist nicht erforderlich, sagt die These, die Kirche selbst ist das «Grundsakrament», das sich in seiner Heilswirkung in den sieben gottesdienstlichen Sakramenten entfaltet, und zwar nicht von ungefähr an den sieben existentiellen Entscheidungssituationen des menschlichen Lebens.[32] Das Konzil weitet diese These zu einer selbständigen Wesensbeschreibung der Kirche aus und bringt damit einen bisher wenig hervorgehobenen Grundgedanken zum Ausdruck: Die Kirche ist *Instrument* in der Hand Gottes, und wie bei Sakramenten sonst auch ist das sichtbare Zeichen, die «Materie», eine unscheinbare, alltägliche, ja niedrige Realität: das Zusammenleben von Menschen. Entgegen manchem missverstehenden Argwohn, nicht zuletzt in der evangelischen Konzilskritik[33], ist mit der Anwendung des Sakramentsbegriffs auf die Kirche als ganze weder einer Identifikation der Kirche mit Christus noch sonst wie einem Triumphalismus das Wort geredet. Vielmehr spricht das Konzil gerade in diesem Zusammenhang folgerichtig von der Notwendigkeit beständiger Buße und Selbstreform der Kirche (*sancta simul et semper purificanda*: LG 8), von der Verfolgung und später von ihrem Pilgerweg durch die Welt und dem Ende all ihrer «Institutionen» bei der Ankunft des Reiches Gottes (LG 48). Und zugleich ist, wie übrigens bei den beiden anderen Begriffen auch, die Wirklichkeit der Kirche als eine zugleich sichtbare und verborgene angezeigt, mithin die jederzeit mögliche Spannung zwischen der empirischen Kirche und der verborgenen Wirklichkeit des göttlichen Wirkens, mit dem die empirische Kirche nie einfach zusammenfällt, sowenig sie einfach nebeneinander wirklich sind. Doch im Unterschied zum bisherigen Kirchenverständnis steht nun die

---

32 Vgl. *Rahner*, Kirche.

33 Zum Beispiel und vor allem bei *Maron*, Kirche. Auch wenn man nicht zustimmt, ist das Buch nach wie vor und gerade zurzeit wieder höchst beachtenswert, weil es nachhaltig die ökumenische Ambivalenz auch solcher Formulierungen des Konzils in den Blick bringt, die gewöhnlich innerkatholisch beifallumrauscht sind.

verborgene, göttliche Wirklichkeit der Kirche begrifflich im Vordergrund, der die sichtbare Wirklichkeit zu dienen hat wie ein Instrument. Ein Satz wie der des Kardinal Bellarmin aus der Kontroverstheologie des 17. Jahrhunderts kann nach dem Konzil nicht mehr der erste, sondern höchstens der zweite Satz über die Kirche sein: «Die Kirche ist so sichtbar und fassbar wie das Volk von Rom, das Königreich Frankreich oder die Republik Venedig.»[34]

Volk Gottes (LG 9; 26; 30; PO 1 f.; 4): Auch dieser Begriff hat einen langen Vorlauf. Ursprünglich wurde er in die Diskussion gebracht, um den Bildbegriff «Leib Christi» durch einen Sachbegriff, eine echte «Analogie» zu ersetzen.[35] In den zwei Jahrzehnten vor dem Konzil hat er sich in teilweise heftigen Diskussionen zumindest als ein nicht zu übergehender Aspekt bei der Wesensbeschreibung der Kirche durchgesetzt. So konnte das Konzil auf ihn zurückgreifen – nicht in der Absicht theologischer Begriffsklärung, sondern um zunächst einmal von der Gesamtheit der Gläubigen sprechen zu können. Im Erstentwurf sollte nämlich zuerst von der Hierarchie gesprochen werden, dann vom «Volke Gottes», womit dann ganz unsinnigerweise nur die Laien gemeint gewesen wären. Im verabschiedeten Text bezeichnet dieser Begriff *alle* Gläubigen und hält damit fest, dass die Kirche *Menschen* sind und nicht eine überpersönliche Realität über den Köpfen. Menschen, die nach allen Gesetzen und Mechanismen menschlicher Gemeinschaften zusammenleben und zusammenhalten, auch Konflikte, Fehler, Schuld gar nicht vermeiden können – und doch beisammen bleiben, weil sie in Verkündigung und Taufe den Ruf Gottes in seine Gemeinde, buchstäblich in seine «Volksversammlung» (*ekklesía*) vernommen haben. Zugleich hält dieser Begriff mehr als jeder andere die Verbindung zwischen Kirche und Israel im Gedächtnis. «Volk Gottes» ist ja, von Gott nie widerrufen (Röm 9,4–6; 11,1), erst einmal Israel – und nur durch kommentierende Zusätze, durch den Hinweis auf Jesus Christus kann klargestellt werden, dass die Kirche in einer anderen, neuen Weise das Volk Gottes aus Juden und Heiden ist.

Communio: Dieser Begriff, ein Zentralbegriff des Konzils, wo es um das Verhältnis Gottes zu den Menschen überhaupt geht, wird in Bezug auf die Kirche weit weniger nachdrücklich angewandt als die beiden anderen, und nur ganz «schüchtern», wo es um die Frage der Partizipation aller am Leben der Kirche geht. Dennoch hat er sich im Laufe der Konzilsdebatten unwiderstehlich nach vorne geschoben, so dass man schon angesichts der natürlich

---

34 *Bellarmin*, disputationes 75 (lib. III, cap. 2, Controversia I).
35 So vor allem, in Auseinandersetzung mit Karl Adam, durch *Koster*, Ekklesiologie.

festgehaltenen Auffassungen über die hierarchische Verfassung der Kirche von einer «zweifachen Ekklesiologie» des Konzils gesprochen hat: einer *Communio*-Ekklesiologie und einer hierarchischen Ekklesiologie. *Communio* als Wesensbegriff der Kirche hält jedenfalls fest, dass die Binnenstruktur der Kirche zuletzt nicht auf Über- und Unterordnung und damit auf Machtstrukturen, auf Befehl und Gehorsam hinauskommt, sondern auf geschwisterliches Miteinander. Alle notwendigen Kompetenzzuweisungen und -abgrenzungen dienen letztlich diesem Miteinander, in dem alle für das Ganze je ihren Teil an Verantwortung tragen. Das ist das Ende der «geweideten Schafe». Das müsste einen fundamentalen Stilwandel des Miteinanders in der Kirche bedeuten.

Wie steht es im Blick auf das neue Kirchenbild des Konzils mit «Streit und Widerstreit» bei der Rezeption? Wäre ich ein konservativ gesonnener, der Kompetenzen des Amtes bewusster Kurienkardinal, das Verständnis von der Kirche als Sakrament würde mich nicht beirren – im Gegenteil! Das Ineinander von sichtbarer Realität und verborgenem Geheimnis und die damit verbundene Aura des «Heiligen» würde meine oft nach sehr irdischen Gesichtspunkten erfolgende Amtsführung im «Generalstab Christi» (so ein evangelischer Kollege) nur zusätzlich unangreifbar machen. Und so wird denn die Redeweise von der Kirche als Sakrament eifrig auch von «konservativen» Kirchenmännern und Theologen beschworen. Die «Laien» dagegen, die Nicht-Theologen wissen mit diesem Reflexionsbegriff wenig anzufangen.

Anders bei «Volk Gottes». Einerseits hat sich dieser Begriff ganz tief dem Bewusstsein der Gläubigen eingeprägt. Die Gläubigen wissen, dass sie selbst die Kirche *sind* und nicht nur an ihr *teilhaben*. In Zeiten harter Konflikte mit dem kirchlichen Amt wurde denn auch halb scherzhaft, halb ernst der Vorschlag gemacht, zu Hunderttausenden auf den Petersplatz in Rom zu ziehen und unter dem Fenster des päpstlichen Arbeitszimmers zu skandieren: «Wir sind die Kirche!», «Wir sind das Volk Gottes!» In den verschiedenen «Kirchen-Volks-Begehren» ist aus dem Scherz Ernst geworden. Anderseits und eben deswegen ist seit geraumer Zeit und an höchster Stelle die Tendenz zu beobachten, den Volk-Gottes-Begriff wieder zurückzudrängen. Dagegen hat auch die dem Gedankenduktus des Konzils treu bleibende Darstellung im neuen «Weltkatechismus» nicht geholfen.[36] Man befürchtet nachweislich eine schiefe Bahn vom Volk-Gottes-Begriff zur uneingeschränkten «Demokratisie-

---

36 Vgl. dort Nr. 752; 761 f.; 781–786 im Kontext von Nr. 748–810; vgl. aber unten Anm. 43 und *Krätzl*, Sprung 187.

rung» der Kirche und zur Infragestellung des hierarchischen Amtes.[37] Ein kleines Detail im neuen Kirchenrecht von 1983 beleuchtet die Konsequenzen. Es schreibt vor, dass der Bischof nach Ermessen und im Einvernehmen mit dem Diözesanpriesterrat in den Pfarreien «Pastoralräte» zur Unterstützung ihrer Seelsorgsarbeit einrichten soll.[38] Diese sind nun gerade *nicht* identisch mit den nach dem Konzil, in schöner Anwendung der Volk-Gottes-Idee, in der Schweiz und in Deutschland eingeführten Pfarreiräten bzw. Pfarrgemeinderäten. Sie werden nämlich nicht von der Gemeinde gewählt, sondern vom Pfarrer nach Ermessen berufen. Damals, 1983, bei der Einführung des neuen Kirchenrechts, wurde sofort beruhigend versichert, diese Bestimmung gelte nur dort, wo es solche Gemeindevertretungen überhaupt noch nicht gebe. So sicher ist das aber nicht, denn nur mit einiger Mühe und Satzungskorrekturen konnten damals Bestrebungen abgewehrt werden, die deutschen Pfarrgemeinderäte nun für illegal zu halten und abzuschaffen.

Noch größer sind die offiziellen Reserven gegenüber dem *Communio*-Gedanken. Er *sollte* sein und ist ja eindeutig ein Kontrapunkt gegen eine einseitige Betonung der hierarchischen Verfassung der Kirche. Dass das Konzil ihn noch nicht hinreichend ausgearbeitet hatte, beweist die Tatsache, dass die außerordentliche Bischofssynode von 1985 in ihrem Schlussdokument gerade diesen Gedanken weitertreibt.[39] Ebenso wird in den jüngeren Veröffentlichungen zum Kirchenverständnis entschlossen von diesem Gedanken ausgegangen.[40] Umso schmerzlicher fiel die kalte Dusche von 1992 aus: Im Schreiben der Glaubenskongregation «Über einige Aspekte der Kirche als *Communio*»[41] wird dieser Gedanke gegen die konziliare Intention vollständig der hierarchischen Struktur der Kirche ein- und untergeordnet. Die Bekräftigung des päpstlichen Primates wird als der alles beherrschende Sinn der Ekklesiologie des Konzils und überdies sogar als die objektive innere Intention der ökumenischen Bewegung hingestellt – der *Communio*-Gedanke wird dann

---

37 Vgl. Weltkatechismus Nr. 272–289: 286 f.

38 Can. 536. Vgl. dazu – also auch und besonders zu den Unterschieden im Vergleich zur vorausgehenden, von der Würzburger Synode festgelegten Praxis und den entsprechenden Satzungen! – *Lederer*, Pfarrgemeinderat 425–429; allgemeiner jetzt *Hilberath*, Theologie, und *Krätzl*, Freude 180–184 im Kontext des ganzen Abschnittes über «Spannungen in der Kirche», 127–221.

39 Vgl. *Kasper*, Zukunft 33–40 (Dokument) und 88–97 (Kommentar).

40 Etwa und besonders *Kehl*, Kirche; vgl. ferner *Wiedenhofer*, Kirchenverständnis, *Werbick*, Kirche, und *Krätzl*, Sprung 47–63.

41 Sekretariat der deutschen Bischofskonferenz (Hrsg.), Verlautbarungen des Apostolischen Stuhls Nr. 107.

zur schönen Verzierung dieser Grundrealität.[42] Im Weltkatechismus fehlt er denn auch ganz – außer beim Thema der himmlischen «Gemeinschaft der Heiligen».[43]

Unser Blick auf Streit und Widerstreit stößt also auf eine *gespaltene Rezeption*. Aus dem neuen Kirchenverständnis des Konzils, also seinem Hauptthema, ist viel geworden – an der sogenannten «Basis», bei denen, die ein solches Kirchenverständnis bitter nötig hatten, wenn sie als Menschen unserer Zeit Katholikinnen und Katholiken bleiben wollten. Auf anderen Ebenen, der des hierarchischen Amtes und teilweise auch der theologischen Diskussion, ist offenkundig im Gange, was Giuseppe Alberigo[44] den Versuch nennt, das Zweite Vatikanische Konzil zu «verschlucken» in den lehrhaften und institutionellen Gewohnheiten der letzten beiden Jahrhunderte. Die gespaltene Umsetzung erfordert daher, und darauf werden wir noch mehrfach stoßen, auch eine *gespaltene Interpretation*. Um der Menschen in der Kirche willen müssen wir die in die Zukunft weisenden Texte, hinter denen die überwältigende Mehrheit des Weltepiskopates steht, stark machen. Anderseits können wir vor allem Außenstehenden – nicht zuletzt Christinnen und Christen aus den getrennten Kirchen – nicht sagen: So ist und lehrt «die Kirche», solange die mächtigen Gegenkräfte alles tun, um eine Umsetzung der Konzilstexte dort jedenfalls zu verhindern, wo diese die gewohnten Muster kirchlicher Autoritätsausübung verändern müssten.

Um gerecht zu sein, ist dem jedoch ein kritischer Hinweis hinzuzufügen. Wer mit dem Zeigefinger auf die «Amtskirche» zeigt, zeigt mit drei anderen Fingern auf sich selbst zurück. Wie lebendig und phantasievoll «einsatzbereit» ist denn das «Volk Gottes» in unseren Gemeinden? Ist nicht vielen die Service-Kirche doch lieber? Wie einfallsreich und enttäuschungsfest arbeiten unsere Pfarrgemeinderäte? Wie weit sind unsere Gemeinden in sich selbst *communio*, wirkliches Kontrastbild zu den Verhaltensmustern «der Gesellschaft» und der Politik? Sind wir wirklich dagegen gefeit, die Kirche und die Gemeinden zum

---

42 Vgl. die gemeinsame Stellungnahme der kath. Mitherausgeber der Ökumenischen Rundschau (Otto Hermann Pesch, Theodor Schneider und Lothar Ullrich), in: Ökumenische Rundschau 41 (1992) 476.

43 Nr. 946–959. In der Reihenfolge der drei Grundbegriffe für das Wesen der Kirche (vgl. oben Anm. 36) steht bezeichnenderweise nach «Volk Gottes» und «Leib Christi» nicht *communio*, sondern «Tempel des Heiligen Geistes» – wohl um eine trinitarische Struktur festzuhalten, aber in subtiler Umwertung der beiden anderen Begriffe gegenüber der Zielrichtung der Konzilsaussagen!

44 Vgl. *Alberigo*, Treue 30.

Paukboden für Profilierungsbemühungen, Selbstdurchsetzungsstrategien und im harmlosesten Fall fürs Demokratie-Spielen zu missbrauchen? Entsprechende Vorgänge bei den «Kirchen-Volksbegehren» müssen zwar nicht überbewertet werden, machen aber doch nachdenklich.[45]

3.2 Ein Blick auf die Konsequenzen: Liturgie; Lehramt und Theologie; Weltreligionen; Religionsfreiheit; Pastoralkonstitution[46]

3.2.1 Die Liturgiereform

Die Liturgiereform ist dank der besonderen Initiative Papst Pauls VI. schon kurz nach dem Konzil tägliche Erfahrung der Katholiken geworden. Die überwältigende Mehrheit der Gläubigen in aller Welt hat das Reformwerk angenommen und wäre höchst befremdet – vor allem die nach dem Konzil Geborenen –, wenn man sie noch einmal mit der vorkonziliaren konsequent «gelesenen» lateinischen Messe konfrontierte. Aber auch hier begegnen wir wieder dem Phänomen der «gespaltenen Rezeption» und damit der Notwendigkeit der «gespaltenen Interpretation».[47] Von Beginn an – Helmut Krätzl berichtet darüber in seinem Buch «Im Sprung gehemmt», ebenso schon Annibale Bugnini in seinem Bericht über die Liturgiereform[48] – haben die Anwälte der tridentinischen Messe, vor allem die für die Kirchenmusik Verantwortlichen, mit kaum glaublichen Tricks, Intrigen und Manövern die Liturgiereform zu sabotieren versucht. Heute formieren sich, mit Unterstützung römischer Kurienleute, auch im Kardinalsrang, einflussreiche Gruppen, die mit

---

45 Vgl. das Für und Wider in: «Wir sind Kirche», und die sehr kritischen, aber fairen Einwände bei *Laun*, Kirche.

46 Das Folgende ist teilweise eine Kurzfassung, teilweise auch eine Ergänzung zu den Ausführungen in meinem eingangs Anm.* genannten Aufsatz 55–72. Dort umfangreiche Literaturangaben. Hier daher nur das Notwendigste. – Zum Ganzen sei verwiesen auf folgende «Bilanzen»: *Bauch/Gräßer/Seybold*, Zehn Jahre; *Schneider* (Hrsg.), Aufbruch; *König* (Hrsg.), Bedeutung; *Greinacher/Küng* (Hrsg.), Kirche; *Pottmeyer/Alberigo/Jossua* (Hrsg.), Rezeption; *Richter* (Hrsg.), Konzil; *Schwörzer* (Hrsg.), 30 Jahre; *Bettazzi*, Zweite Vatikanum; *Wassilowsky*, Zweites Vatikanum; *Bischof/Leimgruber* (Hrsg.), Vierzig Jahre; *Wenzel*, Geschichte; Das unerledigte Konzil (HerdKorr Spezial 10/2005).

47 Jüngere Rechenschaftsberichte: *Becker/Hilberath/Willers* (Hrsg.), Gottesdienst; *Angenendt*, Liturgik; *Richter/Sternberg* (Hrsg.), Liturgiereform; *Klöckener/Kranemann* (Hrsg.), Gottesdienst. Weitere Literatur im in Anm.* genannten Beitrag.

48 Vgl. *Krätzl*, Sprung 27–46; *Bugnini*, Liturgiereform, bes. 42 f.; 925–955.

aller Macht auf die Wiedereinführung der «alten» Messe drängen.[49] Ihr leider
bestes Argument ist, dass tatsächlich drei bis vier Stilsünden – der Priester
zum Beispiel, der im Stil eines Talkmasters den Gottesdienst «moderiert» – genügen, um einem die Freude an der erneuerten Liturgie zu vergällen. Ich bin
sicher, diese Bestrebungen werden nicht gelingen. Aber vorläufig droht hier
eine latente Kirchenspaltung einschließlich Verketzerung und vergifteter At-
mosphäre, ein Stil der Auseinandersetzung unter Christenmenschen, der einen das Grausen lehrt.

Zudem gibt es noch ein anderes, echtes objektives Problem: die Frage der
Inkulturation der Liturgie in anderen kulturellen Kontexten. Die Liturgiereform hat die klare Logik der alten römischen Messe von allen Übermalungen
und Überwucherungen gereinigt und wieder mitvollziehbar gemacht. Aber
dürfen nur das 2. bis 6. Jahrhundert liturgisch kreativ sein? «Es ist noch keine
Inkulturation der Liturgie, wenn der Priester in Afrika bei der Eucharistiefeier
einen Häuptlingsschmuck trägt.»[50]

3.2.2 Heilige Schrift, Lehramt und Theologie

Dieses Thema ist Gegenstand der Konstitution über die göttliche Offenbarung. In Wahrheit aber geht es hier nicht um das Verständnis der Offenbarung als solcher – vielmehr: darum nur im Nebeneffekt –, sondern um die
Freiheit der Theologie im Fragen und Forschen. Der in der Tat große Durchbruch dieses Textes besteht in zwei Klärungen:

---

49 Zu ihrem «Kultbuch» wurde – jedenfalls in Deutschland – inzwischen das Buch des
    Schriftstellers (und Nicht-Theologen) *Mosebach*, Häresie. Distanziert bis skeptisch ist
    nach wie vor *Ratzinger*, Lage 123–139; und schon *Ders.*, Fest. Die jüngsten römischen
    Instruktionen drängen zwar nicht auf eine Rücknahme der Liturgiereform, wohl aber
    aus Sorge vor Fehlentwicklungen auf eine solche Vereinheitlichung der Liturgie ohne
    Rücksicht auf den kulturellen (sprachlichen!) Kontext, wie sie für die Liturgiereform
    Papst Pius' V. aus dem Jahre 1570 typisch war und in den folgenden Jahrhunderten als
    Ausweis des Katholischseins galt: Römische Liturgie und Inkulturation(1994); Der Ge-
    brauch der Volkssprache bei der Herausgabe der Bücher der römischen Liturgie (2001);
    Direktorium über die Volksfrömmigkeit und die Liturgie (2003); Redemptionis Sacra-
    mentum. Über einige Dinge bezüglich der heiligsten Eucharistie, die einzuhalten und
    zu vermeiden sind (2004): Sekretariat der Deutschen Bischofskonferenz (Hrsg.), Ver-
    lautbarungen des Apostolischen Stuhls Nr. 114, Nr. 154, Nr. 160, Nr. 164.
50 So Bénézet Bujo, afrikanischer Theologe und Professor für Moraltheologie an der
    Theologischen Fakultät der Universität Fribourg, in einem mündlichen Gespräch mit
    mir.

- «Offenbarung» ist nicht Mitteilung von Lehrsätzen, die sonst nicht bekannt würden, keine «Instruktion» über zu glaubende «Wahrheiten» in Satzform, sondern «Selbstmitteilung» Gottes, das heißt: das Kommen Gottes in geschichtlichen Ereignissen, die weitererzählt und dabei immer neu verstanden und interpretiert werden müssen.[51]
- Noch deutlicher und über die Bibel-Enzyklika *Divino afflante Spiritu* Papst Pius' XII. hinaus wird nicht nur die Erlaubnis, sondern die Pflicht eingeschärft, die Bibel «historisch-kritisch» zu interpretieren, also im Zusammenhang ihrer eigenen Zeit, weil nur so ihre aktuelle Bedeutung erschlossen werden kann.[52]

Ansonsten aber sollte die Diskussion über Schrift, Tradition und nachbiblische Dogmenentwicklung gestoppt werden.[53] Wo kommen wir hin, wenn die Dogmatiker die Methoden der historisch-kritischen Exegese der Bibel als der *norma normans* nun auch auf die nachgeordneten dogmatischen Formulierungen der Kirche, auf die *norma normata* anwenden? Das war die Frage der «Konservativen». Und sie war ja nicht unberechtigt – nur kann man sachliche Fragen nicht auf Kommando abstellen. So endete die Debatte mit einem Patt. Keine der beiden Tendenzen bekam Sieg und Recht. Also wieder gespaltene Rezeption! Beide Seiten haben «ihre» Feststellungen im Text. Und doch kann sich nicht ausschließlich *eine* der beiden im Streit liegenden Tendenzen auf die Offenbarungskonstitution berufen. Sie bleibt das unausgeglichenste Dokument des Konzils. Aber die «konservativen» Kräfte haben nach dem Konzil ausweislich der jüngsten römischen Dokumente – Weltkatechismus, Erklärung über die kirchliche Berufung des Theologen, Erklärung über die Kirche als *Communio*, Motuproprio *Ad tuendam fidem* – wider Buchstaben und Geist des Konzilstextes die Oberhand gewonnen: Auch die nicht-dogmatisierten Lehren des «ordentlichen Lehramtes» der Päpste sollen nun verbindlich festzuhalten sein, und zwar von «allen Gläubigen». Die Folgen haben inzwischen junge Theologen zu tragen, wenn es um das römische «Nihil obstat» bei ihrer Erstberufung auf einen Lehrstuhl geht.[54]

---

51 DV 1 und 4.
52 DV 11 und 12.
53 Vgl. dazu *Komonchak*, Kampf 308–322; 346–348; und wiederum *Krätzl*, Sprung 66–78.
54 Ich rede von mir bekannten Vorgängen, kann aber begreiflicherweise keine Namen nennen.

3.2.3 Kirche und Weltreligionen

Eine Äußerung des Konzils zu den Weltreligionen war zunächst nicht vorgesehen, das Problem war so gut wie gar nicht im Blick.[55] Das Konzil ist hier geradezu einer «List des Heiligen Geistes» erlegen. Freilich um einen hohen Preis!

Von vornherein geplant, und zwar auf besonderes Drängen von Papst Johannes XXIII.,[56] war ein Wort, und zwar ein zugleich schuldbewusstes und positiv in die Zukunft weisendes Wort zur Verwurzelung des christlichen Glaubens im Glauben Israels. Als der Plan einer Judenerklärung – durch Indiskretion und Bruch der Vertraulichkeit – ruchbar wurde, gab es große Unruhe in der arabischen Welt, auch bei christlichen Arabern und arabischen Konzilsvätern, die eine politische Anerkennung, zumindest Aufwertung des Staates Israel befürchteten. Nach unsäglichen Turbulenzen kam man auf die Idee, die Judenerklärung als eigenen Abschnitt, natürlich als gewichtigsten, in eine umfassendere Erklärung zum Verhältnis der Kirche zu den nicht-christlichen Religionen einzubauen. Die Leidensgeschichte der Judenerklärung öffnete der Kirche den Blick für die Welt der großen Religionen – und löste einen Schub der Forschung zum interreligiösen Dialog aus: eine wahre Erfolgsgeschichte.[57] Und doch: auch hier wieder gespaltene Rezeption. Der Papst spricht mit größter Unbefangenheit mit den Vertretern der Weltreligionen, betet sogar mit ihnen gleichzeitig um den Weltfrieden. Gleichzeitig wächst in Rom und anderswo die Angst vor «Religionenvermischung» («Synkretismus») und Relativierung der Einzigartigkeit Jesu Christi und der Kirche – siehe die Erklärung *Dominus Jesus* aus dem Jahre 2000.[58] Was aber die Juden betrifft, so stellt das Konzil in aller wünschenswerten Entschiedenheit fest:

---

55 Zum damaligen Desinteresse am Islam vgl. *Beozzo*, Klima 439–441; zum Buddhismus vgl. *Fouilloux*, Phase 144 f. und *Krätzl*, Sprung 137–139.

56 Das hängt mit seinen Erfahrungen mit der Judenverfolgung während des Zweiten Weltkriegs in der Türkei und mit seinem aktiven und vielfach erfolgreichen Einsatz bei Rettungsaktionen zusammen; vgl. *Beozzo*, Klima 442–448.

57 Jede Auswahl aus der schon beträchtlichen Bibliothek zum interreligiösen Dialog wäre schreiend ungerecht. Für Information und Würdigung suche man in den entsprechenden Bibliotheken unter folgenden Namen, und zwar allgemein: Hans Waldenfels, Francis Arinze, Hans Küng/Josef van Ess/Heinrich von Stietencron, Ratzinger; speziell zum Buddhismus: Gottfried Hierzenberger, Hans Waldenfels, Perry Schmidt-Leukel, Regina und Michael von Brück; zum Islam: Gottfried Hierzenberger, Hans Zirker, Christian Troll, Andrea Renz/Stephan Leimgruber, Karl-Heinz Ohlig, Hans Küng. Eine Problemskizze auch bei *Pesch*, Gott.

58 Sekretariat der deutschen Bischofskonferenz (Hrsg.), Verlautbarungen des Apostolischen Stuhls Nr. 148.

- kein christlicher Glaube ohne den Glauben Israels;
- Fortgeltung und Unwiderruflichkeit des Bundes Gottes mit Israel;
- keine Verantwortung des ganzen Volkes der Juden, schon gar nicht der heutigen, für den Tod Jesu, also kein «Gottesmord»;
- Absage an alle Formen der Diskriminierung und Verunglimpfung der Juden im religiösen und gesellschaftlichen Bereich.

3.2.4 Religionsfreiheit

Die Erklärung über die Religionsfreiheit ist ebenfalls ein echtes Werk des Konzils. Sie wurde schon wegen ihres Inhaltes als «kopernikanische Wende» in der katholischen Kirche bezeichnet.[59] Denn sie bricht in der Tat mit der vorkonziliaren – kirchenamtlichen –Überzeugung, der christliche Glaube als die allein wahre Religion und die katholische Kirche als die allein wahre Hüterin dieser Religion dürften auch einen gesellschaftlichen und politischen Monopolanspruch auf freie Betätigung erheben, wo immer das erreichbar sei. Toleranz gegenüber der Betätigung anderer Religionen und christlicher Kirchen sei nur unter dem Druck politisch ungünstiger Verhältnisse möglich. Die Kehrtwende des Konzils: Nicht Lehren, nicht einmal die Wahrheit selbst haben Rechte (und der Irrtum keine), sondern Personen und ihre unverfügbare Würde, die sich in der Gewissensfreiheit ausdrückt. «Anders erhebt die Wahrheit nicht Anspruch als kraft der Wahrheit selbst, die sanft und zugleich stark den Geist durchdringt» (Art. 1). Darum: bei der Verkündigung der Kirche keine Anwendung von Mitteln, die dem Geist des Evangeliums zuwider sind (Art. 12; 14). Und für Verstöße gegen diesen Grundsatz hat Papst Johannes Paul II. zu Beginn des neuen Jahrtausends ausdrücklich bußfertig um Vergebung gebeten.

Trotzdem: Es gab riesigen Streit um diese Erklärung, vor allem zwischen italienischen und spanischen Bischöfen auf der einen Seite, in deren Ländern – damals und noch heute – die Symbiose von Gemeinwesen und Kirche sehr eng, die Kirche fast Staatskirche ist, und auf der anderen Seite den US-amerikanischen Bischöfen, die sich mit der traditionellen Lehre in ihrem Land nicht hätten sehen und hören lassen können und deshalb besonders auf diese Erklärung drängten. Und wie steht es heute mit der Gewissensfreiheit innerhalb der Kirche? Wieder gespaltene Rezeption! «Rom» tut viel, um «missver-

---

59 Siehe die genaue Analyse und Auswertung sowie die verzeichnete Literatur bei *Seckler*, Religionsfreiheit; daran anknüpfend *Pesch*, Verbindlichkeit, und wiederum *Krätzl*, Sprung 109–119.

standene» Gewissensfreiheit unter Kontrolle zu bringen.[60] Die Gläubigen aber haben gelernt, sich vom freien Fragen und gewissenhaften Entscheiden nicht mehr abschrecken zu lassen.[61]

3.2.5 Die Pastoralkonstitution über «Die Kirche in der Welt von heute»

Dieses Dokument ist wiederum ein echtes Werk des Konzils, ohne Vorlage zum Bestätigen oder Umarbeiten, unter vielen Konflikten und auch echten theologischen Diskussionen zustande gekommen – und nach meinem Urteil (gegen viele Kritiker) das gelungenste Werk des Konzils. Johannes XXIII., der es nicht mehr erlebt, aber maßgeblich angeregt hat, hätte seine Freude daran gehabt. Das wichtigste an diesem Dokument ist:

– der neue Typ eines Konzilstextes selbst: Die Kirche hat hier, im vollen Bewusstsein ihres Glaubens und seiner Verantwortung vor der Welt, doch in revidierbarer Weise gesprochen. Das geht gar nicht anders, wenn man zu der Welt reden will, die sich beständig wandelt. Die Alternative wäre die Proklamation erhabener Grundsätze gewesen, die konkret niemandem «in der Welt von heute» weitergeholfen hätten.[62]
– Ausdrücklich wird gesagt: Die Kirche hat nicht nur der Welt etwas zu *geben*, sondern *empfängt* auch von der Welt – die Wissenschaft, die Philosophie, die Chancen der verschiedenen kulturellen Kontexte, in denen der Glaube

---

60 Das Kirchenrecht anerkennt zwar die Freiheit des Gewissens bei der Glaubens*annahme,* nicht aber bei der Glaubens*bewährung* – wer die Kirche verlässt, ist nach wie vor «Apostat»; vgl. *Luf,* Glaubensfreiheit 566. Vgl. im übrigen die Äußerungen des Papstes und der Glaubenskongregation zu moraltheologischen Fragen aus den letzten Jahren, in: Sekretariat der deutschen Bischofskonferenz (Hrsg.): Verlautbarungen des Apostolischen Stuhles Nr. 111 (Enzyklika *Veritatis splendor,* 1993), Nr. 120 (Enzyklika *Evangelium vitae,* 1995), Nr. 127 (menschliche Sexualität), Nr. 158 (Katholiken im politischen Leben), Nr. 162 (homosexuelle Lebensgemeinschaften). Dazu die bekannten Konflikte mit den deutschen Bischöfen über die Pastoral an wiederverheirateten Geschiedenen und über die Mitarbeit der Kirchen bei der staatlichen Beratung in Schwangerschaftskonflikten.
61 Dieser «Lernprozess» hat geradezu einen Stichtag: das Erscheinen der Enzyklika *Humanae vitae* Papst Pauls VI. am 25. Juli 1968, deren Stellungnahme zur Frage der sogenannten «künstlichen Empfängnisverhütung» bis heute von der überwältigenden Mehrheit der Katholiken trotz wiederholter römischer Einschärfungen nicht als gewissensverbindlich eingesehen wird und daher – mit Schuldbewusstsein, aber mehrheitlich längst ohne ein solches – nicht befolgt wird.
62 Eine Art «Fortschreibung» der Problemfelder der Pastoralkonstitution findet sich bei *Krätzl,* Sprung 198–201.

sich einwurzeln muss (GS 44 und 45). Das ist der Bruch mit dem Konzept der «vollkommenen Gesellschaft», die der Welt nicht bedarf.

So zerfällt die Konstitution nach einer ausführlichen Einleitung, die die Welt von heute in ihrer «Freude und Hoffnung, Trauer und Angst»[63] zu beschreiben versucht, in zwei Teile. Der erste Teil redet grundsätzlich vom Menschen in der Welt von heute als Gottes Geschöpf, als Ebenbild Gottes, als Erlöstem durch Christi Tod und Auferstehung. Hier findet sich eine teilweise euphorische Anerkennung der kulturellen Tätigkeit des Menschen und ihrer Fortschritte auf allen Gebieten als Mitarbeit an der Vollendung von Gottes Schöpfung. Niemand kann sich unter Berufung auf das kommende Reich Gottes von der Verantwortung für diese Welt drücken (GS 43). In diesem Zusammenhang sagt das Konzil in den Artikeln 19–21 auch ein in der Sache deutliches, aber faires Wort zum Atheismus und zur Zusammenarbeit mit Atheisten bei den Aufgaben der Weltgestaltung.

Dann folgt ein konkretisierender Teil zu folgenden Themen: Ehe und Familie, Wirtschaftsordnung, Staat und Kirche, Internationale Ordnung, Krieg und Frieden, Kirche und Kultur. Schon damals konnte man das vielfältige, geradezu revolutionär Neue im Vergleich zur Tradition der «Katholischen Soziallehre» nicht übersehen – daher teilweise auch der erbitterte Widerstand.[64] Liest man den Text im Licht der heute drängenden Weltprobleme, so wirkt er geradezu prophetisch!

Nur Stichworte: Vorrang der Arbeit vor dem Kapital (Menschen sind kein bloßer «Produktionsfaktor», kein «Humankapital») (GS 66 und 67); Anerkennung von Gewerkschaften einschließlich Streikrecht (GS 68); familienfreundliche Arbeitszeit- und Arbeitsplatzgestaltung (GS 67); soziale Verpflichtung des Eigentums einschließlich vorsichtiger Anerkennung eines kollektiven «Mundraubs» in extremer ungerecht zugelassener Not – anspielend auf Landbesetzungen in Lateinamerika (GS 69 u. 71); weltweite Ausdehnung der sozialen Frage (GS 66); Nutzung der Gewinne zur Investition im eigenen Land und zur Schaffung von Arbeitsplätzen (GS 70); keine Globalisierung durch einzelne oder Gruppen (GS 65); Öffnung der Märkte für die Produkte der armen

---

63 Die beiden letzten Worte werden beim Zitat der Konstitution immer weggelassen. Das ist zwar Routine – man zitiert bei römischen Texten immer nur die beiden ersten Worte –, hier freilich mit der unerwünschten Folge, dass schon durch das Zitat die Konstitution eine euphorische einschränkungslose Weltbejahung zu fördern scheine, was sie gerade *nicht* will.

64 Instruktiver Überblick bei *Pfürtner/Heierle*, Einführung.

Länder (GS 66); Trennung von Kirche und Staat, keine «Privilegien» für die Kirche, wo sie «die Lauterkeit ihres Zeugnisses» gefährden (GS 76); Freiheit der Wahl der politischen Verfassung (GS 42); Freiheit zu gegensätzlichem politischen Urteil bei gleicher Glaubenshaltung (GS 75); dennoch die Demokratie als zu bevorzugende Staatsform (GS 75); einschränkungslose Verurteilung des modernen Krieges einschließlich der Atomwaffen (GS 79–82); Belobigung der Kriegsdienstverweigerer (GS 75, 5. Abschnitt); und vieles mehr.

Rezeption? Einerseits hat sich die Lage in allen angesprochenen Problemkreisen ungemein verschärft. Die Pastoralkonstitution hat dazu ermutigt, nach ihrer Methode an diesen Problemen im Licht des Glaubens zu arbeiten und um die besten Lösungen zu ringen. Selbstverständlich mit unterschiedlichen Ermessensurteilen – wie das Konzil ausdrücklich zugesteht. Das werden sich die Gläubigen nicht mehr nehmen lassen. Ich verstehe daher anderseits die Sorge der Kritiker gegenüber solcher Vielfalt, die sie «Verwirrung der Gläubigen» u. a. nennen. Aber ein autoritär «von oben» dozierendes Lehramt, das womöglich noch *eine* politische Entscheidung als die allein christliche hinstellt, hat keine Chance mehr. Und Hand aufs Herz der Kritiker: Wie stünde die Kirche heute in der «Welt von heute» da ohne die prophetischen Texte der Pastoralkonstitution?

3.3 Ein besonderer Blick auf die Laien

Im alten «Wetzer und Welte's Kirchenlexikon» von 1882–1901, dem Vorgänger des «Lexikons für Theologie und Kirche», steht beim Stichwort «Laien» nur der Querverweis: «s. Clerus». Schönster Beleg für das Recht von Luthers Polemik gegen eine Identifikation von Kirche und Klerus schon im 16. Jahrhundert: «Gern haben sie's, dass man sie für die Kirche halte, wie Papst, Kardinäle, Bischöfe...», schreibt Luther 1539 im Blick auf das kommende (Trienter) Konzil.[65] Aber noch im *Codex Iuris Canonici* von 1917 bestimmt nur ein grundlegender Canon (682) den theologischen Ort der Laien in der Kirche: Die Laien haben das Recht, von den Klerikern geistliche Güter und die Mittel zum Heil (die Sakramente) zu empfangen. Alles übrige sind nur Verbote und Verpflichtungen: Laien dürfen keine Klerikerkleidung tragen, das Amt des Predigers nicht «usurpieren», sie haben den Klerikern je nach Rang die gebüh-

---

65 «Von den Konziliis und Kirchen» (1539): Weimarer Ausgabe 50, 624,9.

rende Ehrfurcht zu erweisen, sie dürfen Mitglieder von Bruderschaften werden und zuweilen an der Verwaltung der Kirchengüter teilnehmen.

Doch die Umkehr der Perspektiven könnte nicht besser charakterisiert werden als durch den vielleicht schönsten Konzilswitz aus jenen Tagen: Was ist ein Priester? Ein Priester ist ein ehemaliger Diakon, der die Priesterweihe empfangen hat, selten zur Würde eines Bischofs aufsteigt, niemals aber zur Würde eines Laien erhoben wird!

Das 4. Kapitel der Kirchenkonstitution über die erdrückende, bisher aber weithin schweigende Mehrheit im vorangehend so leuchtend beschriebenen «Volke Gottes» argumentiert aus einer Position des schlechten Gewissens: «... die man ‹Laien› *nennt*» (LG 30). So werden die Laien – im Text – die «Hätschelkinder» des Konzils. Folgendes in Kürze, als Anregung zum Nachlesen.

1. Sie sind jetzt nicht mehr, wie noch 1931 in der Enzyklika *Quadragesimo anno* Pius' XI. («Zum vierzigsten Jahr», nämlich zum Gedächtnis der Enzyklika *Rerum novarum* Papst Leos XIII.), der verlängerte Arm der Hierarchie in der außerkirchlichen «Welt». Diese Sicht der Dinge klingt noch nach in der Formulierung von Art. 33 der Kirchenkonstitution: «Die Laien sind besonders dazu berufen, die Kirche an jenen Stellen und in den Verhältnissen anwesend sein zu lassen und wirksam zu machen, wo die Kirche [!] nur durch sie Salz der Erde werden kann.» Das ist nämlich ein indirektes Zitat aus *Quadragesimo anno.*[66] Jetzt aber sind die Laien Träger der Sendung der Kirche aus eigenem Recht, das heißt aufgrund der Taufe und der Firmung – natürlich im Einklang mit dem kirchlichen Amt.

2. Im Gesamtertrag wird der weltliche Beruf – in der Pastoralkonstitution noch deutlicher – gleichsam als Gottesdienst beschrieben in Formulierungen, die zuweilen an Luthers Theologie des weltlichen Berufes erinnern – bekanntlich von der Lutherforschung als besonderer Pluspunkt in Luthers Theologie hervorgehoben.

3. Nirgendwo sonst wird die Tätigkeit der Hierarchie und des kirchlichen Amtes überhaupt so nachdrücklich als *Dienst* an den Laien beschrieben, als Rückendeckung für die Laien bei der «eigentlichen» Sendung der Kirche in der Welt.

---

66 Vgl. die Anm. 113 im Text der Konstitution mit Hinweis auf AAS 23 (1931) 221 f. Diese Stelle ist nicht in die gekürzte Dokumentation im «Denzinger» aufgenommen.

Einige Kostproben, was Leserinnen und Leser bei der Lektüre erwartet:

- Die Hierarchie soll nicht alles tun, darum ist es ihre eigentliche Aufgabe, die Gaben im Volke Gottes zum Wohle der Sendung der ganzen Kirche zu koordinieren.
- Die Laien vollbringen die Sendung des ganzen christlichen Volkes in der Welt – die Hierarchie soll nur in Ausnahmefällen weltliche Aufgaben übernehmen.
- Die Laien sollen Gott suchen im Beruf und die Welt von innen her heiligen (also nicht: verkirchlichen!), nämlich durch das Zeugnis ihres christlichen Wortes und Lebens.
- In Bezug auf die Berufung zum Heil, auf Hoffnung und Liebe und auf die gemeinsame Würde beim Aufbau des Reiches Christi gibt es keine Ungleichheit gegenüber der Hierarchie. Der Unterschied zwischen Laien und Amtsträgern (siehe Art. 10!) schließt Verbundenheit ein, nämlich im Dienen und in der Zusammenarbeit.
- Die Laien haben die Amtsträger zu Brüdern in Christus – man beachte: Es könnte ja auch umgekehrt formuliert werden!
- Das Laienapostolat ist die Teilnahme an der Heilssendung der Kirche selbst, und zwar nicht durch Weisung und Inanspruchnahme seitens der Hierarchie – obwohl auch das im engeren Sinne möglich ist, zum Beispiel durch kirchliche Beauftragung von Religionslehrern und -lehrerinnen –, vielmehr durch Taufe und Firmung.

Und so weiter! Wer das 4. Kapitel der Kirchenkonstitution ernst nimmt, muss keinen Amtsträger mehr fragen, ob er sich zum Beispiel mit seinen Arbeitskollegen über theologische Fragen aussprechen darf – früher musste er das strenggenommen. Ein Laie, um ganz konkret zu sein, muss niemanden mehr fragen, ob er sich zum Beispiel, und gar als Nicht-Theologe, in einem Buch zu theologischen Fragen äußern darf – früher musste er dazu wie die Kleriker die kirchliche Druckerlaubnis einholen.

Die näheren Ausführungsbestimmungen bietet dann das Dekret über das Laienapostolat. Gemessen an den Grundaussagen der Kirchenkonstitution – und den Konkretisierungen der Pastoralkonstitution! – erscheint da manches zurückhaltender, blasser, «ausgewogener». Aber ein solches Dekret kann trotz seiner praktischen Ausrichtung ja nicht gezielt die vielfach unterschiedliche Situation in allen Ländern der Kirche treffen. Wenn von diesen Weisungen etwas schon überholt scheint oder realitätsfern, kann man nur antworten: Im Zweifelsfall gelten die dogmatischen Aussagen der Kirchenkonstitution und die Orientierungen der Pastoralkonstitution mehr als wandelbare Ausführungsbestimmungen.

Gespaltene Rezeption? Die Laien – das «Volk Gottes» – machen von ihrer neuen Würdigung als «die Kirche» ungeniert Gebrauch. Manchmal unerleuchtet und unnötig aggressiv. Aber das war und ist unter Menschen nicht anders zu erwarten. Rom hat versucht, in der «Instruktion zu einigen Fragen über die Mitarbeit der Laien am Dienst der Priester [!]»[67] von 1997 diese Würdigung der Laien subtil zurückzunehmen. Schon die Titelformulierung lässt erkennen, dass es sich nicht nur um weitere Ausführungsbestimmungen handelt. Das Apostolat der Laien wird hier wieder – entgegen den Aussagen des Konzils – aus der Sendung durch das Amt begründet.

Man kann gut verstehen, dass man sich Sorge um die Stellung des Priesters in der Gemeinde macht.[68] Denn durch den immer gravierender werdenden Priestermangel wird der Priester nur zu oft für das wirkliche Gemeindeleben – da wo es eines gibt – zur Randfigur, zuständig für die Sakramente und rechtgültige Unterschriften. Aber wenn man sich gleichzeitig weigert, das Mögliche gegen den Priestermangel zu tun, nämlich die zu Priestern zu weihen, die faktisch die Weitergabe des Glaubens in den Gemeinden leisten – das «Ordinationsdefizit» aufzuheben, wie Bischof Kurt Koch es einmal auf den Punkt brachte –, dann wird die Stärkung des Priesters im schlechtesten Fall zum Tod der Gemeinden führen, weil sich kein Laie mehr als Mitarbeiter im Sinne des bloßen Zuarbeiters stellen wird; im «besten» Fall wird man genau jene «Protestantisierung» der Kirche erreichen, die man gerade verhindern will: Gemeinden, die faktisch ohne sonntägliche Eucharistiefeier von Laien geleitet werden, weil keine Priester zur Verfügung stehen.

Aber seit der Laieninstruktion weiß man, dass Rom wieder einmal gegen Geist und Buchstaben des Konzils gehandelt hat. Für Illusionen ist kein Platz. Umso wichtiger ist, die verbindlichen Konzilstexte stark zu machen gegen

---

67 Sekretariat der deutschen Bischofskonferenz (Hrsg.), Verlautbarungen des Apostolischen Stuhls Nr. 129.

68 Diese Sorge ist der Hintergrund für verschiedene römische Schreiben zum Thema: Kongregation für den Klerus, Direktorium für Dienst und Leben der Priester (1994); Dies., Internationales Symposion zum 30. Jahrestag des Konzilsdekretes Presbyterorum Ordinis (1995); Dies., Direktorium für den Dienst und das Leben der ständigen Diakone (1998); Dies., Der Priester, Lehrer des Wortes, Diener der Sakramente und Leiter der Gemeinde für das dritte christliche Jahrtausend (1999); Dies., Instruktion «Der Priester, Hirte und Leiter der Pfarrgemeinde» (2002): Sekretariat der deutschen Bischofskonferenz (Hrsg.), Verlautbarungen des Apostolischen Stuhls Nr. 113, Nr. 124, Nr. 132, Nr. 139, Nr. 157.

Einschränkungen untergeordneter Behörden. Im Übrigen: Das Leben wird stärker sein!

4 Eine Zwischenbilanz

4.1 Im Streit und Widerstreit

Es mag verwundern, dass ich ausgerechnet das Thema «Ökumene» nicht angesprochen habe. Aber das war in der hier gebotenen Kürze unmöglich. Anderseits würden wir nur einen erneuten und besonders symptomatischen Fall der beschriebenen Rezeptionsproblematik vor Augen bekommen: eine nicht abgeschlossene Diskussion wie bei der Offenbarungskonstitution – das Konzil weiß und weist *keinen* konkreten Weg zu neuer Kirchengemeinschaft –, darum Spannungen in den einschlägigen Texten, die zuweilen die Grenze des Widerspruchs berühren[69], darum wieder die auseinandergehenden Tendenzen des Umgangs mit dem Thema: Wo die einen im Geiste selbstkritischer Buße und Erneuerung sich um Sachkenntnis bemühen und *par cum pari* (UR 9) in den Dialog mit den getrennten Kirchen und kirchlichen Gemeinschaften eintreten, wollen die anderen die Kirche im ökumenischen Dialog bei Trient festhalten. Der seinerzeitige und immer noch nicht wirklich zu Ende gekommene Konflikt um die «Gemeinsame Erklärung zur Rechtfertigungslehre», offiziell verabschiedet am 31. Oktober 1999 in Augsburg, ist im Licht der Konzilstexte und ihrer bisherigen Rezeptionsgeschichte vollauf erklärlich.[70]

Aber auch sonst haben wir nur einige Themen des Konzils als Beispiele der Rezeptionsproblematik angesprochen, und auch dies nur in grober Skizze. Wichtige andere Themen wurden gar nicht berührt. Zum Beispiel die Frage des kirchlichen Amtes. Oder die nach den Ordensleuten, nach dem Verständnis des Konzils von den Sakramenten und dessen praktischen Konsequenzen, nach Maria und Marienverehrung, nach der Mission, nach den Vorstellungen

---

69 Ich kann das Ökumenismusdekret nicht so «optimistisch» lesen wie *Krätzl*, Sprung 123–125 – wenngleich alle seine Feststellungen natürlich richtig sind. Vgl. jetzt dazu *Thönissen* (Hrsg.), «Unitatis redintegratio», und *Pesch*, Ökumenismusdekret.

70 Ich erlaube mir den Hinweis auf meinen Problemaufriss und die Literaturhinweise in: *Pesch*, Probleme; nach dem 31. 10. 1999 wieder aufgenommen und fortgeführt in: *Ders.*, Erklärung; ferner *Ders.*, Hinführung 297–310; 383–388; vgl. auch *Ders.*, Rechtfertigung.

des Konzils zur Reform des theologischen Studiums, nach den geradezu lutherischen Perspektiven in der Beschreibung von Dienst und Leben der Priester (sie *leiten* ihre Gemeinden *durch* die Verkündigung des Evangeliums und die Darreichung der Sakramente – in dieser Reihenfolge!).

Wir sind auch nur indirekt auf die nicht wenigen Äußerungen eingegangen, die, wenn entsprechend kenntlich gemacht, sich als die faktischen Zurücknahmen früherer kirchlicher Lehrentscheidungen erwiesen hätten, die sie tatsächlich sind. Zum Beispiel der Abschied von dem alten Satz: «Außerhalb der Kirche kein Heil» (LG 16); oder die neue Wesensbestimmung des Bischofsamtes im Verhältnis zum Priesteramt – in der Sache ein klarer Widerruf der entsprechenden Aussagen von Trient, die nun zumindest als verkürzt erscheinen (LG 26 im Vergleich mit 28); oder die vom Konzil in Gang gesetzte (SC 73), nach dem Konzil durchgeführte Reform des Sakramentes der Krankensalbung in Theorie und Praxis, wobei in der Sache fast allen Beanstandungen Luthers in seiner Schrift *De captivitate Babylonica ecclesiae* Rechnung getragen wurde; der Abschied von der alten, nicht dogmatisierten, aber kirchenamtlichen Lehre von den sogenannten Ehezwecken (GS 48)[71] – und noch mehr. Hinzu kommt, dass das Konzil in zahllosen Fällen die Lehre der päpstlichen Enzykliken der letzten Jahrzehnte zwar eifrig zitiert, aber dann eindeutig überschritten hat – was nie hätte geschehen dürfen, hätte man sich an den berüchtigten «Enzyklikenparagraphen» in der Enzyklika *Humani generis* von 1950 gehalten, worin den Theologen verboten wird, über Themen noch zu diskutieren, zu denen die Päpste in einer Enzyklika Stellung genommen haben.[72]

Das alles ist nun nicht mehr aus der Welt zu schaffen – allen entsprechenden Versuchen zum Trotz. Man stelle sich nur einmal konkret genug vor, was das bedeutete: In all den damals als zukunftsweisend empfundenen Neubesinnungen des Konzils würde man heute sagen: Das ist *nicht* so, wir haben hier den Mund zu voll genommen, wir sagen jetzt wieder dasselbe wie früher. Es wäre nicht nur eine Katastrophe für das Ansehen der Kirche – das müsste man ja gegebenenfalls ertragen können –, es wäre vor allem theologisch ganz und gar unverständlich und uneinsehbar.

Will man also zusammenfassend, als Zwischenbilanz, auf die Frage antworten: «Was ist vom Konzil rezipiert worden?», so kann die Antwort nur lauten: Ungeheuer viel! Änderungen in Mentalität, theologischer Reflexion, kirchlichen Lebensformen und sozusagen «Kirchengefühl», die um 1950, als ich mit

---

71 Vgl. dazu *Krätzl*, Sprung 92–102; 163–169.
72 DS/DH 3885.

dem Studium begann, vielleicht zu erträumen, aber nicht von ferne zu erwarten waren. Freilich, nur die über 50-jährigen können das noch voll ermessen, weil sie die vorkonziliare Kirche *und* die Kirche des Konzils erlebt haben. Den Jüngeren, die sich heute so oft an der Kirche wund reiben, muss man sagen: Ihr lebt heute als Katholikinnen und Katholiken, aber auch als von außen Beobachtende auf dem Boden von Selbstverständlichkeiten, die ihr dem Konzil verdankt, das ihr schon verraten wähnt! Freilich, ihr habt recht, wenn ihr einklagt, dass es auf der Linie des Konzils weitergehen muss! Denn: Das Konzil ist die Zukunft der Kirche im 21. Jahrhundert. Eine Alternative dazu gibt es nicht – es sei denn die Großsekte, der niemand mehr zuhört.

4.2 Aufgaben der Rezeption

Lassen sich von diesem Panorama-Rückblick auf das Konzil her schon Grundlinien bestimmter Aufgaben der Rezeption herausarbeiten?

1. Gewiss zunächst die *Grundunterscheidung* zwischen einem Verfahren, das das Konzil erst einschließt in den bloßen Wortlaut seiner Texte und diesen anschließend einschränkt auf das, was auch frühere Konzilien schon gesagt haben – und dem Gegenverfahren, das das Neue in den Konzilstexten festhalten und für das Leben der Kirche fruchtbar machen will. Obwohl das erste Verfahren inzwischen (wieder) ganz ungeniert praktiziert wird[73], ist dies eigentlich gar keine *Rezeption*, vielmehr die *Verweigerung* der Rezeption, ganz abgesehen davon, dass damit das Zweite Vatikanische Konzil die größte Lächerlichkeit der Kirchengeschichte darstellen würde. Als Rezeptionsverfahren kommt also nur in Betracht, was (auch) das wirklich Neue im Prozess und in den Entscheidungen des Konzils ernst nimmt.[74]
2. Dafür gelten zunächst alle Auslegungsregeln, die allgemein für Konzilstexte gelten und in denen der Blick auf den konziliaren Beratungsprozess immer schon einbezogen ist. Sie müssen hier wohl nicht eigens in Erinnerung gerufen werden.[75] Vor allem gilt die Generalregel, dass das *ganze*

---

73 Ein besonders bizarres Beispiel ist der Brief der Glaubenskongregation zu einigen Aspekten der Kirche als *Communio* (siehe oben unter 3.1). *Krätzl*, Sprung 168, weist darauf hin, dass es gleich nach dem Konzil Anzeichen eines «Antikonzils» gegeben hat, und beruft sich auf *Menozzi*, Antikonzil.
74 Wie *Krätzl*, Sprung 207–215, es mit seiner Desideratenliste tut.
75 Andernfalls vgl. *Pesch*, Konzil 148–160.

Konzil zu rezipieren ist und nicht nur eine nach Gutdünken getroffene Auswahl von «Lieblingsaussagen». Dies ist gerade bei der Themenvielfalt des II. Vatikanums von besonderer Bedeutung. Schon gar nicht darf «das Konzil» als Projektionswand missbraucht werden für allerlei Wünsche und Optionen, die es weder befürwortet noch gemeint hat.

3. Innerhalb des zu rezipierenden Neuen sind Differenzierungen nötig. Da sind einmal *neue Lehraussagen* im klassischen Sinne von Konzilsaussagen – wenn auch diesmal bewusst nicht in der Form des Dogmas. Beispiele aus unserem Panorama: das neue Verständnis von der Kirche und darum von der Liturgie; die Anerkennung, ja die Vorschrift, die Bibel auch mit historisch-kritischen Methoden zu erforschen; das Bekenntnis zum Glauben Israels als der Wurzel des christlichen Glaubens; die Anerkennung der Religionsfreiheit als Teil der Personwürde des Menschen. Rezeption heißt hier, ganz «altmodisch»: Die bisherigen Lehren werden nicht mehr vertreten, die bisherigen negativen Urteile werden nicht aufrechterhalten.

4. Da sind ferner deutliche *Neuorientierungen*, die weniger neue Lehraussagen als vielmehr Komplettierungen und Verdeutlichungen bisheriger kirchlicher Lehre sind – einschließlich stillschweigender, aber eindeutiger Korrekturen. Rezeption bedeutet hier, die bisherige Lehre im Licht der Neuorientierung zu lesen, im Klartext also: die bisher übliche Art, diese Lehre darzubieten, als einseitig, unzulänglich, buchstäblich nicht «katholisch» genug nicht weiter fortzuführen. Beispiel: die Kollegialität der Bischöfe; oder das neu bestimmte Verhältnis der Teilkirchen zur Universalkirche (LG 23!); das Priesteramt im Verhältnis zum Bischofsamt; die Aussagen über Stellung und Sendung der Laien.

5. Weiterhin enthalten die Konzilstexte *Weisungen und Aufträge* an die nachkonziliare Kirche. Rezipieren heißt hier: ausführen. Am deutlichsten ist das bei der Liturgiekonstitution und beim Ökumenismusdekret. Nicht umsonst gab es ja zu diesen beiden Texten nach dem Konzil die meisten Ausführungsbestimmungen in Gestalt von «Direktorien» und «Instruktionen». Beispiele sind aber auch die Aufforderungen zum Dialog in der Religionenerklärung; und vor allem die vielen Weisungen zu neuen Formen der Begegnung mit der Welt – einschließlich der nicht-christlichen, ja atheistischen – in der Pastoralkonstitution. Und nicht zuletzt die Aufforderung zum Dialog *in* der Kirche als Weg der Wahrheitsfindung (GS 92). Weil sich hier in der Konsequenz am deutlichsten der neue Konzilstyp zeigt, den das Zweite Vatikanum darstellt, wird man ihm mit der «klassi-

schen» Rezeption im Sinne der Annahme und Bejahung von Beschlüssen noch nicht gerecht.[76]

6. Dasselbe gilt erst recht für die *Notwendigkeit vorsichtigen Fortschreibens.* Klar ist einerseits: Das Konzil wollte der Kirche einen Weg in die Zukunft weisen – es auf Wortlaut und Lehren einzuschränken heißt, es abzulehnen. Andererseits ist klar, dass hier auch unter den Anwälten des Konzils am här- testen um alle erdenklichen Ermessensentscheidungen gerungen werden muss – niemand kann mit Gewissheit wissen, ob der je eigene Vorschlag wirklich weise ist. Dieser Vorbehalt ist unbedingt den Zögernden und Vor- sichtigen zuzubilligen – und demnach auf Unterstellung sinistrer Motive zu verzichten.

7. Es geht darum gewiss nicht an, das Konzil *nur* als formalen Bewegungsfak- tor zu würdigen, als Aufbruch aus alten Verhärtungen, wobei seine Sach- aussagen sozusagen nur Spielmaterial wären, an denen der Aufbruch einge- übt werden soll. Kein Traditionsbruch im Namen des Konzils! Anders steht es mit dem Begriff, der sich in den Mittelpunkt der aktuellen Diskus- sion um die Auslegungskriterien für das Konzil geschoben hat: *das Konzil als «Ereignis».*[77] Auf jeden Fall bedeutet er die neue Qualität des intensiven und unvermittelten Austauschs unter den Konzilsteilnehmern über die Themen des Konzils und die ungewohnte Erfahrung der Zusammenarbeit an Texten, die wirklich Werk des Konzils sind und nicht das formale Placet zu vorgefertigten Vorlagen. Das dadurch gewachsene und inzwischen auch auf viele Bischöfe der nächsten Generation – und überhaupt auf unge- zählte Katholikinnen und Katholiken – übergegangene Gefühl der Zusam- mengehörigkeit und der gemeinsamen Verantwortung muss einbezogen werden in die Auslegung, also in die Herausarbeitung des Sinnes der Texte. An dieser Stelle berührt sich der Begriff «Ereignis» mit dem viel beschwo- renen *«Geist» des Konzils.* Dieser ist nämlich kein nebuloses Gebilde zur Legitimierung von Wünschen, die man zu Unrecht auf das Konzil pro- jiziert. Er ist vielmehr *der aktenkundige Wille der überwältigenden Mehrheit des Weltepiskopates.* Dieser wird vor allem dort zur gewichtigen Aus-

---

76 Möglicherweise wäre hier die hilfreiche «kategoriale Synthesis» des Konzilsbegriffs bei *Hünermann,* Kategorien, noch einmal zu differenzieren. Konzil als Erarbeitung einer neuen Glaubensgestalt in der Krise – gewiss. Aber es ist ein Unterschied, ob die Krise in einer zu entscheidenden Streitfrage besteht, wie bisher bei den Konzilien, oder in ei- ner generellen Verkündigungskrise ohne einzelne konkrete Streitfragen, wie sie das II. Vatikanum im Blick hatte.

77 Vgl. *Alberigo,* Treue; *Lehmann,* Überlieferung.

legungsinstanz der Konzilstexte, wo auf dem Konzil durch eine kleine, aber rührige Minderheit erfolgreich Verwässerungen in die ursprünglichen Texte eingebracht und diese dann *nach* dem Konzil auch noch als der *eigentliche* Sinn der Konzilsaussagen hingestellt und in Kirchenpolitik umgesetzt wurden.

4.3 Eine Bitte – und eine möglichst liebenswürdige Warnung

Solche und womöglich noch weitere Aufgaben der «Rezeption» bezeichnen eigentlich die von den unterschiedlichen Sachthemen des Konzils und der Eigenart der konziliaren Behandlung selbst bedingten unterschiedlichen Weisen des Umgangs mit den Konzilstexten und ihrer Auswertung. Diese hermeneutischen Verfahren kann man nun in verschiedenster Hinsicht und im Gespräch mit den einschlägigen Nachbardisziplinen der Theologie – vor allem der Sprachphilosophie, der Kommunikationstheorie und der Kirchensoziologie – weiter ausdifferenzieren und subtil verfeinern. Eben hier setzt meine Bitte und hoffentlich liebenswürdige Warnung ein: Treiben wir die Subtilitäten nicht zu weit! Es ist gewiss erhellend, sich mit größter Methodenvielfalt vorführen zu lassen, was auf dem Konzil abgelaufen ist und wie darum seine Texte und Weisungen zu bewerten und umzusetzen sind.[78] Aber wo fängt da das Glasperlenspiel an? Es geht doch in der heutigen Lage der Kirche im Grunde um etwas ganz Einfaches: zu verhindern, dass diejenigen obsiegen, die immer noch das Konzil für den Sündenfall des Papstes Johannes' XXIII. (und Pauls VI.!) halten und es verantwortlich machen für alles, was sie als Niedergang von Glaube und Kirche heute empfinden. Zwar sollten wir trotz aller Aggressivität solcher Versuche für die dahinter wirksamen Ängste Verständnis aufbringen. Die Freunde des Konzils können sich solches Verständnis «leisten», gerade weil sie im Konzil keinen «Zeitgeist», sondern den Geist Gottes am Werk sehen, der die Kirche aus dem scheinbaren Niedergang – besser: aus dem Ende einer ihrer *Gestalten* – in eine neue Epoche führt. Diesem Geist Gottes haben wir den Dienst unseres Nachdenkens zur Verfügung zu stellen – durch beharrliches Forschen, liebenswürdiges Verteidigen und angstlösenden Aufweis der Kontinuität im Wandel. Mit nichts aber würden wir den «Unheilspropheten» (Johannes XXIII.) gründlicher das Feld überlassen und ihnen

---

78 Wie es etwa in dem beeindruckenden (1.) Band von *Peter Hünermann*, II. Vatikanum, geschehen ist.

besser in die Hände spielen, als wenn wir unsere Energien auf ein letztlich selbstverliebtes Kreisen um immer neue hermeneutische Subtilitäten der Auslegungsmethoden konzentrierten – so wie ähnlich zur Zeit im ökumenischen Dialog das Karussell neuer «Hermeneutik der Einheit» sich immer schneller dreht. Die Gegner könnten sich über solche Selbstbeschäftigungstherapie nur freuen. Wir sollten es nicht dahin kommen lassen, dass auch auf die Bemühungen um die sachgerechte Aufarbeitung des Zweiten Vatikanums zutrifft, was nach einem mündlich überlieferten Bonmot Karl Rahner einmal über den Eifer heutiger junger Theologen bei der Beschäftigung mit hermeneutischen und Methodenfragen der Theologie gesagt hat: «Sie wetzen die Messer immer schärfer – aber den Schweinebraten schneiden sie nicht an.»[79]

Literatur

Adam, Karl: Das Wesen des Katholizismus, Düsseldorf 1924 u. ö., [13]1957.

Alberigo, Giuseppe: Johannes XXIII. Leben und Wirken des Konzilspapstes, Mainz 2000.

Ders.: Treue und Kreativität bei der Rezeption des Zweiten Vatikanischen Konzils. Hermeneutische Kriterien. In: *Autiero, Antonio* (Hrsg.): Herausforderung, a. a. O., 13–35.

Ders./Wittstadt, Klaus (Hrsg.): Geschichte des Zweiten Vatikanischen Konzils (1959–1965), Bd. 1: Die katholische Kirche auf dem Weg in ein neues Zeitalter. Die Ankündigung und Vorbereitung des Zweiten Vatikanischen Konzils (Januar 1959 bis Oktober 1962), Mainz/Leuven 1997.

Angenendt, Arnold: Liturgik und Historik. Gab es eine organische Liturgieentwicklung?, Freiburg i. Br. 2001.

Autiero, Antonio (Hrsg.): Herausforderung Aggiornamento. Zur Rezeption des Zweiten Vatikanischen Konzils, Altenberge 2000.

Bauch, Andreas/Gräßer, Alfred/Seybold, Michael: Zehn Jahre Vatikanum II, Regensburg 1976.

---

79 Gern akzeptiere ich aber – und ich denke: auch im Namen von Karl Rahner! – den Hinweis, den mir bei einer Diskussion der Kollege Paul Renner, Trient, entgegenhielt: «Ich bin der Sohn eines Metzgers, und von meinem Vater weiß ich, dass es nicht nur auf die Schärfe der Messer ankommt, sondern auch und zuerst auf die jeweils richtigen Messer!»

Becker, Hansjakob/Hilberath, Bernd J./Willers, Ulrich (Hrsg.): Gottesdienst – Kirche – Gesellschaft. Interdisziplinäre und ökumenische Standortbestimmungen nach 25 Jahren Liturgiereform, St. Ottilien 1991.

Bellarmin, Robert: Disputationes de controversiis Christianae fidei adversus huius temporis haereticos. In: *Ders.*: Opera Omnia, Bd. II, Neapel 1857.

Beozzo, Oscar J.: Das äußere Klima. In: *Alberigo, Giuseppe/Wittstadt, Klaus* (Hrsg.): Geschichte, a. a. O., 403–456.

Berger, David (Hrsg.): Die Enzyklika «Humani generis» Papst Pius' XII. 1950–2000. Geschichte, Doktrin und Aktualität eines prophetischen Lehrschreibens, Köln 2000.

Berger, David: Revisionistische Geschichtsschreibung – Das «Alberigo-Projekt» zur Geschichte des Vatikanum II. In: Theologisches 29 (1999) 3–13.

Bettazzi, Luigi: Das Zweite Vatikanum – Pfingsten unserer Zeit, Würzburg 2002.

Bischof, Franz Xaver/Leimgruber, Stephan (Hrsg.): Vierzig Jahre II. Vatikanum. Zur Wirkungsgeschichte der Konzilstexte, Würzburg 2004.

Bugnini, Annibale: Die Liturgiereform 1948–1975. Zeugnis und Testament. Deutsche Ausgabe von *J. Wagner* unter Mitarbeit von *F. Raas*, Freiburg i. Br. 1988 (ital. Rom 1983).

Fouilloux, Etienne: Die Vor-Vorbereitende Phase (1959–1960). Der langsame Gang aus der Unbeweglichkeit. In: *Alberigo, Giuseppe/Wittstadt, Klaus* (Hrsg.): Geschichte, a. a. O., 61–187.

Greinacher, Norbert/Küng, Hans (Hrsg.): Katholische Kirche – wohin? Wider den Verrat am Konzil, München 1986.

Guardini, Romano: Vom Sinn der Kirche. Mainz 1922, Neuauflage Mainz/München 1990.

Hebblethwaite, Peter: Johannes XXIII. Das Leben des Angelo Roncalli, Zürich 1986 (engl. 1984).

Hilberath, Bernd J.: Theologie des Laien. Zu den Spannungen zwischen dem Zweiten Vatikanischen Konzil und der Laien-Instruktion. In: StdZ 217 (1999) 219–232.

Horst, Ulrich: Die Kirchenkonstitution des II. Vaticanums. Versuch einer historischen Einordnung. In: MThZ 35 (1985) 36–51.

Hünermann, Peter: Zu den Kategorien «Konzil» und «Konzilsentscheidung». Vorüberlegungen zur Interpretation des II. Vatikanums. In: *Ders.* (Hrsg.): Das II. Vatikanum – christlicher Glaube im Horizont globaler Modernisierung. Einleitungsfragen (Programm und Wirkungsgeschichte des II. Vatikanums, Bd. 1), Paderborn/München 1998, 67–82.

Jedin, Hubert: Das Zweite Vatikanische Konzil. In: *Ders.* (Hrsg.): Handbuch, a. a. O., 97–151.

Ders.: Das II. Vatikanische Konzil in historischer Sicht (1962). In: *Ders.*: Kirche des Glaubens – Kirche der Geschichte. Ausgewählte Aufsätze und Vorträge, Bd. 2, Freiburg i. B. 1966, 589–603.

Ders. (Hrsg.): Handbuch der Kirchengeschichte. Bd. 7: Die Weltkirche im 20. Jahrhundert, Freiburg i. Br. 1979.

Ders.: Kleine Konziliengeschichte. Mit einem Bericht über das Zweite Vatikanische Konzil, Freiburg i. Br. 1978.

Kasper, Walter: Die bleibende Herausforderung durch das II. Vatikanische Konzil (1986). In: *Ders.*: Theologie und Kirche, Mainz 1987, 290–299.

Ders.: Kirche als Communio. Überlegungen zur ekklesiologischen Leitidee des II. Vatikanischen Konzils (1986). In: *Ders.*, Theologie und Kirche, Mainz 1987, 272–289.

Ders. (Hrsg.): Zukunft aus der Kraft des Konzils. Die außerordentliche Bischofssynode '85, Freiburg i. Br. 1986.

Kaufmann, Ludwig/Klein, Nikolaus: Johannes XXIII. Prophetie im Vermächtnis, Fribourg i. Ü./Brig 1990.

Kehl, Medard: Die Kirche. Eine katholische Ekklesiologie, Würzburg ²1993.

Klöckener, Martin/Kranemann, Benedikt: (Hrsg.): Gottesdienst in Zeitgenossenschaft. Positionsbestimmungen nach der Liturgiekonstitution des Zweiten Vatikanischen Konzils, Fribourg i. Ü. 2005.

Komonchak, Joseph A.: Der Kampf für das Konzil während der Vorbereitung (1960–1962). In: *Alberigo, Giuseppe/Wittstadt, Klaus* (Hrsg.): Geschichte, a. a. O., 189–401.

König, Franz K. (Hrsg.): Die bleibende Bedeutung des Zweiten Vatikanischen Konzils, Düsseldorf 1986.

Koster, Mannes D.: Ekklesiologie im Werden, Paderborn 1940, nachgedruckt in: *Ders.*: Volk Gottes im Werden. Gesammelte Studien (*Langer, Hans-Dieter/Pesch, Otto H.*, Hrsg.), Mainz 1971, 195–272.

Krätzl, Helmut: Im Sprung gehemmt. Was mir nach dem Konzil noch alles fehlt, Mödling ⁴1999.

Krätzl, Helmut: Neue Freude an der Kirche. Ein engagiertes Bekenntnis, Innsbruck/Wien 2001.

Laun, Andreas: Kirche Jesu oder Kirche der Basis? Zum Kirchenvolksbegehren, Köln 1996.

Lederer, Josef: Pfarrgemeinderat und Pfarrverwaltungsrat. In: *Listl, Joseph/Müller, Hubert/Schmitz, Heribert* (Hrsg.): Handbuch des katholischen Kirchenrechts, Regensburg 1983, 425–429.

Lehmann, Karl: Zwischen Überlieferung und Erneuerung. Hermeneutische Überlegungen zur Struktur der verschiedenen Rezeptionsprozesse des Zweiten Vatikanischen Konzils. In: *Autiero, Antonio* (Hrsg.): Herausforderung, a. a. O., 95–110.

Lüdecke, Norbert: Der Codex Iuris Canonici von 1983: «Krönung» des II. Vatikanischen Konzils? In: *Wolf, Hubert/Arnold, Claus* (Hrsg.): Die deutschsprachigen Länder und das II. Vatikanum (Programm und Wirkungsgeschichte des II. Vatikanums, Bd. 4), Paderborn 2000, 209–237.

Luf, Gerhard: Glaubensfreiheit und Glaubensbekenntnis. In: *Listl, Joseph/Müller, Hubert/Schmitz, Heribert (Hrsg.): Handbuch des katholischen Kirchenrechts, Regensburg 1983, 561–567.*

Maron, Gottfried: Kirche und Rechtfertigung. Eine kontroverstheologische Untersuchung, ausgehend von den Texten des Zweiten Vatikanischen Konzils, Göttingen 1969.

Menozzi, Daniele: Das Antikonzil 1966–1984. In: *Pottmeyer, Hermann/Alberigo, Giuseppe/Jossua, Jean P.* (Hrsg.): Rezeption, a. a. O., 403–431.

Mosebach, Martin: Häresie der Formlosigkeit. Die römische Liturgie und ihr Feind, Wien [4]2003.

Pesch, Otto H.: Das Ökumenismusdekret «Unitatis redintegratio». In: Das unerledigte Konzil, HerdKorr Spezial 10/2005.

Ders.: Das Zweite Vatikanische Konzil. Vorgeschichte – Verlauf – Ergebnisse – Nachgeschichte, Würzburg [1]1993, [4]1997, 5. Aufl. als TB 2001.

Ders.: Das Zweite Vatikanische Konzil. 40 Jahre nach der Ankündigung – 34 Jahre Rezeption. In: *Autiero, Antonio* (Hrsg.): Herausforderung, a. a. O., 37–79.

Ders.: Der Gott Jesu Christi. Ein Versuch zur Frage nach christlichen Kriterien im interreligiösen Dialog. In: *Biehl, Michael/Ekué, Amélé A.* (Hrsg.): Gottesgabe. Vom Geben und Nehmen im Kontext gelebter Religion. FS zum 65. Geburtstag von Theodor Ahrens, Frankfurt a. M. 2005, 497–509.

Ders.: Die «Gemeinsame Erklärung zur Rechtfertigungslehre». Probleme und Aufgaben, in: Ökumenisches Forum. Grazer Jahrbuch für konkrete Ökumene 23/24 (2000/2001) 223–252.

Ders.: Die Unfehlbarkeit des päpstlichen Lehramtes. Unerledigte Probleme und zukünftige Perspektiven. In: *Häring, Hermann/Kuschel, Karl-Josef* (Hrsg.): Hans Küng. Neue Horizonte des Glaubens und Denkens, München 1993, 88–128.

Ders.: Hinführung zu Luther. 3. erweiterte und aktualisierte Auflage, Mainz 2004.

Ders.: Johannes XXIII. Wege zum Zweiten Vatikanischen Konzil. In: *Möller, Christian* (Hrsg.): Wegbereiter der Ökumene im 20. Jahrhundert, Göttingen 2005, 109–132.

Ders.: Rechtfertigung. V.–VII. In: LThK[3] 8, 889–902.

Ders.: Römisch-katholische Probleme mit der «Gemeinsamen Erklärung zur Rechtfertigungslehre» – und wie sie zu überwinden sind. In: Lutherische Kirche in der Welt (Jahrbuch des Martin-Luther-Bundes 46), Erlangen 1999, 182–206.

Ders.: Verbindlichkeit und Toleranz. Religionsfreiheit im Christentum?. In: *Ahrens, Theodor* (Hrsg.): Zwischen Regionalität und Globalisierung. Studien zu Mission, Ökumene und Religion (Perspektiven der Weltmission. Wissenschaftliche Beiträge, Bd. 25), Ammersbek bei Hamburg 1997, 73–98.

Ders./Schneider, Theodor/Ullrich, Lothar: Stellungnahme zum Schreiben der Glaubenskongregation «Über einige Aspekte der Kirche als *Communio*». In: Ökumenische Rundschau 41 (1992) 476.

Pfürtner, Stephan H./Heierle, Werner: Einführung in die katholische Soziallehre, Darmstadt 1980.

Pottmeyer, Hermann/Alberigo, Giuseppe/Jossua, Jean P. (Hrsg.): Die Rezeption des Zweiten Vatikanischen Konzils, Düsseldorf 1986.

Rahner, Karl: Kirche und Sakramente, Freiburg i. Br. 1960.

Ratzinger, Joseph: Das Fest des Glaubens. Versuche zur Theologie des Gottesdienstes, Einsiedeln 1981.

Ratzinger, Joseph: Zur Lage des Glaubens. Ein Gespräch mit Vittorio Messori, München/Zürich/Wien 1985.

Richter, Klemens (Hrsg.): Das Konzil war erst der Anfang. Die Bedeutung des II. Vatikanums für Theologie und Kirche, Mainz 1991.

Richter, Klemens/Sternberg, Thomas (Hrsg.): Liturgiereform. Eine bleibende Aufgabe. 40 Jahre Konzilskonstitution über die heilige Liturgie, Münster 2004.

Rouquette, Robert: Das Geheimnis Roncalli. In: Dokumente. Zeitschrift für internationale Zusammenarbeit 19 (1963) 251–260.

Schatz, Klaus: Vatikanum I 1869–1870, 3 Bde. Paderborn/München 1992–1994.

Schneider, Theodor (Hrsg.): Der verdrängte Aufbruch. Ein Konzilslesebuch, Mainz 1985.

Schwörzer, Horst (Hrsg.): 30 Jahre nach dem Konzil. Ökumenische Bilanz und Zukunftsperspektive, Leipzig 1993.

Seckler, Max: Religionsfreiheit und Toleranz. Die «Erklärung über die Religionsfreiheit» des Zweiten Vatikanischen Konzils im Kontext der Toleranz- und Intoleranzdoktrinen. In: Theologische Quartalschrift 175 (1995) 1–18.

Seppelt, Franz X./Schwaiger, Georg: Geschichte der Päpste. Von den Anfängen bis zur Gegenwart, München 1964.

Sieben, Hermann J.: Katholische Konzilsidee im 19. und 20. Jahrhundert, Paderborn/München 1993.

Staffa, Dino: L'unità della fede e l'unificazione dei popoli nel magisterio del Sommo Pontefice Giovanni XXIII. In: Divinitas 6 (1962) 3–32.

Teuffenbach, Alexandra von: Aus Liebe und Treue zur Kirche. Eine etwas andere Geschichte des Zweiten Vatikanums, Berlin 2004.

Thils, Gustave/Schneider, Theodor: Glaubensbekenntnis und Treueid. Klarstellungen zu den «neuen» römischen Formeln für kirchliche Amtsträger, Mainz 1990.

Thönissen, Wolfgang (Hrsg.): «Unitatis redintegratio». 40 Jahre Ökumenismusdekret. Erbe und Auftrag, Frankfurt a.M. 2005.

Vries, Wilhelm de: Die Entwicklung des Primats in den ersten drei Jahrhunderten. In: Arbeitsgemeinschaft ökumenischer Universitätsinstitute (Hrsg.): Papsttum als ökumenische Frage, München/Mainz 1997, 114–133.

Das unerledigte Konzil. 40 Jahre Zweites Vatikanum. Herder Korrespondenz Spezial Oktober 2005 [darin Kommentare zu den wichtigsten Dokumenten des Konzils].

Wassilowsky, Günther (Hrsg.): Zweites Vatikanum – vergessene Anstöße, gegenwärtige Fortschreibungen. Freiburg i. Br. 2004.

Weiss, Otto: Modernismus. In: LThK³ 7, 367–370.

Wenzel, Knut: Kleine Geschichte des Zweiten Vatikanischen Konzils, Freiburg i. Br. 2005.

Werbick, Jürgen: Kirche. Ein ekklesiologischer Entwurf für Studium und Praxis, Freiburg i. Br. 1994.

Wiedenhofer, Siegfried: Das katholische Kirchenverständnis. Ein Lehrbuch der Ekklesiologie, Graz 1992.

«Wir sind Kirche». Das Kirchenvolks-Begehren in der Diskussion, Freiburg i. Br. 1995.

Wittstadt, Klaus: Am Vorabend des Zweiten Vatikanischen Konzils (1. Juli bis 10. Oktober 1962). In: *Alberigo, Giuseppe/Wittstadt, Klaus* (Hrsg.): Geschichte, a. a. O., 457–560.

Hoffnungen des Zweiten Vatikanischen Konzils und die Wirklichkeit der Katholischen Kirche heute

Helmut Krätzl

Verschiedene Reformbewegungen hegten schon seit Beginn des 20. Jahrhunderts, vor allem nach dem 1. Weltkrieg, Hoffnungen auf die Erneuerung der römisch-katholischen Kirche. Aber was am II. Vatikanischen Konzil geschah, hat alle diese Hoffnungen übertroffen und ganz neue geweckt, in den anderen christlichen Kirchen und in der Welt.

1   Die Zeit vor dem II. Vatikanum

Rückblickend auf die Zeit nach dem 2. Weltkrieg erscheint die Situation der röm.-kath. Kirche zweigeteilt. Die Kirche war in der Öffentlichkeit und im Erleben der Katholiken überaus stark, begeisternd. Dennoch hatten sich in dieser Zeit viele notwendige Reformen angestaut, die offiziell nicht anerkannt wurden.

1.1   Die Bedeutung der römisch-katholischen Kirche in der Öffentlichkeit

Nach Ende des 2. Weltkrieges wuchs der Einfluss der Kirche in Politik und Gesellschaft. Eine Kirche, die im Widerstand der Nazizeit mutig geworden war, konnte sich nun völlig frei entfalten. Es war die Zeit der großen katholischen Vereinigungen, die Kirchen waren bei den Gottesdiensten voll, die Zahl der Priesterkandidaten groß.

Die Kirche hatte auch einen starken politischen Einfluss. Die Politiker, die Europa aufbauten, waren meist praktizierende Katholiken wie Konrad Adenauer in Deutschland, Leopold Figl und Julius Raab in Österreich, Robert Schuman in Frankreich und Alcide De Gasperi in Italien. Das gab der Kirche ein starkes Image. Die Jugend war stolz auf diese Kirche, weil sie sie tonangebend und zukunftsweisend erlebte.

Freilich führte dies auch z. T. zu einer «*Fundamentalisierung des kirchlichen Selbstverständnisses*»[1]. Im Trend der Begeisterung nahm man eine beginnende Gegenströmung der *Moderne* nicht wirklich wahr.

1.2 Ein innerkirchlicher Reformstau

Innerkirchlich hatte sich jedoch schon seit der Zwischenkriegszeit ein Problemstau gebildet. Er war nach Ländern verschieden und hatte eigentlich die «Volkskirche» nur zum Teil erreicht. Ich denke an die *Liturgische Bewegung*, besonders vorangetrieben durch Pius Parsch in Österreich und Odo Casel in Deutschland, die *Bibelbewegung* und an neue Ansätze in der *Theologie*. Letztere kamen seit den 20er Jahren aus dem deutschen Sprachraum, seit den 40er Jahren aus Frankreich in der sog. *nouvelle théologie*. Schließlich wuchs nun auch katholischerseits (von evangelischer Seite hatte sie früher begonnen) eine *ökumenische Bewegung*. Alle diese Bewegungen waren mehr oder weniger mit Rom im Konflikt.

Diesen «Problemstau» sah Joseph Ratzinger aber positiv, wie er es in einem TV-Interview 1991 ausdrückte. Er sagte: «Das II. Vatikanum war möglich, weil in großen Bewegungen zwischen den Weltkriegen und hernach eine geistige Ernte gewachsen war.» Hat er damit zugegeben, dass «vorauseilende», Rom zuwiderlaufende Bewegungen doch auch «geistgewirkt» sein können?[2] Das Konzil hat diesen Stau weitgehend gelöst und vieles legitimiert, was vorher experimentiert worden war. Die vormals zensurierten Theologen gaben nun am Konzil den Ton an und berieten ihre Bischöfe.

2 Die neuen Hoffnungen, die das Konzil weckte

Da war zunächst ein Papst, der wohl gegen die Erwartungen der meisten seiner Wähler eine bislang eher starre Kirche in Bewegung brachte. Er unterschied sich schon in seinem sehr menschennahen Stil von seinem Vorgänger

---

1 *Gabriel*, Katholizismus 73.
2 Zu dieser Aussage habe ich am 30. 5. 1991 in der «Furche» eine Glosse geschrieben, dok. in: *Krätzl*, Kirche im Zeitgespräch 40.

Pius XII. Vor allem aber rief Johannes XXIII. fast zum Entsetzen der Kurie ein Konzil aus, von dem er wollte, dass die Kirche nicht nur Altes hervorkehre, sondern einen «Sprung vorwärts» mache.[3] Zur Vorbereitung lud er im wahrsten Sinn des Wortes «die Weltkirche» ein, Vorschläge zu machen.

Diese Vorgangsweise weckte eine unvorstellbare Neugier in der Weltpresse, aber auch große Erwartungen in der katholischen Kirche selbst. Was brachte das Konzil wirklich Neues?

2.1 Ein neues Kirchenverständnis

Der Papst wollte, dass sich die Kirche neu darstelle. Er betonte dabei sowohl die Sicht «ad intra», als auch die «ad extra», weil nur eine innerlich erneuerte Kirche auch ihre Aufgaben nach außen der Zeit gemäß erfüllen könne.

Das Konzil greift die Communio-Ekklesiologie des 1. Jahrtausends wieder auf. Fast zum Schlagwort wurde «Kirche ist Gemeinschaft». Die Begründung ist theologisch, nicht soziologisch, wie manche meinten und so auch irrtümlich von einer «Demokratisierung» der Kirche sprachen. Hatte die röm.-kath. Kirche sich im 2. Jahrtausend vor allem von Christus her verstanden, so beschreibt sie sich nun von der Trinität her. Das Gottesbild hat aber starke Auswirkungen auf das Leben, sogar auf die Strukturen der Kirche. Die «unitarische» Sicht Gottes verleitet seinen «Stellvertreter» auf Erden, so er einen haben soll, zu autoritärem Gehabe. Der «trinitarische» Gott verweist auf Vielfalt in Einheit, auf ständige Kommunikation, auf Austausch in Liebe. Kirche, die Abbild dieses dreieinen Gottes sein will, muss ihr «Gesicht», also auch ihre Strukturen, dementsprechend ändern.

Das erweckte folgende Hoffnungen:

– Eine früher einseitig hierarchisch gesehene Kirche wird nun vor allem als *Volk Gottes* gesehen. «In diesem Volk gibt es zwar verschiedene Dienstleistungen, aber letztlich nur eine Berufung.»[4] Alle Getauften haben in der Kirche zunächst die gleiche Würde,[5] erst dann sind die verschiedenen Ämter (durch Weihe) und Dienste zu sehen. Das drückt eine *Mitverantwortung* der *Laien* aus, die nicht mehr nur «Objekt» kirchlicher Leitung und Pasto-

---

3 Dieses Bild hat mich zum Titel meines Buches «Im Sprung gehemmt» inspiriert.
4 *Ratzinger*, Einleitung 12.
5 Vgl. LG 32; CIC 1983, can. 208.

ral sind, sondern «Subjekt». Und zu ihrer Mitverantwortung gehört auch das Einbringen des Glaubenssinns («sensus fidelium»), der für die Wahrheitsfindung unentbehrlich ist.

– Communio-Ekklesiologie sieht auch das Zueinander von *Papst* und *Bischofskollegium* neu. Die Ortskirchen werden aufgewertet, «*in* denen und *aus* denen»[6] die Gesamtkirche besteht. Dabei wird klar, dass die Einheit der Kirche die Vielheit der Kirchen einschließen muss, es also «nie eine absolute Zentralisierung in der Kirche geben kann»[7].

2.2   Eine neue Sicht der christlichen Ökumene

– Die Kirche Jesu Christi ist nicht mehr «deckungsgleich» mit katholischer Kirche, wie es noch Pius XII. in der Enzyklika «Mystici Corporis» nahe legte. Sie «subsistiert» in der römisch-katholischen Kirche, d. h., sie ist in ihr «verwirklicht».[8] Aber auch in den anderen christlichen Kirchen sind kirchenbildende Elemente zu sehen. Auch in ihnen gibt es ohne Zweifel «das Leben der Gnade» und Wege zum Heil.

– Gemeinsamkeit in Dialog, Feier und Engagement waren früher verboten, jetzt sind sie angemahnt.

– Als Anlass für die Kirchenspaltung werden fehlende Reformbereitschaft und Schuld auf *beiden* Seiten eingestanden. Voraussetzungen für den Prozess der Einigung wären Treue gegenüber der eigenen Berufung, aber auch eigene Bekehrung und Demut.

2.3   Das Konzil will die Liturgie erneuern

Die Liturgiereform ist in das Gesamtprogramm des Konzils hineingestellt. Das Ziel war, das christliche Leben der Gläubigen zu vertiefen und einen Beitrag für die Ökumene zu leisten.[9] Die Liturgie ist der Höhepunkt allen kirchlichen Tuns und die Quelle, aus der sie alle Kraft schöpft.[10] Die Gläubigen sollen – ganz im Sinn des neuen Kirchenverständnisses – nicht nur einer «Kle-

---

6   LG 23 (Zitat leicht modifiziert).
7   *Ratzinger*, Einleitung 14.
8   LG 8.
9   Vgl. SC 1.
10   Vgl. SC 10.

rusliturgie» beiwohnen, sondern «bewusst, tätig und mit geistlichem Gewinn»[11] teilnehmen. Die Konzilsväter haben also nicht nur eine oberflächliche Anpassung mancher Riten beabsichtigt oder nur eine Restauration einer vergessenen alten Liturgie gewollt, sondern eine tief greifende Erneuerung. Für diese Erneuerung gab das Konzil erst die Richtung an, ließ aber eine weitere Entwicklung bewusst offen. Durch diese Neubewertung der Liturgie haben sich schon viele Hoffnungen aus der liturgischen Bewegung erfüllt. Was nachher aber fortschreitend kam, haben damals nicht einmal die Liturgiker zu hoffen gewagt.

2.4   Eine neue Sicht von Sexualität und Ehe

Eine bislang zu enge, auf den Zeugungsakt fixierte Ehezwecklehre und Ehemoral wurde endlich erweitert.

– Der *Hauptzweck der Ehe* ist nicht mehr ausschließlich die Weitergabe des Lebens, sondern die Ehe wird beschrieben als «Liebesbund», der offen ist für das Leben. Damit bekommen aber auch die ehelichen Akte ihren Eigenwert, als Zeichen der Liebe und Hilfe zur Treue.
– *Verantwortete Elternschaft*: Die Eheleute haben vor Gott die Zahl der Kinder zu verantworten. Diese Aussage gehörte wohl zu den überraschendsten und wirkte für das persönliche Leben vieler Ehepartner befreiend. Hier wird die Lehre vom Gewissen aus der Pastoralkonstitution über die Kirche in der Welt[12] für einen besonders entscheidenden Bereich menschlichen Lebens angewandt.

Damit hat sich die Kirche von einer alten Hypothek der Leibfeindlichkeit befreit und rechtzeitig die Voraussetzungen geschaffen, glaubwürdig in den Diskurs über die Humanisierung der Sexualität und die Würde der Ehe einzutreten, wo wenige Jahre später – Höhepunkt war das Jahr 1968 – eine fast zerstörerische sexuelle Freizügigkeit gefordert werden sollte.

---

11 «… scienter, actuose et fructuose participent» (SC 11).
12 Vgl. GS 16.

2.5 Legitimierung der neuen Bibelwissenschaft

Durch das Konzil wurden die neuen Errungenschaften der Bibelwissenschaft legitimiert und das Verhältnis der Bibelwissenschaft zur Dogmatik fast revolutionär verändert. Jetzt soll die Hl. Schrift «Fundament»[13], ja «Seele der ganzen Theologie»[14] sein. Ratzinger weiß um die Konsequenzen: «Das bedeutet, dass die Bibel in Zukunft zuerst aus sich selbst gesehen, bedacht und befragt werden muss und dann erst die Entfaltung der Überlieferung und die dogmatische Analyse einsetzen kann.»[15] Das hat weit reichende Folgen für die theologische Forschung, für die vielen Formen der Verkündigung, wohl aber auch für lehramtliche Äußerungen, da auch das Lehramt unter dem Wort der Schrift steht.[16]

Damit hat aber das Konzil die neuen Methoden der Bibelwissenschaft, auch der historisch-kritischen Forschung, nicht nur anerkannt, sondern für künftige Bibelarbeit sogar zur Verpflichtung gemacht.

3 Die Wirklichkeit der Kirche heute

Was ist aus diesen Hoffnungen geworden? Wie schaut die Wirklichkeit der Kirche heute aus? Sie ist sehr verschieden. Die Kirche und ihre Probleme stellen sich in den einzelnen Kontinenten jeweils anders dar. Auch in Europa bietet die Kirche in Deutschland, Frankreich, Österreich und in der Schweiz ein unterschiedliches Bild. Die Wirklichkeit der Kirche wird von Personen geprägt, von Bischöfen, in den Pfarren von Priestern und Laien, die sich engagieren. Oft spielt auch die Geschichte, die Mentalität eine große Rolle.[17]

Ich möchte drei Erscheinungsformen der Kirche von heute beschreiben:
1. eine «nachkonziliare» Kirche, die doch vom Konzil weit mehr geprägt ist, als es die meisten wissen;
2. eine Kirche, die im Umbau begriffen ist, einer Baustelle gleicht;
3. eine Kirche, in der die Saat des Konzils trotz allem reift.

---

13 DV 24.
14 OT 16.
15 *Ratzinger*, Kommentar 577.
16 Vgl. DV 10.
17 Über die Schweizer Mentalität und ihren Freiheitswillen schreibt etwa sehr deutlich Hans Küng in seiner Biographie. Vgl. *Küng*, Erkämpfte Freiheit.

3.1 Eine Kirche, die viel stärker vom Konzil geprägt ist, als die meisten wissen

Stärker als anderswo gilt dies für die Schweiz. Als ich 1948 den «Schweizer Katholizismus» im eher konservativ ausgerichteten «Seetal» erlebte, waren Formen der Frömmigkeit und kirchliches Leben überaus intensiv, aber auch ganz im Stil einer vorkonziliaren Kirche. Dann aber schlug das Pendel nach dem Konzil, besonders bewegt durch die Schweizer Synode, stark in die andere Richtung.

Stichwortartig seien die besonderen Veränderungen durch das Konzil genannt:

– *Liturgie*: Die deutlichste Veränderung in der Kirche hat das Konzil durch die Erneuerung der Liturgie gebracht. Aus einer reinen Klerusliturgie ist die Feier des Volkes geworden. Nicht nur Lesungen, selbst das Hochgebet werden in der Muttersprache verkündet. Moderne Kirchenräume lassen die Versammlung zum Herrenmahl erkennen. Viele Freiräume zur Gestaltung sind gegeben.
– *Kirchenbild*: Die Kirche sieht sich nicht mehr einseitig hierarchisch, sondern zuerst als Gemeinschaft der Getauften. Das berechtigt und verpflichtet auch die Laien zu Mitverantwortung. In vielfacher Weise wurde das verwirklicht: durch Gremien, durch zunehmende theologische Bildung, durch Dienste der Laien in der Seelsorge, sogar in der Sakramentenspendung. Damit sind die Laien auch zu Recht zu einem kritischen Potential geworden.
– Die *Bibel* wurde «geöffnet». Die röm.-kath. Bibelwissenschaft, von allen einengenden Bestimmungen zu Beginn des 20. Jahrhunderts befreit, hat einen großen Aufschwung genommen. Die Bibel hat eine ganz neue Bedeutung in Theologie, Verkündigung und privater Meditation. Das hat auch ganz neue Zugänge zur Ökumene geschaffen.
– Die *Ehe* und ihre *Zwecke* werden neu gesehen, vor allem ist die *Verantwortung* der Eltern angesprochen. Das Lebenskonzept für Partnerschaft und Ehe wird selbständig erstellt und hat unterschiedliche Formen gefunden. Die Reglementierung der Kirche spielt für die persönliche Entscheidung eine viel geringere Rolle. Viele haben die «Verantwortung vor Gott», von der das Konzil sprach, sehr ernst genommen.
– Christliche *Ökumene* ist bei allen noch verbliebenen Wünschen stark gewachsen.

- Die Kirche hat sich anderen *Religionen* geöffnet. Interreligiöse Treffen, wie von Papst Johannes Paul II. zweimal nach Assisi einberufen, wären früher undenkbar gewesen.
- Die *Weltverantwortung* der Kirche nahm zu, wie der vielfache Einsatz in der sog. Dritten Welt zeigt, aber auch besonders die Sozialenzykliken von Papst Johannes Paul II., mit denen er, neben seinem politischen Engagement, einmal in die Geschichte eingehen wird.

Trotz aller Klage, das Konzil habe zu wenig gebracht, hat es die Kirche grundlegend verändert. Das wird mir besonders hier in der Schweiz bewusst, wo ich kirchliches Leben 1948 «vorkonziliar» erlebte. O. H. Pesch resümierte einmal, dass vom Konzil eigentlich doch «ungeheuer viel» rezipiert worden sei. Er sieht dies in einer Änderung der Mentalität, in der Art theologischer Reflexionen, in neuen kirchlichen Lebensformen und einem «Kirchengefühl», das um 1950, als er studiert habe, vielleicht zu erträumen, aber keinesfalls zu erwarten gewesen sei. «Freilich, nur die über 50jährigen können das noch voll ermessen. Den Jüngeren, die sich heute so oft an der Kirche wund reiben, muss man sagen: Ihr lebt heute als Katholiken, aber auch als Beobachter auf dem Boden von Selbstverständlichkeiten, die ihr dem Konzil verdankt.»[18] Als ich im November 2003 zum 40. Todestag Johannes' XXIII. mit Hans Küng in Öffingen bei Stuttgart eine Festakademie hielt, hat auch er dieser Tatsache einen erstaunlich breiten Raum gegeben.[19] 40 Jahre nach Ende des Konzils ist es wichtig, dies der heutigen Generation nahe zu bringen.

3.2 Das offizielle Erscheinungsbild der Kirche gleicht einer Baustelle

Aus einer selbstbewussten Kirche in den Jahren nach dem Konzil ist eine ängstliche, sich mühsam verteidigende geworden, die noch ihre Position in der inzwischen pluralen, säkularen Gesellschaft krampfhaft sucht. Ihr Einfluss in Politik und Kultur ist geschwunden. Die Mitgliederzahl verringert sich dramatisch, die Zahl der Gottesdienstbesucher an Sonntagen nimmt erschreckend ab. Jugend und junge Familien fehlen immer öfter. Der Priestermangel bringt schon den notwendigen «Service» in Gefahr. Die Spannung zwischen

---

18 *Pesch*, Zweites Vatikanisches Konzil 74.
19 Festakademie Johannes XXIII. in Fellbach-Oeffingen, 22. November 2003, mit Vorträgen von Hans Küng und Helmut Krätzl.

Priestern und Laien wächst. Das Vertrauen vieler Menschen in die Kirche als Hilfe in ihren Lebensfragen ist geschwunden. Die römisch-katholische Kirche macht einen gespaltenen, oft sogar polarisierten Eindruck. So genannte «Progressive» und «Konservative» beargwöhnen und denunzieren sich gegenseitig. Da und dort ist die Kirche noch dazu von Skandalen gebeutelt, wie in den USA und wie wir es in Österreich, zuletzt in St. Pölten, erlebten.

In dieser Situation sucht man nach Schuldigen. Für manche, sogar recht einflussreiche Kreise, ist es das Konzil. In Wahrheit liegen die Gründe anderswo.

Ein Grund liegt in der *veränderten Gesellschaft*. Das christliche oder gar katholische Milieu ist abgeschmolzen, Traditionen sind gefallen. Ohne Druck von außen kann sich nun jeder selbst entscheiden. Dazu kommt, dass Bindungen an Institutionen auf Dauer eher ungewöhnlich werden. Kirchenzugehörigkeit ist für viele keine Frage des Glaubens, sondern der Nützlichkeit geworden. Das Angebot von Sinndeutungsmodellen ist zahlreicher. – Warum nimmt die Kirche diese Herausforderung nicht mutig an?

Der *Gottesdienstbesuch* nimmt ab. Auch dafür gibt es mehrere Gründe. Zu lange wurde der Messbesuch unter schwerer Sünde eingefordert, viel zu wenig hat man die Menschen zum Geheimnis der Messe geführt. Die Liturgiereform sollte solches bewirken. Sie hat aber erst begonnen und wird derzeit fast gewaltsam gestoppt. Die im März 2000 erschienene dritte Ausgabe der «Institutio Generalis Missalis Romani» trägt restriktiven Charakter.[20] Die Liturgieinstruktion «über einige Dinge bezüglich der Heiligsten Eucharistie, die einzuhalten und zu vermeiden sind» vom 25. März 2004 spricht von «graviora delicta»[21] und beklagt Vergehen gegen die Rubriken, nicht aber das Versäumnis längst notwendiger Erneuerung. Die IAG, die «Internationale Arbeitsgemeinschaft der Liturgischen Kommissionen im deutschen Sprachgebiet», die mit hochrangigen Fachleuten zielstrebig die liturgische Erneuerung vorangetrieben hat, wurde mit 1. Januar 2004 von einem «Forum Liturgie» abgelöst, das vornehmlich mit Bischöfen besetzt ist, von wo wohl eher «Aufsicht» als «Erneuerung» zu erwarten ist. Inzwischen wächst der Wildwuchs an der Basis, meist gut gemeint, vielleicht sogar wegweisend für die Zukunft, oft aber auch recht subjektiv, bisweilen banal. Müsste uns nicht gerade die oft harte Kritik der Jugend an schwer verständlichen Texten und Riten in

---

20 Vgl. *Richter*, Gottesgeheimnis.
21 Kongregation für den Gottesdienst und die Sakramentordnung «Instructio Redemptionis Sacramentum» v. 25. März 2004, 172 ff.

der Messe gemeinsam mit ihr nach neuen Texten und Formen auch offiziell suchen lassen? Noch schwerer aber wiegt der Vorwurf mancher, dass in unserer starr gewordenen (oder gebliebenen) Liturgie kaum etwas von der Nähe Gottes, der versammelt und in der betenden Gemeinde und in den sakramentalen Zeichen anwesend ist, erlebbar wird.

Um den Zugang zum *Priesteramt* nicht ändern zu müssen, verzichtet die lateinische Kirche sogar zunehmend auf manche Sakramente:
- Volles Gemeindeleben ist ohne Eucharistie nicht denkbar. Nun aber gibt es immer mehr Pfarrgemeinden, in denen wegen des Priestermangels nicht mehr regelmäßig Eucharistie gefeiert werden kann. Für das eucharistische Jahr betonte der verstorbene Papst Johannes Paul II.: «Es ist mein besonderer Wunsch, dass in diesem Jahr ein spezieller Einsatz unternommen werde, um den Sonntag als Tag des Herrn und Tag der Kirche neu zu entdecken und voll zu begehen.»[22] Da der Papst ja weltweit dachte, hätte ihm die noch viel größere Priesternot in Afrika oder in Lateinamerika vor Augen stehen müssen, wo Gläubige überhaupt nur einige Male im Jahr Eucharistie feiern können.
- Die *Krankenseelsorge* ist vielfach durch Laien ausgebaut worden. Das ist für das so notwendige Gespräch am Kranken- und Sterbebett heilsam. Aber wer kann außer der Krankenkommunion noch Sakramente spenden, wenn kein Priester da ist? Es braucht mehr Priester oder aber mehr Vollmachten für Laien. Und wer für Pastoralassistenten die Vollmacht zur Spendung der Krankensalbung wünscht, kann sich auf einen Brief von Papst Innozenz I. an den Bischof Decentius von Gubbio vom 19. März 416 berufen, in dem es hieß, dass das vom Bischof geweihte Öl des Chrisams auch «alle Christen in eigener Not oder in der Not der Ihrigen zum Salben benützen dürfen»[23]. Freilich hat dann das Konzil von Trient als Spender dieses Sakramentes ausschließlich den «Presbyter» bezeichnet.[24] Aber kann, was einmal in der Kirche möglich war, nicht unter neuer Dringlichkeit wieder möglich werden?
- Das Sakrament der *Beichte* scheint bei vielen in Vergessenheit geraten zu sein. Ihre so notwendige Wiederentdeckung hängt wohl auch mit einer ver-

---

22 *Johannes Paul II.*, Mane nobiscum Domine 23. Vgl. dazu auch seine Instruktion «Redemptionis Sacramentum» (162): «Das christliche Volk hat darum das Recht, dass am Sonntag, an gebotenen Feiertagen und an andern höheren Festtagen die Eucharistie gefeiert wird.»
23 DH 216.
24 Vgl. DH 1697.

mehrten Zahl von Priestern zusammen, vor allem aber damit, dass man ganz neu über Sünde zu reden beginnt.[25]

In ökumenischen Abgrenzungen hat man immer wieder betont, dass die katholische Kirche eine der Sakramente sei, die evangelischen Kirchen nur eine des Wortes. Von den getrennten Brüdern haben wir die Wertschätzung des Wortes gelernt. Wir selbst sind aber nahe daran, das Sakrament zu vernachlässigen, weil wir den Priestermangel scheinbar als unabwendbares Schicksal zur Kenntnis nehmen.

Die Kirche hat sich am Konzil ganz bewusst als *Communio* beschrieben. Statt mehr Gemeinschaft zwischen Welt- und Ortskirche wächst der Zentralismus. Die Ortsbischöfe werden in ihrer Eigenverantwortung nicht genügend respektiert, Zusammenschlüsse von Bischöfen wie Bischofskonferenzen oder gar Bischofssynoden haben viel zu wenig Eigenverantwortung. Können aber dann die Bischöfe ihre Verantwortung für die Weltkirche überhaupt noch wahrnehmen, die sie auf Grund ihrer Weihe auch übernommen haben?

Die Spannung zwischen *Laien* und *geweihten Amtsträgern* nimmt zu, weil das Zueinander von gemeinsamem und Weihepriestertum nicht ausdiskutiert worden ist.

Gremien werden ineffizienter, weil rechtlich zurückgedrängt, aus Angst, «demokratische» Elemente könnten auch über den Glauben entscheiden wollen. Dies alles schafft Resignation in den eigenen Reihen und macht die Kirche als gesellschaftliches Vorbild wenig glaubwürdig.

Viele Gläubige haben das Gefühl, die Kirche gehe in ihren offiziellen Moralvorstellungen *an ihrer Lebenswirklichkeit* vorbei. Dies vor allem in Fragen der Sexualmoral, der Ehemoral und in der Pastoral wiederverheirateter Geschiedener.

Das Konzil hat in der *Ehelehre* neue Ansätze gebracht, *Sexualität* positiver als früher dargelegt. In der darauf folgenden Lehre und Verkündigung ist das nicht durchgedrungen. Es besteht auch Angst, für übertriebenen Sexualismus vereinnahmt zu werden. Die verantwortete Elternschaft wurde durch die der Enzyklika «Humanae vitae» auf die sog. natürliche Methode beschränkt, was «Familiaris Consortio» 1980 von neuem festgeschrieben hat. Die römisch-katholische Kirche hat seither auf diesem Gebiet an Vertrauen verloren, sogar bei praktizierenden Katholiken. Die derzeitige Haltung der Kirche zur *Emp-*

---

25 Wie man über Sünde differenzierter reden sollte als bisher, zeigt O. H. Pesch auf in: *Ders.*: Glaubensbuch, bes. 84 f.

fängnisverhütung hat sie auch im wichtigen Kampf gegen *Abtreibung* in Argumentationsnotstand gebracht. Eine ganz neue Facette hat die Frage der Verhütung im Hinblick auf AIDS bekommen. Bischofskonferenzen wie in Afrika und zuletzt in Spanien, die Kondome unter Ehepartnern, wo einer HIV-infiziert ist, als erlaubt bezeichneten, mussten kurz darauf dementieren. Zuletzt scheint sich aber gerade hier ein Umdenken anzubahnen.[26] – Die Jugend denkt heute überhaupt anders über Sexualität. Für sie hat übrigens dieser Bereich, auch bei verantwortungsbewussten Jugendlichen, kaum mehr etwas mit Sünde zu tun. Das muss uns zu denken geben, ohne alles gut zu heißen.

Menschen, deren Ehe zerbrochen ist und die eine neue Partnerschaft eingehen, kann offiziell nicht wirklich geholfen werden. Die als Trost gemeinten Worte in «Familiaris Consortio» «die Kirche soll für sie beten, ihnen Mut machen, sich ihnen als barmherzige Mutter erweisen und sie so im Glauben und in der Hoffnung stärken» bleiben für viele unverständlich, wenn es gleich darauf heißt, der Weg zum Sakrament der Eucharistie kann nur denen gewährt werden, die «sich verpflichten, völlig enthaltsam zu leben».[27] Die pastorale Praxis geht oft schon eigene Wege.[28]

Irritationen in der Ökumene. Papst Johannes Paul II. versäumte keine Gelegenheit, um zu einem stärkeren Einsatz in der Ökumene aufzurufen. Durch viele Gesten, wie Besuche, Überreichung oder Rückerstattung von Ikonen und Reliquien, unterstrich er sein Bemühen. Bedauerlicherweise gibt es aber daneben mehrfach lehramtliche Äußerungen, die die Ökumene irritieren. Der Evangelischen Bund in Deutschland hat im Rückblick auf 40 Jahre nach dem Ökumenismus-Dekret einige klagend aufgezählt und «abgebrochenen Aufbruch» genannt:[29] U. a. werden angeführt der von Rom vorgeschriebene neue Treueid (1989), die Ausweitung der Strafbestimmungen bei Vergehen gegen den Glaubensgehorsam in «Ad tuendam fidem» (1998), die Ablehnung der Kommunion für wiederverheiratet Geschiedene (2000). Kreative Interpretationen der Konzilstexte, so meint man, wurden verdrängt durch abgrenzende Festschreibungen und juridische Festlegungen wie in den Nota über die Schwesterkirchen 2000, in «Dominus Jesus» 2000, in der Eucharistieenzyklika 2003. Man kommt zum Schluss: «Der kuriale Zentralismus gewann

---

26 Vgl. den Korrespondenzbericht «AIDS: Heftige Diskussionen in der Kirche» in: Kathpress-Tagesdienst Nr. 17, v. 21. 1. 2005, 14.
27 *Johannes Paul II.*, Familiaris Consortio 84 f.
28 Vgl. zum Ganzen *Krätzl*, Ringen 185–204.
29 Vgl. Materialdienst, 105 ff.

seine Einfluss zurück. Nicht selten führte das zu Zerwürfnissen mit dem Glaubensvolk und zu Spannungen mit dem sensus fidelium.»[30]

Freilich kommen Irritationen auch von Seiten der evangelischen Kirchen. Der Rat der EKD (Evangelische Kirche Deutschlands) veröffentlichte ein Votum zum Thema «Kirchengemeinschaft nach evangelischem Verständnis».[31] Unter Ignorierung der bisherigen Ergebnisse im evangelisch-lutherisch/römisch-katholischen Dialog wird festgestellt, «dass die Notwendigkeit und Gestalt des ‹Petrusamtes› und damit des Primats des Papstes, das Verständnis der apostolischen Sukzession, die Nichtzulassung von Frauen zum ordinierten Amt und nicht zuletzt der Rang des Kirchenrechts in der römisch-katholischen Kirche Sachverhalte sind, denen evangelischerseits widersprochen werden muss».

Bischof Kurt Koch folgert daraus, das Votum laufe auf eine Ökumene ohne Rom und ohne die orthodoxen Kirchen hinaus.[32]

Im November 2004 hat die Bischofskonferenz der Vereinigung Lutherischer Kirchen Deutschlands (VELKD) eine «Empfehlung» zum Thema «Allgemeines Priestertum, Ordination und Beauftragung nach evangelischem Verständnis» abgegeben, in der inzwischen erfolgte Annäherungen wieder in weite Ferne gerückt erscheinen.[33]

Aber zurück zum allgemeinen Bild der röm.-kath. Kirche heute. Sie leidet auch an innerer *Spaltung* und *Polarisierung*. Ein Hauptgrund dafür ist die unterschiedliche, sich gegenseitig fast ausschließende *Interpretation des Konzils*. Kardinal Lehmann hat zum wiederholten Male sehr differenziert über die Hermeneutik der Konzilstexte gesprochen, ihre Schwierigkeiten, aber doch auch ihre Grundrichtung aufgezeigt.[34] Mich selber hat betroffen, dass Kardinal Leo Scheffczyk in der von ihm (zusammen mit Kurt Krenn und Anton Ziegenaus) herausgegebenen Vierteljahrschrift «Forum Katholische Theologie» mein Buch «Im Sprung gehemmt» wahrlich «vernichtend» beurteilt hat.[35] Gisbert Greshake hat dazu geschrieben:

«In dieser groß angelegten Kritik wird das ‹Neue› des Konzils im gleichen Atemzug paralysiert, indem gerade das ‹Alte›, wovon aus das Konzil nach vorn

---

30 Ebd. 106.
31 Vgl. Kirchengemeinschaft.
32 Vgl. *Koch*, Kirchengemeinschaft 154 f.
33 Wortlaut der besorgten Reaktion von Kardinal *Kasper* auf diesen Text dok. in: Kathpress-Infodienst Nr. 601, v. 13. 1. 2005, 7 f.
34 Vgl. dazu z. B. *Lehmann*, Hermeneutik 57–74.
35 Vgl. *Scheffczyk*, Reform 287–294.

springen wollte, den absoluten Vorrang erhält und somit der Sprung gehemmt, wenn nicht gar unmöglich gemacht wird.»[36]

Eine andere Spaltung aber entsteht, weil man vielfach an der Basis in der pastoralen Not Lösungen praktiziert, die den lehramtlichen Aussagen widersprechen. Gleicht das nicht einem vertikalen Schisma zwischen «oben» und «unten»? Wie findet man wieder zu einer glaubwürdigen Gemeinsamkeit nach innen und nach außen? Oder zeigt dieses besorgte Suchen nach Lösungen in der Basis nicht vielleicht sogar neue Möglichkeiten an?

3.3 Trotz allem reift die Saat des Konzils

Eine dritte, tröstliche Form von Wirklichkeit der Kirche zeigt sich mir in den zahlreichen *Aufbrüchen* in der Kirche, besonders auch an der Basis, und darin, dass die oft belastenden *Spannungen* eigentlich von Leben zeugen und Künftiges schon ankündigen.

Einen solchen Aufbruch zeigen *neue geistliche Bewegungen*. Sie sind dann zukunftsweisend, wenn sie sich als Teil des Ganzen verstehen, aber nicht als der alleinige Weg, und wenn sie die notwendigen Erneuerungen der Kirche sehen und mitverantworten wollen.

Ein noch weiter verbreiteter Aufbruch geschieht in der *Basis*. Die Zahl der Kirchenbesucher hat in den letzten Jahren abgenommen, das Engagement derer, die (noch) kommen, ist aber viel größer geworden. «Tischmütter» bereiten auf die Erstkommunion vor, junge Frauen und Männer arbeiten ein ganzes Arbeitsjahr mit den Firmkandidaten. Für diese «Firmhelfer» ist das eine neue Herausforderung, den eigenen Glauben zu reflektieren, für die Firmlinge ein beredtes Zeugnis, dass die Kirche längst nicht mehr bloß eine Kleruskirche ist.

Die *Selbstständigkeit* der Gemeinden wächst besonders dort, wo kein Priester mehr am Ort wohnt. Wenn nötig, werden an Sonn- und Feiertagen Wortgottesdienste gefeiert. Man fragt nicht so sehr, ob dadurch die «Sonntagspflicht» erfüllt wird, sondern weiß, wie wichtig es ist, wenn sich die Gemeinde um das Wort Gottes versammelt und so den Tag des Herrn heiligt. Sogar in kleinen Pfarren auf dem Land bilden sich Teams, die Wortgottesdienste anspruchsvoll gestalten können. Eine bislang nur hörende Gemeinde wird dadurch zu einer verkündigenden.

---

36 *Gisbert Greshake* in einer Glosse zur Rezension von Scheffczyk zu meiner Verfügung, die aber nicht veröffentlicht worden ist.

Viele Pfarren suchen *eigene Wege in der Pastoral*, auch in so heiklen Fragen wie der Pastoral an wiederverheirateten Geschiedenen. Da die römischen Vorschriften kaum Spielraum lassen, sucht man eigene Wege, diese Frage individuell zu regeln und dabei die Gewissensentscheidung der Betroffenen (nach Beratung) zu respektieren. Freilich drängt es danach, endlich auch gesamtkirchlich lebbare Wege für eine solche Pastoral zu legitimieren. Inzwischen scheint aber die «Basis» in oft sehr verantwortungsvoller Weise eben für eine allgemeine Regelung Wege zu suchen und «auszuprobieren».[37]

Ich finde, dass in vielen Pfarren der Geist des Konzils, ohne dass man es dort weiß, lebendiger ist als bei Verantwortlichen in der Kirche, die diesen Geist für heute verwirklichen sollten, wozu sie der verstorbene Papst Johannes Paul II. immer wieder mahnte.[38]

Auch die Spannungen innerhalb der Kirche sind nicht negativ, sondern Zeichen von Leben, und sie erzeugen eine eigenartige Dynamik. Z. B. die Spannungen *zwischen geweihten Amtsträgern und nichtgeweihten Gläubigen*, wie sie ja gerade die Kirche in der (deutschsprachigen) Schweiz erfährt. Grund dafür ist, dass das Konzil wohl das *gemeinsame Priestertum* wieder stark betonte, dieser neue Ansatz aber theologisch offiziell nie weitergedacht wurde. Es genügt nicht, solchen Spannungen geltendes Recht entgegenzuhalten, sondern es tut Not, die Fragen theologisch, auch gesamtkirchlich, zu diskutieren, und zwar offen für neue Lösungen.

Eine weitere Spannung gibt es heute wiederum zwischen *Lehramt und Theologie*.[39] Sie ist naturgegeben, da das Lehramt den Glauben bewahren, die Theologie aber durch die Forschung zur Glaubensvertiefung beitragen soll. Aber sie müsste zu einer belebenden Spannung werden wie am Konzil, als Bischöfe sich von Theologen (auch von solchen, die vor dem Konzil gemaßregelt waren) vertrauensvoll beraten ließen.

Ich freue mich, dass es heute möglich ist, theologische Dispute in aller Öffentlichkeit auszutragen. Namhafte Bildungsinstitute wie etwa die *Bayerische Akademie* in München, jene in Freiburg i. Br. oder auch die *Paulus-Akademie* in Zürich, laden zu hochrangigen Diskussionen ein. Und Publikationen wie

---

37 Näheres dazu in: *Krätzl*, Ringen 185–204.
38 Ich denke an die Mahnung des verstorbenen Papstes *Johannes Paul II.* im Apostolischen Schreiben «Tertio millennio adveniente» v. 10. November 1994, 36, das Gewissen zu prüfen, was aus dem Konzil, dem «Geschenk des Geistes an die Kirche», geworden ist.
39 Näheres dazu in: *Krätzl*, Spannungen 163–179.

die *Herder Korrespondenz*, *Stimmen der Zeit* oder die Schweizer *Orientierung* bieten Raum zu gründlicher Auseinandersetzung.

Ein weiterer Grund zur Hoffnung ist, dass das *Interesse an Theologie* wächst, obwohl das Image der Kirche gesunken ist: In Wien studieren an der Katholisch-theologischen Fakultät zurzeit 900 Frauen und Männer.[40] Daneben gibt es «Theologische Kurse», die in 26 Monaten alle wichtigen theologischen Fächer vermitteln. In immer mehr Pfarren wird das Angebot von geblockten theologischen Veranstaltungen angenommen. Dadurch entstand in den letzten Jahrzehnten eine sehr große Zahl theologisch gut gebildeter Laien, die sich für eine kompetente Mitarbeit und Mitverantwortung in Pfarren und Diözesen qualifiziert haben. Ein Potential, das noch viel zu wenig ausgeschöpft wird! Äußere religiöse Praxis nimmt ab, die ernste Reflexion des Glaubens aber nimmt zu.

Die *Ökumene* gewinnt zunehmend an Bedeutung. Sie ist z. B. zwischen den christlichen Kirchen in den letzten Jahren in Österreich erfreulich gewachsen. Seit 1991 ist die röm.-kath. Kirche in Österreich Vollmitglied im Ökumenischen Rat der Kirchen (ÖRKÖ). Vorsitzende ist zum zweiten Mal eine Schwester der Gemeinschaft der Frauen von Bethanien, Oberin Christine Gleixner. Dem ÖRKÖ gehören 14 christliche Kirchen in Österreich an. Er hat in letzter Zeit in der Öffentlichkeit sehr an Bedeutung gewonnen. Einmal durch qualifizierte Stellungnahmen zu Themen wie «Fremdenfeindlichkeit», «Menschenwürdiges Sterben», «Soziale Gerechtigkeit», «Gentechnik» u. a., die nach Brüssel gehen. Zum anderen aber durch ein «Ökumenisches Sozialwort», das 2003 herausgegeben wurde. Es scheint, dass sich künftig in Österreich zu innenpolitischen Fragen nicht mehr so sehr die einzelnen Kirchen allein melden werden, sondern die christlichen Kirchen gemeinsam. So ist im Österreichkonvent für eine zukünftige Verfassung nicht der Vertreter einer Kirche, sondern die Vorsitzende des ÖRKÖ Mitglied. All das stößt auf ein großes Echo in der Öffentlichkeit und gibt ein glaubwürdiges Zeugnis, wie Christen gemeinsam aus dem Evangelium heraus auch das öffentliche Leben mitgestalten wollen.

Man bedauert, dass die Kirche in der «säkularen» Öffentlichkeit immer weniger Anerkennung findet. Gleichzeitig steigen aber dennoch die *Erwartungen von außen* an die Christen, damit wohl auch an die Kirchen im Hinblick auf

---

40 Auch in Belgien wird das Theologie-Studium bei jungen Menschen immer beliebter, wie Kathpress-Tagesdienst Nr. 22, v. 27. 1. 2005, meldet.

die immer größer werdenden Probleme in der Gesellschaft und der zusammenwachsenden Welt.

Joseph Weiler zum Beispiel, ein jüdischer Europarechtler, hat ein Plädoyer für ein christliches Europa gehalten.[41] In der Debatte um die Präambel in der Europaverfassung ortet er eine «Christophobie», einen Widerstand, «der sich nicht aus prinzipiellen verfassungsrechtlichen Gründen ableitet, sondern aus Motiven soziologischer, psychologischer und emotionaler Art».[42] Er bekennt, dass die christliche Lehre wichtige Impulse für die europäische Wertediskussion bieten kann. Man kann sie zurückweisen, denn wir leben in einer Demokratie. «Aber ihre Abwesenheit macht uns alle ärmer.»

Oder der atheistische bosnische Dichter Dzevad Karahasan, der in einem Interview in Österreich sagte: «Europa auf das Christentum zu reduzieren, das wäre sehr schade. Aber das Christentum zu vergessen, das wäre eine Katastrophe.»[43]

In der Fernsehdiskussion «Offen gesagt» am Sonntag, dem 23. Januar 2005, beklagte Dr. Heide Schmid, die ehemalige Gründerin des «Liberalen Forums» in Österreich, die Turbulenzen in der Katholischen Kirche, da doch gerade von ihr weltweit Impulse zu einem menschengerechten und friedlichen Zusammenleben zu erwarten seien. Sie bezeichnete die Kirche im Hinblick auf die Globalisierung wörtlich als «wichtiger als die UNO».

4 Ausblick

«Das Konzil ist die Zukunft der Kirche im 21. Jahrhundert. Eine Alternative dazu gibt es nicht – es sei denn die Großsekte, der niemand mehr zuhört»[44], hat O. H. Pesch geschrieben. Ich schließe diesen «worst case» aus, er könnte höchstens partiell oder temporär eintreten. Denn ich vertraue auf die Zusage des Beistandes des Heiligen Geistes der Gesamtkirche gegenüber.

Was gibt mir/uns die Hoffnung, dass das Konzil doch noch mehr Früchte trägt, als sich bisher anzeigt?

---

41 *Weiler*, Europa 17.
42 Ebd.
43 Zit. von Kardinal *Schönborn* in seiner Predigt in Maria Zell, dok. in: Kathpress Sonderpublikation Nr. 3/2004, 8.
44 *Pesch*, Das Zweites Vatikanisches Konzil 74.

- Die wachsenden Herausforderungen des begonnenen Jahrhunderts, die *Säkularisierung* einerseits, das Wachsen *religiöser Bedürfnisse* andererseits, zwingen die Kirche, sich weiter, und zwar im Geist des Konzils, zu öffnen.
- Die Mitverantwortung für die geistige Gestaltung *Europas*, auch für eine Humanisierung der *Globalisierung,* kann nur im Geist des Konzils, und zwar in zunehmender christlicher Ökumene, gelingen.
- Ich baue auf die Sehnsucht und Hoffnung weiter Kreise an der *Basis*, die sich nicht entmutigen lassen, Erneuerung voranzutreiben und sie immer wieder anzumahnen.
- Ich weiß um einen wachsenden *Konsens unter vielen Theologen*, aber auch unter Bischöfen, längst anstehende Reformen doch endlich anzugehen.
- Ich nehme einen «*Reformstau*» wahr, ähnlich dem vor dem II. Vatikanum, der, wenn nicht wie damals offiziell aufgefangen und z. T. legitimiert, auf längere Sicht tatsächlich zu einer Kirchenspaltung führen könnte.
- Und ich glaube fest an den Beistand und die *Wirkkraft des Hl. Geistes*, der die Kirche aus aller Unsicherheit und Angst herausführen wird, wie damals unter und durch Johannes XXIII., und zwar nicht in erzwungener Uniformität, sondern gerade durch das Zusammenwirken vieler Kräfte in «versöhnter Verschiedenheit».

Mit dem Blick auf das 3. Jahrtausend hatte Papst Johannes Paul II. zu ernsthaften Gewissenserforschungen auf verschiedenen Gebieten aufgefordert. «Die Gewissensprüfung darf auch die *Annahme des Konzils,* dieses großartigen Geschenks des Geistes an die Kirche gegen Ende des zweiten Jahrtausends, nicht unberücksichtigt lassen.»[45] Dieses Geschenk immer mehr «auszupacken» und weiterzureichen sind wir der Vorsehung Gottes für seine Kirche schuldig, aber auch einer Welt, die geistige Kräfte braucht, wie sie gerade durch das Konzil frei geworden sind.

Literaturverzeichnis

Gabriel, Karl: Katholizismus und katholisches Milieu in den 50er Jahren der Bundesrepublik: Restauration, Modernisierung und beginnende Auflösung, in: *Kaufmann, Franz-Xaver/Zingerle, Arnold* (Hrsg.): Vatikanum II und Modernisierung, Paderborn 1996, 67–83.

---

45 *Johannes Paul II.*, Tertio millennio adveniente 36 f.

Johannes Paul II.: Apostolisches Schreiben «Familiaris Consortio» vom 22. November 1981.

Ders.: Apostolisches Schreiben «Mane nobiscum Domine» vom 7. Oktober 2004.

Kirchengemeinschaft nach evangelischem Verständnis. Ein Votum zum geordneten Miteinander bekenntnisverschiedener Kirchen. Ein Beitrag des Rates der Evangelischen Kirche in Deutschland. EKD-Texte 69, Hannover 2001.

Koch, Kurt: Kirchengemeinschaft oder Einheit der Kirche? Zum Ringen um eine angemessene Zielvorstellung in der Ökumene, in: *Walter, Peter/Krämer, Klaus/Augustin, George* (Hrsg.): Kirche in ökumenischer Perspektive. FS Walter Kaspar, Freiburg 2003, 135–162.

Krätzl, Helmut: Dramatisches Ringen um die rechte Pastoral an wieder verheirateten Geschiedenen, in: *Ders.:* Neue Freude an der Kirche, a. a. O., 185–204.

Ders.: Im Sprung gehemmt. Was mir nach dem Konzil noch alles fehlt, Mödling ⁴1999.

Ders.: Kirche im Zeitgespräch, Salzburg 1991.

Ders.: Neue Freude an der Kirche, Innsbruck 2001.

Ders.: Spannungen zwischen Lehramt und Theologie. In: *Ders.:* Neue Freude an der Kirche, a. a. O., 163–179.

Küng, Hans: Erkämpfte Freiheit. Erinnerungen, München/Zürich 2002.

Lehmann, Karl: Hermeneutik für einen künftigen Umgang mit dem Konzil. In: *Hierold, Alfred E.* (Hrsg.): Zweites Vatikanisches Konzil – Ende oder Anfang?, Münster 2004, 57–74.

Materialdienst des Konfessionskundlichen Institutes Bensheim 55 (2004).

Pesch, Otto Hermann: Das Zweite Vatikanische Konzil. 40 Jahre nach der Ankündigung – 34 Jahre Rezeption. In: *Autiero, Antonio* (Hrsg.): Herausforderung *Aggiornamento.* Zur Rezeption des Zweiten Vatikanischen Konzils, Altenberge 2000, 37–79.

Ders.: Kleines katholisches Glaubensbuch, Mainz 1974.

Ratzinger, Joseph: Einleitung zu: Dogmatische Konstitution über die Kirche. Authentischer lateinischer Text der Acta Apostolicae Sedis. Deutsche Übersetzung im Auftrage der deutschen und österreichischen Bischöfe, Münster ⁶1965.

Ders.: Kommentar zum VI. Kapitel [der Dogmatischen Konstitution über die göttliche Offenbarung]. In: LThK.E 2 (1967) 571–581.

Richter, Klemens: Gottesgeheimnis der Worte. Warum wir dringend eine neue Liturgiesprache brauchen. In: CiG 53 (2001) 157–158.

Scheffczyk, Leo: Falsche und wahre Reform. In: Forum Katholische Theologie 18 (2002) 287–294.

Weiler, Joseph: Ein christliches Europa. Erkundungsgänge, Salzburg 2004. In Auszügen zit. in: Die Furche, 12. August 2004 (Nr. 33), 17.

Autorin und Autoren

Dr. rer. bibl. Franz Annen ist Professor für neutestamentliche Exegese an der Theologischen Hochschule Chur.

Dr. theol. Manfred Belok ist Professor für Pastoraltheologie und Homiletik an der Theologischen Hochschule Chur.

Dr. theol. habil. Eva-Maria Faber ist Professorin für Dogmatik und Fundamentaltheologie an der Theologischen Hochschule Chur.

Dr. theol. Albert Gasser ist Honorarprofessor an der Theologischen Hochschule Chur.

Dr. theol. et iur. can. Helmut Krätzl ist Weihbischof in der Erzdiözese Wien.

Dr. theol. Wolfgang W. Müller ist Professor für Dogmatik an der Theologischen Fakultät der Universität Luzern und Leiter des Ökumenischen Instituts Luzern.

Dr. theol. Dr. h. c. Otto Hermann Pesch ist als kath. Theologe Professor (em.) für Systematische Theologie und Kontroverstheologie am Fachbereich Evangelische Theologie der Universität Hamburg.

Die Herausgeber

Dr. theol. Manfred Belok ist Professor für Pastoraltheologie und Homiletik an der Theologischen Hochschule Chur.

Dr. theol. habil. Ulrich Kropač ist Professor für Religionspädagogik und Katechetik an der Theologischen Hochschule Chur.

Gemeinsam leiten sie das dortige Pastoralinstitut.